역주 고경중마방

譯註 古鏡重磨方

제일연마공업 주식회사 오유인 대표께 이 책을 드립니다.

국제퇴계학연구회 고전강독회 소개

본 강독회는 퇴계학연구원의 강당에서 2015년 3월 6일(금요일)부터 시작되었다. 『고경중마방』을 교재로 회원 20여 명이 매주 금요일에 모여 강독하였다. 이광호를 좌장으로 하여 퇴계학 관련 박사들이 준비한 번역문을 발표하면 회원들이 토론하며 번역문을 바로잡는 방식으로 강독회는 진행되었다. 2016년 12월 국제퇴계학연구회가 창립되며 본 강독회는 국제퇴계학연구회 고전강독회로 이름을 정하였다. 지금도 매주 금요일 퇴계학연구원 강당에 모여 강독하고 있으며 지금의 교재는 『연평답문』이며 회원의 숫자는 늘 비슷하다.

삽화 화가 최동춘

중앙대학교 예술대학 졸업하고 성균관대학교 대학원 박사과정수료했다. 대한민국미술대전 특선1회, 입선11회, 대한민국미술대전 초대작가 및 심사위원 역임, 개인전 1회, 단체전 다수 출품했다. 중앙대학교, 백석예술대학교, 관동대학교에서 강의하였다.

역주 고경중마방

譯註 古鏡重磨方

퇴계 이황 엮음

이광호 외 7인 옮김

학자원

범례

1. 이 번역의 원문 저본(底本)은 『退溪學文獻全集』 第十六册(啓明漢文學研究會, 1991)에 수록되어 있는 『古鏡重磨方』이다. 기존 연구에 따르면 이는 1607년 안동도호부(安東都護府)에서 부사(府使) 한강(寒岡) 정구(鄭逑)에 의해 간행된 초판본이다.

2. 잠과 명은 운문에 가까우므로 운자와 문세를 중시하여 번역하고, 번역문과 원문을 그에 맞추어 배치하였다.

3. 번역문을 앞에 두며, 원문에는 음과 토를 달았다.

4. 번역은 한글전용을 원칙으로 하되, 한자가 필요한 경우 함께 적었다.

5. 제목은 『역주 고경중마방』으로 하였다.

6. 저자는 이름으로 통일하여 적었다.

7. 원문을 교감하는 경우 원문에 주를 달아 처리하였다.

8. 주석은 글의 내용을 이해하는 데 필요한 사항을 간명하게 표현하였다.

9. 각 글의 저자는 부록에서 소개하였다.

10. 번역자 이름도 부록에서 소개하였다.

차례

『역주 고경중마방 譯註 古鏡重磨方』 해제

국제퇴계학연구회 회장, 전 연세대 철학과 교수 이광호

1. 『고경중마방』의 편집

『고경중마방(古鏡重磨方)』은 퇴계(退溪) 이황(1501~1570)이 옛사람들이 남긴 찬(贊), 잠(箴), 명(銘) 가운데 자신의 학문과 수양에 절실한 70편의 작품을 필사하여 엮은 책이다. 59세에 지은 「고경중마방에 쓰다(題古鏡重磨方)」라는 시를 통하여 편집이 완성된 시기와 책의 제목을 알 수 있다.

"퇴계는 '19세 때에 처음으로 『성리대전(性理大全)』 처음과 끝 두 권을 얻어 읽어 보았더니, 자신도 모르게 마음이 기쁘고 눈이 열리는 듯하여, 음미하고 익히기를 오래하니, 점점 그 의미를 알게 되어서 비로소 학문에 들어가는 길을 얻은 듯하였다. 이때부터 성리학의 성격이 특별하다는 것을 알았다.'라고 스스로 말씀하셨다."[1]는 내용이 『언행록』에 보인다.

1 『퇴계전서』 4, 퇴계선생언행통록, 권2, 유편, 학문에 나온다. 이덕홍의 기록이다.

『성리대전』 첫 권은 「태극도」와 「태극도설」, 그리고 주자가 이를 해설한 「태극도설해」다. 퇴계는 「태극도」와 「태극도설」을 만년에 지은 필생의 대표작인 『성학십도』의 제1도로 삼았다. 『성리대전』 끝 권은 제70권의 시(詩), 찬(贊), 잠(箴), 명(銘), 부(賦)다. 이는 『고경중마방』의 편집에 커다란 영향을 미쳤다. 『고경중마방』에 실린 작품은 70편이다. 그 가운데 명이 53편이고, 잠이 13편이며 찬이 4편이다. 명 가운데서 22편, 잠 가운데서 5편은 『성리대전』의 내용과 동일하며, 찬의 4편은 모두 『성리대전』의 내용과 동일하다. 『고경중마방』에 실린 작품 70편 가운데 31편이 『성리대전』에서 채록하였다는 것을 알 수 있다. "『성리대전』 첫 권과 끝 권을 읽고서 '비로소 학문에 들어가는 길을 얻은 듯하였다. 이때부터 성리학의 성격이 특별하다는 것을 알았다."는 퇴계의 말을 통하여 『고경중마방』이 성리학에서 차지하는 중요성을 이해할 수 있다.

『고경중마방』에는 24사람의 작품이 실려 있다. 은(殷) 성탕(成湯)의 명 1편, 주(周) 무왕(武王)의 명 6편, 후한(後漢) 최원(崔瑗)의 명 1편, 위(魏) 변란(卞蘭)의 명 1편, 당(唐) 한유(韓愈)의 잠 3편, 백거이(白居易)의 명 1편, 유우석(劉禹錫)의 명 1편이다. 당나라 때까지의 인물과 작품 수는 많지 않아 7인 12편에 지나지 않는다. 송(宋)의 학자들과 그들의 작품이 대부분을 차지한다. 이지(李至)의 명 1편, 사마광(司馬光)의 명 1편, 장재(張載)의 명 2편, 범순인(范純仁)의 명 1편, 정이(程頤)의 잠 1편, 여대림(呂大臨)의 명 1편, 범충(范沖)의 명 1편, 장역(張繹)의 명 1편, 범준(范浚)의 잠 1편, 주희(朱熹)는 명 15편과 잠 2편, 찬 2편으로 19편의 작품이 실려 있다. 장식(張栻)의 명 6편과 찬 1편, 잠 1편으로 모두 8편이 실려 있다. 진덕수(眞德秀)의 명이 5편, 찬 1편 잠 3편으로

9편이 실려 있다. 위료옹(魏了翁)의 명 1편, 진백(陳柏)의 명 1편, 하기(何基)의 잠 1편, 왕백(王柏)의 잠 1편으로 송대 인물은 16명이며 작품수도 50편으로 대부분을 차지한다. 그 이후에는 원대 오징(吳澄)의 명 7편과 잠 1편이 실려 있을 뿐이다. 오징의 명과 잠은 모두 『성리대전』에 수록되어 있는 것들이다.

이 책이 완성된 해는 이수연(李守淵, 1693~1748, 자는 希顔, 호는 青壁)이 편찬한 『퇴계선생속집』 권2에 실린 '고경중마방에 쓰다(題古鏡重磨方)'는 시가 기미년의 작품으로 밝혀져 1559년 59세 때의 작품으로 인정받게 된다.[2] 이후 광뢰(廣瀨) 이야순(李野淳, 1755~1831)은 『퇴계선생연보보유』에서 더욱 자세하게 설명한다.

> 『고경중마방』이 완성되다.
>
> ○ 선생이 옛 성현의 잠과 명을 손수 베낀 것이다. 완성되고 나서 주자(朱子)가 임대춘(林大春, 자는 熙之)을 송별하는 시에 나오는 말로 제목을 만들어, 일상생활에서 침잠하여 수양하는 터전으로 삼았는데, 일찍이 꺼내어 남에게 보인 적이 없었다. 돌아가신 뒤 문하생들이 비로소 발견하였는데 시가 쓰여 있었다.[3]

그러나 『속집』과 『연보보유』가 간행되기 전에 『고경중마방』은 조목(趙穆)[4]에 의하여 발견되어 필사본이 이루어지고, 정구(鄭逑)[5]에 의하여

2 정석태, 『退溪先生年表月日條錄』(퇴계학연구원, 2006), 1559년 9월 조에서도 이 책이 완성된 것과 이름을 『고경중마방』이라고 짓게 된 까닭을 설명하고 있다.

3 『퇴계학역주총서』 제27(퇴계학연구원, 2000년), 『퇴계선생연보』 1559년 9월 조.

안동부에서 이미 간행되었다.

2. 『고경중마방』의 출판

퇴계는 평생 동안 '자기완성의 학문(爲己之學)'을 통하여 도리를 인식하고 실천함을 통하여 자연의 진리와 하나 되는 삶을 살고자 노력하였다. 자신의 덕성을 함양하고 진리를 향한 학문의 증진에 도움이 되는 글이면 붓으로 써서 남겨두거나 제자들에게 써서 나누어 주기를 좋아하였다. 『고경중마방』도 퇴계가 읽은 책 가운데서 자신의 학문과 수양에 크게 도움이 되는 찬과 잠과 명을 필사해 둔 책이지만 이 책이 1600년에 조목(趙穆) 등의 제자들에 의하여 완성된 『퇴계선생문집』과 유성룡(柳成龍)[6]에 의하여 간행된 『퇴계선생연보』에는 수록되지 않았다. 이 책

4 조목(趙穆), 1524(중종 19)～1606(선조 39). 자는 사경(士敬), 호는 월천(月川), 본관은 횡성(橫城)이다. 퇴계의 문인이다. 일생 동안 거의 관직에 나아가지 않고 이황의 문하에서 학문에 열중하였으며 퇴계가 세상을 떠난 뒤 도산서원(陶山書院)에 머물며 문집의 정리와 간행을 주도하였다. 도산서원 상덕사(尙德祠)에 유일하게 배향되었다. 저서로 『월천집(月川集)』·『곤지잡록(困知雜錄)』·『사문수간(師門手簡)』 등이 있다.

5 정구(鄭逑), 1543년(중종 38)～1620년(광해군 12), 자는 도가(道可), 호는 한강(寒岡), 본관은 청주(淸州)이다. 남명(南溟) 조식(曹植)과 퇴계의 문인이다. 강원도 관찰사, 성천(成川) 부사 등을 지냄. 성주의 회연(檜淵)서원 등에 제향되고, 『한강문집』이 있다.

6 유성룡(柳成龍), 1542년(중종 37)～1607년(선조 40). 자는 이현(而見), 호는 서애(西厓), 본관은 풍산(豊山)이다. 퇴계의 문인이다. 이조판서, 좌의정, 영의정 등을 역

에 대한 기록은 1666년 간행된 『월천집』「연보」에 처음 나온다.

> 고경중마방을 손으로 베꼈다. ○선생은 그 뒤에 기록하였다. '이는 덕이 충만한 퇴도 선생이 평일에 손수 초록하여 일상생활에서 침잠과 수양의 바탕으로 삼던 책이지만 남에게 보여주지는 않았다. 돌아가신 지 20년이 넘어 도산서원에서 이를 보고 마음으로 매우 사랑하여 기록하여 전한다.' 이렇게 해서 매일 읽고 완미하기를 그만두지 않았다.[7]

조목의 필사본은 1595년에 이루어진 것을 알 수 있다.

선조 40년 1607년 안동도호부(安東都護府)에서 정구(鄭逑)가 이 책을 처음으로 간행하니 이것이 안동부 초간본이다. 국제퇴계학연구회 강독회의 교재는 바로 이 초간본이다. 초간본은 9행 14자 54장이며 책의 앞과 뒤에는 정구의 지(識)가 붙어 있다.

이 책은 이후 여러 차례 간행된다. 1685년(숙종11) 영변부(寧邊府)에서 간행한 10행 20자의 영변부본, 1744년(영조20) 교서관(校書館)에서 간행한 8행 16자의 교서관본, 1904년(고종8) 밀양의 노곡(蘆谷)에서 노상준(盧相稷)이 영변부본을 토대로 중간한 10행 20자의 노곡중간본 등이 대표적인 판본이다. 『고경중마방』은 중앙과 지방에서 많은 복각본을

임하며 임진왜란을 승리로 이끌었다. 『서애집』과 국보인 『징비록』 이외에도 많은 문서가 보물로 지정되었다.

7 『월천집』「연보」(한국고전번역원, 한국고전종합DB), 선조 8년 을미년(1595년, 월천 72세) 5월조, "手寫古鏡重磨方。〈先生題其後曰。右充師退陶先生平日手自抄錄。以爲日用潛修之地。而未曾出以示人。捐館二十年後。得見於陶山書院。心甚愛之。乃錄傳云。於是逐日誦玩不廢"。

간행하였으며, 분량이 많지 않아 필사본을 만들어 공부한 사람들도 많다. 발견되는 필사본만도 60여 종에 이른다고 한다.[8]

3. 고경중마방 이해를 돕는 시

3-1. 주희(朱熹)가 임대춘(任大春)을 보내는 시

옛 거울을 다시 닦으려면 옛날의 방법이 필요하지	古鏡重磨要古方
마음이 밝게 되면 더욱 해와 빛을 다투게 되네	眼明偏與日爭光
밝고 밝혀 우리 유학의 길을 바로 비추어야지	明明直照吾家路
병주(幷州)[9]를 가리켜 고향이라고 하지 말게나	莫指幷州作故鄉

위 시는 주희(朱熹)가 임희지(林熙之, 이름은 大春)를 보내는 시 5수 가운데 마지막 작품이다.[10] 주자는 하늘은 곧 절대의 진리라고 하면서도 이 진리는 인간의 마음에 머물고 있어 마음을 밝힘을 통하여 진리의 문

8 임기영, 「『고경중마방』의 간행과 판본(서지학연구, 제56집)」 참조.

9 병주(幷州) : 중국 하북성의 산서성 일대의 지역으로 중심지는 태원(太原)이다. 제2의 고향이라는 의미로 사용됨. 당(唐) 나라 가도(賈島, 779~843)가 병주에 오래 살다가 떠날 때 "병주 객사에 머물길 이미 10년, 돌아갈 마음에 밤마다 함양을 추억한다네. 무단히 상건수를 다시 건너다, 병주를 바라보니 이곳이 고향이로세(客舍幷州已十霜, 歸心日夜憶咸陽, 無端更渡桑乾水, 却望幷州是故鄉)"이라고 읊은 데서 유래한다. 이 시에서 병주는 불교와 노장을 가리킨다.

10 위 시는……작품이다 : 사고전서 집부 회암집 권6에 임희지에게 보낸 5수의 시가 나온다.

이 열린다고 보았다. 마음을 밝은 거울(明鏡)이나 고요한 물(止水)로 보는 것은 유학의 관점만이 아니다. 동아시아의 대표적 사상인 유학과 불교와 도교는 모두 그렇게 보고 마음을 밝히는 것을 진리에 도달하는 최상의 방법이라고 설명하고 있다. 퇴계는 유학의 이러한 정신을 계승하여 은(殷), 주(周)시대로부터 송(宋), 원(元)에 이르기까지의 찬과 잠과 명 가운데 마음수양에 절실한 것들을 모아 『고경중마방』이라고 제목을 붙여 후세에 전하였다. 퇴계의 문인인 정구는 안동부에서 『고경중마방』을 간행하며 주자의 이 시에 이어 이렇게 쓰고 있다.

> 위 시는 주부자(朱夫子 : 朱熹)가 임희지(林熙之, 이름은 大春)를 보내는 시 5수 가운데 마지막 작품이다.[11] 이선생(李先生 : 李滉)이 잠과 명을 손수 베끼고 이 시 머리 구의 뜻을 취하여 제목으로 삼았다. 학자는 그 뜻을 체득해야 할 것이다. 그래서 이 시를 머리에 두어 책을 펼쳐 공경스럽게 마음으로 익히며 이 책의 이름을 얻게 된 의미를 알게 하였다.

3-2. 퇴계가 『고경중마방』에 쓴 시

옛 거울이 오랫동안 묻혀 있었기에	古鏡久埋沒,
거듭 닦아도 빛이 쉬이 나지 않지만	重磨未易光.
밝은 바탕이야 그래도 흐려지지 않는 법	本明尚不昧,
옛 선현들이 방법을 남겼다오	往哲有遺方.
인생이란 노소 가릴 것 없이	人生無老少,

11 위 시는……작품이다 : 사고전서 집부 회암집 권6에 임희지에게 보낸 5수의 시가 나온다.

이 일을 스스로 힘쓰는 것이 귀하다오.	此事貴自彊.
위나라 무공은 아흔다섯에	衛公九十五,
아름다운 글 규장에 새겨 간직했다네.	懿戒存圭璋.[12]

퇴계는 찬과 잠과 명을 손수 쓴 다음 책의 제목을 『고경중마방』이라고 하였다. 고경이란 영원한 마음거울을 의미한다. 『고경중마방』이란 영원한 마음거울을 거듭거듭 부지런히 닦아 밝히는 방법이라는 뜻이다. 너무 오랫동안 거울을 닦지 않아 빛나도록 닦는 것이 쉽지 않겠지만 본래 밝은 것이 마음이어서 부지런히 닦으면 반드시 밝게 된다는 자신감부터 가져야 한다. 그래서 예로 든 인물이 위(衛) 무공(無公)이다. 그는 95살에도 『시경』에 나오는 「억(抑)」 시를 지어 자신을 경계하였기 때문이다. 정구는 『고경중마방』을 간행하며 이 시를 책의 끝에 싣고 이렇게 쓰고 있다.

> 위의 시는 이선생(李先生 : 李滉)이 손으로 잠과 명을 쓴 뒤에 옛 사람들이 남긴 방법으로 영원한 거울을 닦는다는 뜻을 담았으니, 뜻이 진실로 깊다. 고인 가운데 늙어서도 공부를 그만두지 않은 사람이 어찌 무공만이겠는가! 위대한 우(禹)가 '정밀하게 살펴 한결같이 지키라.'는 가르침을 받은 것은 73세, 무왕이 경의(敬義)에 관한 글을 받은 것은 87세 때였다. 오늘날 어려서부터 자포자기하는 사람은 말할 것도 못되지만 늙어서 노력하지 않는 사람도 그만일 뿐이니, 어찌 슬프지 않은가! 선생의 시는 실로 거울을 닦는 지극한 방법이로다.

12 『퇴계선생속집』 제2권에 나온다.

3-3. 영조가 교서관본의 앞에 쓴 시

거울을 닦고 마음을 닦는 데는 방법이 있으니	磨鏡磨心自有方
마음과 거울은 본래 밝기 때문이다	日心日鏡本明光
명도와 이천의 가르침은 바른 길이고	明道伊川乃正路
회암과 공자는 가르침의 본향이로다	晦庵闕里是本鄉

영조(英祖, 1694~1776, 재위 1724~1776)는 재위 20년 1744년에 세자시강원으로 하여금 교서관에서 『고경중마방』을 간행하게 하였다. 영조는 주자가 임희지를 송별하며 준 시에 차운하여 스스로 시를 짓고 써서 새로 간행된 책의 앞에 실었다. 그 뿐 아니라 서문을 스스로 지어 김재로(金在魯, 1682~1759)에게 쓰게 하여 실었다. 영조 이후 『고경중마방』은 세자시강원에서 세자를 가르치는 교재로 계속 사용되었다. 스스로 시를 짓고, 친필로 쓰고, 서문을 지은 것은 세자[13]에 대한 기대와 사랑이 지극했기 때문이다. 이때 세자의 나이는 10세였다. 서문 전체는 4글자, 4구, 23행으로 전체 368글자에 지나지 않지만, 영조는 세자를 위하여 유학 사상의 근본과 학문을 하는 방법과 경계해야 할 내용을 『고경중마방』의 내용에 기초해서 자상하게 설명하고 있다.

13 사도세자(思悼世子), 1735~1762. 차기 국왕으로 예정된 세자를 비참하게 죽게 한 원인은 무엇일까?

4. 『고경중마방』에 담긴 사상

유학 사상의 핵심은 절대자인 하늘이 인간에게 본성을 부여하였다는 천명사상과 천명으로 부여받은 본성을 바탕으로 현실에서 어떻게 도를 실현하느냐는 것이다. 6경 시대의 유학과 공맹 시대의 유학과 진시황(秦始皇) 이후의 한(漢) · 당(唐)대 유학과 송(宋)대 이후의 유학이 시대에 따라 그 양상을 달리하지만 유학의 근본문제는 변하지 않는다. 여기서 벗어나면 그 사상은 이미 유학이라고 할 수 없다. 퇴계는 유학의 이와 같은 핵심에 투철하였기 때문에 53세에는 「천명도」와 「천명도설」을 지어 우주에서 인간의 지위와 사명을 밝혔다. 65세에는 학봉 김성일에게 주는 「병명」을 통하여 역대의 현인과 성인들이 어떻게 도를 실현하였는지 밝히고 있다. 그리고 68세 때는 선조에게 지어 바친 『성학십도』를 통하여 도학의 완성된 모습을 보여주고 있다. 『성학십도』는 현인과 성인이 밝힌 도학의 핵심이 되는 10개의 그림과 설을 가지고 '인간완성의 학문' '성인됨의 학문'을 집대성한 퇴계의 대표작이다. 퇴계는 천명으로 주어진 본성을 실현하는 학문으로서의 도학, 본성 실현을 통한 인간 완성의 학문인 성학의 차원에서 학문과 수양에 도움이 되는 찬과 잠과 명을 모아서 자신의 수양과 학문의 터전으로 삶기 위하여 『고경중마방』을 채록하였다. 4편의 찬(贊)과 13편의 잠(箴)과 53편의 명(銘)을 모아 주자가 임희지에게 보낸 편지에 '고경중마요고방(古鏡重磨要古方)'이라는 글귀가 있는 것을 발견하고 이 책의 제목을 『고경중마방』으로 결정하고서 '제고경중마방'이라는 시를 남겼다. 하늘을 경외하고 본성을 존중하며 도덕의 실현을 목표로 하는 유학은 학문을 매우 중시한다. 이때의 학문은 오늘날과 같은 대상 인식의 학문이 아니라 도를 실천한 현인과 성인이 남긴 경전을 통하여 스승에게 배우고 물으며 도를 알고 실천함으로써 자신의 삶을 완성하는 학문이다. 천명을 부여받아 그 실현을 통하여 자신의 삶을 완성하는 것을 사명으로 삼는 사람은 학문을 통하여 선현들의 삶을 부지런하게 배워야 함은 물론, 학문을 넘어 내적성찰을 통하여 자기 자신에게 주어진 천명을 자각하지 않으면 안 된다. 유학에서 찬과 잠과 명이 중시되는 이유는 바로 여기에 있다.

『고경중마방』에는 4편의 찬과 13편의 잠과 53편의 명이 실려 있다. 찬 가운데 3편은 『주역』에 관한 것이며 1편은 『심경』에 관한 것이다. 학문을 중시하는 유학은 선현들의 삶을 기록한 경전을 중시하지 않을 수 없다. 자연의 도를 설명한 『주역』은 유학의 표준이며 극치를 이룬다. 「경학찬」은 주자가 지은 『주역』을 공부하는 방법에 관한 내용이며, 「복괘찬」과 「복괘의찬」은 음이 성한 가운데 하나의 양이 아래서 싹트기 시작하는 상으로 인간의 마음에서 선한 단서가 싹트기 시작하는 것을 상징하는 복괘의 중요성을 설명하고 있다. 「심경찬」은 진덕수가 지은 『심경』의 서문에 속하는 글이다. 도학과 성학은 마음을 떠나서 접근할 수 있는 방법이 없다. 퇴계가 평생 동안 『심경』을 손에서 놓지 않은 이유를 「심경찬」을 통하여 이해할 수 있다.

13편의 잠은 사람이 살면서 경계해야 하는 내용들이다. 천명은 인간의 내면에 있으면서 삶과 분리되지 않는다. 시간과 공간 안에서 동정을 끊임없이 이어가면서 말하고 행동하는 삶을 통하여 도는 실현되기도 하고 무너지기도 한다. 그러므로 사람이 경계해야 하는 잠의 대부분은 일상생활과 관련된 내용들이다. 한유의 5잠은 놀고, 말하고, 행동하고, 좋아하고 싫어하며, 이름이 알려지는 것을 경계하는 잠이다. 예가 아니면 보지 말라는 「시잠」, 예가 아니면 듣지 말라는 「청잠」, 예가 아니면 말하지 말라는 「언잠」, 예가 아니면 행동하지 말라는 「동잠」은 정이가 지은 사물잠으로 보고 듣고, 말하고 행동하는 것에 대한 가르침이다. 마음에 관한 경계를 말하는 「심잠」, 호흡을 조절하게 하는 「조식잠」, 진리는 하나라고 가르치는 「이일잠」, 마음이 하나되게 하라는 「주일잠」, 야기를 잘 가꾸라는 「야기잠」, 아침부터 밤늦게까지의 생활을 경계하라는 「숙흥야매잠」, 하루하루를 아끼라는 「애일잠」 등 모두가 인간의 일상생활에 관한 내용들이다. 자신이 중시하는 덕성을 당호로 삼아 경계하는 것들도 있으니, 「경재잠」과 「물재잠」과 「사성재잠」과 「노재잠」이 그러하다.

70편 가운데 53편이 명이다. 사람의 도는 삶과 분리될 수 없다. 삶은 시간과 공간 안에서 이루어지므로 어느 곳, 어느 때나 도를 어기지 않는 것을 중시한다. 그리고 삶은 동과 정의 연속임으로 정할 때 보존하여 기르고, 동할 때 성찰하여 어긋나지 않게 하는 것을 중시한다. 오늘날의 학문은 대상화된 객체적인 것에만 관심을 기울이는데 유학에서는 주체적 삶을 중시하며 주체적 삶을 통하여 인간이 삶의 근원이 되는 인간의 본성과 본성의 근원이 되는 하늘을 알고 하늘이 인간에게 요구하는 삶을 살 수 있다고 한다. 이러한 삶을 완성한 인간이 성인이다. 퇴계는 『성학십도』의 끝에서 성학의 요체를 이렇게 요약하고 있다.

이것은 한 번 움직이고 한 번 고요할 때나, 어느 곳 어느 때나, 존양(存養)하고 성찰(省察)하여 번갈아 공부하는 방법입니다. 과연 이렇게 할 수

만 있다면 어떠한 상황에서도 털끝만한 잘못도 없을 것이요, 어느 시간적 상황에서도 잠시의 중단도 없을 것입니다. 두 가지로써 병진(並進)하면 성인이 되는 요령은 바로 여기에 있는 것입니다.[14]

유학에서 지향하는 학문이 일상적 삶을 통한 자기완성이기 때문에 옛사람들은 일상생활에서 항상 접하는 생활 주변에 있는 기물들에 명(銘)을 새겨 마음에 경각심을 돋우었다.

참으로 어느 날 새로워지면,
苟日新(구일신)이면
날마다 새롭게 하고
日日新(일일신)하고
또한 날로 새롭게 하라.[15]
又日新(우일신)하라.

14 『성학십도』 「숙흥야매잠도」 해설, "此一靜一動, 隨處隨時, 存養省察, 交致其功之法也. 果能如是, 則不遺地頭, 而無毫釐之差, 不失時分, 而無須臾之間. 二者並進, 作聖之要, 其在斯乎."

15 날로……하라 : 『대학장구』 전(傳) 2장의 '신민(新民)'에 대한 부분에 나오는데, 주희(朱熹)는 이에 대한 주(註)에서 "사람이 그 마음(心)을 씻어서 악(惡)을 없애는 것은 그 몸(身)을 씻어서 때를 없애는 것과 같다"라고 하였다. 그리고 『주역』 「계사(繫辭) 상」에는 "풍부하게 가짐을 대업이라고 하고, 날로 새로워짐을 성덕이라고 한다.(富有之謂大業, 日新之謂盛德.)"라는 구절이 나온다.

탕의 세숫대야에 새겨진 명이다. 3천 5백 년이 가까이 되는 명이지만 아직도 많은 사람들의 감동을 불러일으키는 글이다. 세숫대야, 의자, 거울, 기둥, 지팡이, 물그릇, 창문, 초상화 등 새길 만한 곳이면 어디에나 가슴에 명심할 문구를 새겼다. 새길 물건이 없으면 좌우명(座右銘)을 지어 벽에 걸었다. 그것으로도 만족할 수 없으면 경전에 나오는 학문에 요긴한 덕성에 바로 명을 지어 서재의 벽에 걸었다. 「경명」, 「화명」, 「자신명」, 「자수명」, 「소인욕명」, 「장천리명」, 「극기명」 등이 그러하다. 가장 흔한 경우는 집 주인이 집을 지으며 마음에 드는 유학의 덕성을 당호로 삼고 멋진 명문을 지어 두고두고 읽으며 스스로 공부하고, 남에게도 권하며 자신이 세상을 떠난 뒤에는 후세 사람들에게 물려주는 경우이다. 『고경중마방』에 실린 명문 가운데는 기물에 새긴 것이 16편, 좌우명이 6편, 덕성을 읊은 것이 7편, 건물에 당호로 삼아 새긴 것이 24편이다.

유학에서 인간은 천명을 부여받은 고귀한 존재이며, 인간의 삶은 시간과 공간 안에서 동과 정을 통하여 합당한 삶의 길, 선한 삶의 길을 지향하는 가치로운 삶이었다. 인간만 그러하겠는가? 인간을 낳은 자연 역시 인간의 연구 대상이나 지배 대상을 넘어 영원한 진리 실현의 세계이다. 현대의 자연관이나 인간관과는 상당한 거리가 느껴지기 때문에 현대인이 유학에 접근하는 것은 쉽지 않은 것으로 느껴진다.

5. 퇴계가 김성일(金誠一)에게 준 「병명(屛銘)」

명과 잠, 찬 등의 글을 가지고 학문의 핵심을 드러내기를 좋아하는 것은 실천적 삶을 통하여 진리에 도달하고자 하는 유학의 특징이다. 이제 명을 가지고 유학 사상의 핵심을 가장 잘 표현하고 있는 글을 소개하고자 한다. 더구나 퇴계가 지은 것이어서 여기에 소개한다. 이는 퇴계가 66세 되던 해에 29세의 학봉 김성일(金誠一, 1538~1593)에게 써 준 「병명(屛銘)」이다. 퇴계는 80자를 가지고 유학의 16성현의 도학의 핵심을 정리하고 그들의 학문적 특성도 파악하여 드러내고 있다.

퇴계가 정리한 유학 도통의 전승은 이러하다. 요－순－우－탕－문왕－무왕－주공－공자－증자－안연－자사－맹자－주렴계－정명도－정이천－주자로 이어지는 16성현이다.

요는 공경하였고 순은 전일하였네. 堯欽舜一
우는 경건하였고 탕은 두려워하였네. 禹祗湯慄
공경하고 신중한 것은 문왕의 마음이었고 翼翼文心
광활하고 원대한 것은 무왕의 황극이라네. 蕩蕩武極
주공은 건괘의 종일 부지런히 노력하고도 저녁에는 두려워함[16]을 일컬었고 周稱乾惕
공자는 발분하면 먹는 것도 잊어버리고 즐거워 모든 근심을[17]을 잊는다고 말하였네. 孔云憤樂
증자는 매일 세 가지를 반성하면서 죽을 때까지 두려워하고 조심하였고,

16 君子終日乾乾, 夕惕若, 厲无咎.

17 發憤忘食, 樂而忘憂, 不知老之將至.

曾省戰兢
안자는 극기복례를 실행하였네. 顔事克復
(자사)경계하고 두려워하며 홀로 아는 마음의 기미를 삼가, 戒懼愼獨
밝음과 성실함으로 도를 이루었네. 明誠凝道
(맹자)마음을 잡고 성을 보존하여 하늘을 섬기고 操存事天
정직과 도의로 호연지기를 길렀네. 直義養浩
(주렴계)정을 주로 하여 욕심을 없애니 主靜無欲
비온 뒤의 밝은 달과 같았으며 光風霽月
(정명도)풍월을 읊조리며 돌아오니 吟弄歸來
봄날 햇볕이 비치듯 따스하면서도[18] 산처럼 우뚝하게 섰다네. 揚休山立
(정이천)정제하고 엄숙하며 整齊嚴肅
마음이 하나로 됨을 주로 하여 흔들림이 없었네. 主一無適
(주회암)넓게 배우고 예로 단속하는 두 가지를 지극하게 하였으니, 博約兩至
연원의 바른 줄기라네. 淵源正脈

퇴계를 통하여 드러나는 도학은 복잡하지 않다. 인간의 본성이 담긴 마음을 삶의 주인으로 삼아 시간과 공간 안에서 삶의 동정을 통하여 본성을 함양하고 본성을 실현하는 삶을 지속적으로 살면 도가 밝아지고 덕성이 무르익어 자신도 모르는 사이에 인격이 고양된다고 한다. 퇴계의 도학은 성리학을 바탕으로 삼지만 이처럼 간단하고 명백한 것이 특징이다. 『고경중마방』과 『병명』과 『성학십도』에는 퇴계 도학의 특성이 잘 드러나 있다.

18 '揚休'는 '陽煦(양후)'의 의미로 이해함.

6. 번역본을 내기까지

나는 2014년 8월 연세대학교 철학과 교수직에서 정년퇴임으로 물러났다. 그 후 퇴계관련 학술자료를 가지고 정기적인 강독회를 하고 싶다는 의견을 퇴계학연구원에 제의하여 승인을 얻었다. 퇴직하기 전 5년 동안 대구에서 사업을 하는 친구가 해마다 적지 않은 연구비를 지원해 주는 덕분에 박사들과 꾸준히 강독팀을 유지하며 『퇴계와 율곡, 생각을 다투다』, 『심경주해총람 상하』 등을 출간할 수 있었다. 고맙게도 퇴직한 뒤에도 지원할 의사를 내비추어서 퇴계학 박사를 중심으로 발표하게 하며 일정한 발표비를 줄 수 있겠다는 생각을 하게 되었다. 2015년 3월 6일 퇴계학 박사가 10명, 일반인이 10여 명 참석하여 강독회를 출범하였다. 2017년 6월경 전체 발표가 끝났다. 여름 방학 기간에 선비문화수련원에 들어가 합숙하며 1차 교정을 하기로 하였다. 2018년 여름에는 함양의 인산죽염 농장에서밤늦도록 교정하였다. 이후 신림동 본인의 집에 모여서도 여러 차례 교정을 거쳐 이제야 끝맺었다. 번역과 교정에 참여한 박사들의 노고는 말할 것도 없다. 전체를 총괄하는 강희복 박사의 노고가 크고, 특히 편집을 맡은 나대용 박사와 황상희 박사의 수고가 남달랐다. 아직도 세상에 내놓는 데 대한 두려움은 말할 것도 없다. 여러 가지 부족한 것이 많지만 박사들이 발표를 하고 그들과 함께 고전을 음미한다는 것은 예사 복이 아니다.

더구나 80대 노인들로서 강독회에 참여하시는 엄성진 박사와 소설가 한무숙 기념관의 김호기 관장 부부와 서예에 심취하신 이우영 선생, 영문학을 전공하고 한문에도 조예가 깊으신 박문희 여사 등 전체 20명 내

외의 숫자에는 변화가 거의 없다. 박사들 가운데는 철학 전공자가 많은데 퇴계의 시를 완역하신 반농(半農) 이장우 교수가 꺼지지 않는 학구열로 젊은 사람들에게 각성을 촉구하는 경우가 많으며 분위기가 딱딱할 때는 한수작으로 풀어주신다. 지금은 주자가 젊은 시절에 스승 이통과 주고받은 편지를 모은『연평답문』을 강독하고 있는데 쉽지 않은 내용이어서 진도에 개의치 않고 꾸준히 읽고 있다. 이렇게 자유로운 학문의 공간을 허락하신 퇴계학연구원에 감사드린다. 삽화를 그려주신 최동춘 화가님과 여러 번 판을 바꾸며 보기 좋은 책을 만들어주신 출판사 학자원의 김병환 대표님께도 감사드린다. 어디에 썼는지 한 번도 묻지 않고 10년 동안 한결 같은 마음으로 지원해 주신 나의 친구, 제일연마주식회사 오유인 대표에게 이 책을 드린다.

참고자료

임기영, 「고경중마방의 간행과 판본」, 『서지학연구』 56집, 2013.
정석태, 『退溪先生年表月日條錄』, 2006.
박상주 역, 『고경중마방』, 예문서원, 2004.
『퇴계학연구총서21(퇴계학연구원)』, 『고경중마방』, 1996.
『퇴계집』, 한국고전종합DB, (한국고전번역원)
『월천집』, 위와 같음.
『한강집』, 위와 같음.

고경중마방서古鏡重磨方序

정구(鄭逑)

옛 거울을 다시 닦으려면 옛날의 방법이 필요하지 / 古鏡重磨要古方
마음이 밝게 되면 더욱이 해와 빛을 다투게 되네 / 眼明偏與日爭光
밝고 밝게 우리 유학의 길을 바로 비추어야지 / 明明直照吾家路
병주(并州)[1]를 가리켜 고향이라고 하지 말게나 / 莫指并州作故鄕

위 시는 주부자(朱夫子 : 朱熹)가 임희지(林熙之)를 보내는 시 5수 가운데 마지막 작품이다.[2] 이선생(李先生 : 李滉)이 잠과 명을 손수 베끼고 이 시의 머리 구의 뜻을 취하여 제목으로 삼았다. 학자는 그 뜻을 체득해야 할 것이다. 그래서 이 시를 머리에 두어 책을 펼쳐 공경스럽게 마음으로 익히며 이 책의 이름을 얻게 된 의미를 알게 하였다. (右朱夫子送林熙之詩五首中一首. 李先生手寫箴銘, 取此詩首句之義以名之.

1 병주(并州) : 중국 십이주의 하나. 산서성 대원부(大原府) 지방. 제2의 고향이라는 의미로 사용됨. 당(唐) 나라 가도(賈島, 779~843)가 병주에 오래 살다가 떠날 때 "병주 객사에 머물길 이미 10년, 돌아갈 마음에 밤마다 함양을 추억한다네. 무단히 상건수를 다시 건너보지만 보이노니 병주가 고향이로세(客舍并州已十霜, 歸心日夜憶咸陽, 無端更渡桑乾水, 却望并州是故鄕)"이라고 읊은 데서 유래한다.

2 위 시는……작품이다 : 사고전서 집부 회암집 권6에 임희지에게 보낸 5수의 시가 나온다.

學者其有以體之哉. 玆弁諸首, 使開卷敬翫, 知此書所以得名之意云.)

만력(萬曆)[3] 정미(1607년) 6월 일

문인 정구(鄭逑, 1543~1620) 삼가 쓰다.

3 만력(萬曆) : 명 나라 제13대 황제인 신종(神宗 : 朱翊鈞)의 연호. 1573~1620년까지이다. 정미(1607년)는 민력 35년이며 조선 14대 왕 선조 40년이다.

1

세숫대야에 새기다 盤銘[1]

성탕 成湯

참으로 어느 날 새로워지면,

苟日新이면
구 일 신

날마다 날마다 새롭게 하고

日日新하고
일 일 신

또한 날로 새롭게 하라.

又日新하라.
우 일 신

1 세숫대야에 새기다 : 『대학장구』 전(傳) 2장의 '신민(新民)'에 대한 부분에 나온다. 주희(朱熹)는 이에 대한 주(註)에서 "사람이 그 마음(心)을 씻어서 악(惡)을 없애는 것은 그 몸(身)을 씻어서 때를 없애는 것과 같다"라고 하였다. 그리고 『주역』 「계사(繫辭) 상」에서는 "풍부하게 가짐을 대업이라고 하고, 날로 새로워짐을 성덕이라고 한다.(富有之謂大業, 日新之謂盛德.)"라는 말로 도(道)의 덕업(德業)을 표현하고 있다.

2

의자의 네 모서리에 새기다 席四端銘[2]

무왕 武王

안락할 때에도 반듯이 삼가며,[3]

安樂必敬하며
안 락 필 경

후회할 만한 일을 행하지 마라.

無行可悔하라.
무 행 가 회

뒤척거리는 사이에도 반드시 기억해야 하느니라.

一反一側에도 亦不可不志[4]니라
일 반 일 측 역 불 가 부 지

은나라 거울이 멀지 않으니, 그대가 하는 일을 비추어 보라.

殷[5]監不遠이니 視爾[6]所代하라.
은 감 불 원 시 이 소 대

2 의자의 네 모서리에 새기다 : 『대대례기(大戴禮記)』에 나온다.

3 삼가며 : 『주역』의 「곤괘(坤卦)」 육이효(六二爻)에서 "경이직내(敬以直內), 의이방외(義以方外)"라고 하였는데, 경(敬)의 의미에 관하여 정이천(程伊川, 1033~1107)은 "정제엄숙(整齊嚴肅)", "주일무적(主一無適)"이라고 하였고, 사량좌(謝良佐, 1050~1103)는 "상성성(常惺惺)"이라고 하였으며, 윤돈(尹焞, 1071~1142)은 "기심수렴불용일물(其心收斂不容一物)"이라고 하였다.

4 不志 : 『대대예기금주금역(大戴禮記今註今譯)』(高明 註譯)에는 '以忘'으로 되어 있다. 『금주금역(今註今譯)』을 따른다.

5 殷 : 같은 책에는 '소(所)'로 되어 있다.

6 爾 : 같은 책에는 '이(邇)'로 되어 있다.

3

거울에 새기다 鑑銘[7]

무왕 武王

그대의 앞은 잘 보고,

見爾前하고
견 이 전

그대의 뒤는 잘 헤아려라.

慮爾後하라.
려 이 후

7 거울에 새기다 : 『대대례기(大戴禮記)』에 나온다.

4

세숫대야에 새기다 盤銘[8]

무왕 武王

사람에게 빠지는 것보다

차라리 연못에 빠지는 것이 낫다.

與其溺於人也보다는
여 기 익 어 인 야

寧溺於淵이라.
영 약 어 연

연못에 빠지면 오히려 헤엄쳐 나올 수 있지만,

사람에게 빠지면 구제할 수가 없다.

溺於淵猶可游이나
익 어 연 유 가 유

溺於人不可捄[9]也니라.
익 어 인 불 가 구 야

8 세숫대야에 새기다 : 『대대례기(大戴禮記)』에 나온다. 盤銘 : 같은 책에는 '관반(盥盤)'으로 되어 있다.

9 捄 : 같은 책에는 '구(救)'로 되어 있다.

5

기둥에 새기다 楹銘[10]

무왕 武王

'어찌 피폐하겠는가?'라고 말하지 말라.

그 화가 불타게 될 것이다.

毋曰胡殘하라.
무 왈 호 잔

其禍將然[11]하리라.
기 화 장 연

'어찌 해가 되겠는가?'라고 말하지 말라.

그 화가 커지게 될 것이다.

毋曰胡害하라.
무 왈 호 해

其禍將大하리라.
기 화 장 대

'어찌 손상이 되겠는가?'라고 말하지 말라.

그 화가 자라게 될 것이다.

毋曰胡傷하라.
무 왈 호 상

其禍將長하리라.
기 화 장 장

10 기둥에 새기다 : 『대대례기(大戴禮記)』에 나온다.

11 然 : '연(然)'은 '연(燃)'과 통한다.

6

지팡이에 새기다 杖銘[12]

무왕 武王

아! 성냄에서 위태로워지며,

於[13]乎라! 危於忿疐[14]하며
오 호 위 어 분 치

아! 욕망에서 도를 잃으며,

於乎라! 失道於嗜欲하며
오 호 실 도 어 기 욕

아! 부귀에서 모든 것을 잊게 된다.

於乎라! 相忘於富貴니라.
오 호 상 망 어 부 귀

12 지팡이에 새기다 : 『대대례기(大戴禮記)』에 나온다.

13 於 : 같은 책에는 '오(惡)'로 되어 있다.

14 疐 : '치(疐)'는 '치(懥)'와 통한다.

7

동상에 새기다 金人銘[15]

무왕 武王

삼갈진져!

戒之哉인져!
계 지 재

말을 많이 하지 말고, 일을 많이 벌이지 말라.

말이 많으면 실패가 많고, 일을 많이 벌이면 해로움이 많다.

無多言하고 無多事하라.
무 다 언 무 다 사

多言多敗하고 多事多害니라.
다 언 다 패 다 사 다 해

안락할 때에도 반드시 경계하며 후회할 일을 하지 말라.

'어찌 손상이 되겠는가?'라고 말하지 말라. 그 화가 자라게 될 것이다.

安樂必誡하며 無行所悔라.
안 락 필 계 무 행 소 회

勿謂何傷하라. 其禍將長하리라.
물 위 하 상 기 화 장 장

'어찌 해가 되겠는가?'라고 말하지 말라. 그 화가 커지게 될 것

15 동상에 새기다 : 『대대례기(大戴禮記)』에 나온다.

이다.[16]

아무도 듣지 않는다고 말하지 말라. 신이 사람을 엿볼 것이다.

勿謂何害하라. 其禍將大하리라.
물위하해 기화장대

勿謂不聞하라. 神將伺人하리라.
물위불문 신장사인

작은 불꽃을 끄지 않으면, 큰 불길을 어찌 하겠는가?

졸졸 흐르는 물을 막지 않으면 마침내 강하를 이루게 된다.

焰焰弗滅하면 炎炎若何리오?
염염불멸 염염약하

涓涓不壅하면 終爲江河하리라.
연연불옹 종위강하

가늘게 이어질 때를 끊지 않으면 간혹 그물이 된다.

작을 때 뽑지 않으면 도끼자루를 찾게 된다.

綿綿不絶하면 或成網羅하리라.
면면부절 혹성망라

毫末不札하면 將尋斧柯하리라.
호말불찰 장심부가

참으로 삼갈 수 있으면 복의 뿌리가 되지만,

'입으로 하는 말이 어찌 손상이 되겠는가?'라고 하는 것은 화의 문이다.

16 어찌……것이다 : 이 문장은 무왕(武王)의 「영명(楹銘)」에 나오는 "'어찌 해가 되겠는가'라고 말하지 말라. 그 화가 커지게 될 것이다. '어찌 손상이 되겠는가'라고 말하지 말라. 그 화가 자라게 될 것이다.(毋曰胡害, 其禍將大. 毋曰胡傷, 其禍將長.)"와 그 의미가 같다.

誠能愼之면 福之根也이나
성 능 신 지 　 복 지 근 야

口是何傷은 禍之門也니라.
구 시 하 상 　 화 지 문 야

힘자랑 하는 사람은 곱게 죽지 못하고,

이기는 것을 좋아하는 사람은 반드시 그 적을 만나게 되다.

强梁者는 不得其死하고
강 량 자 　 부 득 기 사

好勝者는 必遇其敵하니라.
호 승 자 　 필 우 기 적

도둑은 주인을 미워하고,

백성은 그 윗사람을 원망한다.

盜憎主人하고
도 증 주 인

民怨其上하니라.
민 원 기 상

군자는 천하의 위에 오를 수 없음을 알고 있으므로 자기를 낮추고,

중인보다 앞설 수 없음을 알기 때문에 자기를 뒤로한다.

君子는 知天下之不可上也하니 故下之하며
군 자 　 지 천 하 지 불 가 상 야 　 고 하 지

知衆人之不可先也하니 故後之하니라.
지 중 인 지 불 가 선 야 　 고 후 지

강과 바다는 비록 왼쪽[17]에 있지만, 여러 냇물보다 어른이 되는

17 왼쪽 : 동쪽을 가리킨다. 중국의 지형은 남과 서가 높고 동쪽이 낮아 모든 강이 동으로 흘러 바다로 들어간다.

것은 스스로 낮추기 때문이다.[18]

천도는 사사롭게 친함이 없으니, 늘 선한 사람을 도와준다.[19]

江海雖左나 長於百川은 以其卑也니라.
강 해 수 좌 장 어 백 천 이 기 비 야

天道無親하니 常與善人이니라.
천 도 무 친 상 여 선 인

삼갈진저! 삼갈진저!

戒之哉인저! 戒之哉인저
계 지 재 계 지 재

18 강과……때문이다 : 『노자(老子)』 66장. "강과 바다가 여러 시냇물의 왕이 될 수 있는 것은 자기를 잘 낮추기 때문이다. 그러므로 여러 시냇물의 왕이 될 수 있다.(江海所以能爲百谷王者, 以其善下之, 故能爲百谷王.)"

19 천도는……도와준다 : 『노자(老子)』 79장에도 같은 구절이 나온다.

8

최원의 좌우명 座右銘[20]

최원 崔瑗

다른 사람의 단점을 말하지 말고 자기의 장점을 말하지 말며, 다른 사람에게 베푼 것은 생각하지 말고 은혜를 입은 것은 삼가 잊지 말아라.

無道人之短하고 無說己之長하며
무 도 인 지 단 　 무 설 기 지 장

施人而勿念하고 受施愼勿忘이니라.
시 인 이 물 염 　 수 시 신 물 망

세상의 명예는 부러워할 것이 못되니, 오직 인을 법도로 삼아서 깊이 생각한 뒤에 움직이면, 다른 사람들의 비판에 어찌 상심하겠는가?

世譽不足慕니 惟仁爲紀綱하고
세 예 부 족 모 　 유 인 위 기 강

隱心而後動이면 謗議庸何傷이리오?
은 심 이 후 동 　 방 의 용 하 상

명성이 실제보다 지나치지 않도록 해야 하니,[21]
어리석음을 지키는 것은 성인이 착하게 여기는 것이다.

20 최원의 좌우명 : 『예문유취(藝文類聚)』에 나온다.

21 명성이……하니 : 명(名)과 실(實)은 개념과 실재, 지위와 역할 등의 의미가 있다.

無使名過實이니
무 사 명 과 실

守愚聖所臧이니라.
수 우 성 소 장

검은 흙 속에서 검게 물들지 않음을 귀하게 여기니,

어두운 것 같이 하여 속으로 빛을 품으라.

在涅貴不緇하니
재 열 귀 불 치

曖曖內含光하라.
애 애 내 함 광

부드럽고 약함이 생명의 무리이니,

노자는 굳세고 강함을 경계하였다.[22]

柔弱生之徒요,
유 약 생 지 도

老氏戒剛强하니라.
노 씨 계 강 강

22 부드럽고……경계하였다 : 『노자(老子)』 76장. "굳센 것은 죽음의 무리이며, 유약한 것은 삶의 무리이다.(堅强者死之徒, 柔弱者生之徒.)" 『예문유취(藝文類聚)』에는 "在涅貴不緇, 曖曖內含光."과 "柔弱生之徒, 老氏戒剛强."의 순서가 바뀌어 있다.

9

변란의 좌우명 座右銘[23]

변란 卞蘭

계단이 많고 기둥이 이어진 높고 큰 집은 반드시 그대의 참됨을 흐리게 하고,
황금과 보물로 화려하게 꾸민 집은 그대의 정신을 어지럽게 할 것이다.

重階連棟은 必濁汝眞하고
중계연동 필탁여진

金寶蒙屋은 將亂汝神이니라.
금보몽옥 장란여신

너무 맛있는 것은 재앙을 부르고, 너무 아름다운 것은 몸을 위태롭게 한다.[24]
너무 높아지려고 하면 오히려 떨어지며, 너무 쌓으려고 하면 다시 가난해진다.

厚味來殃하고 艷色危身하며
후미래앙 염색위신

23 변란의 좌우명 : 『예문유취(藝文類聚)』에 나온다.

24 너무……한다 : 『노자(老子)』 12장. "찬란한 빛깔은 사람으로 하여금 눈이 멀게 하고, 현란한 소리는 사람으로 하여금 귀가 멀게 하며, 여러 가지 맛있는 것은 사람으로 하여금 입맛이 없어지게 한다.(五色令人目盲, 五音令人耳聾, 五味令人口爽.)"

求高反墜하고 務厚更貧이니라.
구 고 반 추　　무 후 갱 빈

감정과 욕망을 막는 것은[25] 노자가 소중하게 여기는 것이며, 주묘(周廟)의 명(銘)[26]은 공자가 따르는 것이다.

閑情塞欲은 老氏所珍이며
한 정 색 욕　노 씨 소 진

周廟之銘은 仲尼是遵이니라.
주 묘 지 명　중 니 시 준

그대의 입을 참으로 삼가 사람을 잃지 않도록 경계하고, 조용하게 때를 따르고 빛을 부드럽게 하여 세속과 함께 해라.[27]

審愼汝口하여 戒無失人하고
심 신 여 구　계 무 실 인

從容順時하여 하라和光同塵하라
종 용 순 시　화 광 동 진

어둡고 흐려서 아무도 내 말을 듣지 않는다고 생각하지 말고, 깊고 어둡다고 생각하지 말고 홀로 있을 때도 여러 사람들과 함께 있는 것처럼 해라.

無謂冥漠하여 人不汝聞하고
무 위 명 막　인 불 여 문

無謂幽冥하여 處獨若羣하라.
무 위 유 명　처 독 약 군

25 감정과……것은 : 『노자(老子)』 52장과 56장. "그 구멍을 막고 그 문을 닫는다.(塞其兌, 閉其門.)"

26 주묘의 명 : 공자가 주나라 태조 후직(后稷)의 묘(廟)에서 보았다는 금인명(金人銘:제7)을 가리킨다.

27 빛을……해라 : 『노자(老子)』 4장과 56장. "그 빛을 누그러뜨리며, 그 티끌과 함께 한다.(和其光, 同其塵.)"

복(福)의 선두가 되지 않고 화(禍)와 이웃하지 않으며,

그윽한 도를 지키고 소박함을 잡아[28] 인륜을 어지럽히지 말라.

不爲福先하고 不與禍隣[29]하며
불 위 복 선　　불 여 화 린

守玄執素하여 無亂大倫하라.
수 현 집 소　　무 란 대 륜

늘 깊은 물에 이른 것처럼 하며

처음부터 끝까지 오직 새로워라.

常若臨深하며
상 약 임 심

終始惟新이니라.
종 시 유 신

28 그윽한……잡으며 : 『노자(老子)』 1장. "그윽하고 또 그윽하여 온갖 묘한 것의 문이다.(玄之又玄, 衆妙之門.)" 『노자(老子)』 19장. "소(素)를 드러내고 박(樸)을 껴안으며, 사사로움을 적게 하고 욕망을 줄인다.(見素抱樸, 少私寡欲.)"

29 不爲禍隣 : 『장자(莊子)』 「각의(刻意)」에는 '不爲禍始'로 되어 있다.

10

백거이의 좌우명 座右銘[30]

백거이 白居易

부귀를 사모하지 말고 빈과 천을 걱정하지도 말라.

스스로 도가 어떤 상태인지를 묻는다면 귀하고 천한 것이 어찌 말할 거리가 되겠는가?

勿慕富與貴[31]하고 勿憂賤與貧하라.
물 모 부 여 귀 물 우 천 여 빈

自問道何如면 貴賤安足云이리오?
자 문 도 하 여 귀 천 안 족 운

헐뜯음을 듣고도 근심하지 말며 칭찬함을 듣고도 기뻐하지 말라.

스스로 행위가 어떤가를 돌아본다면 헐뜯음과 칭찬이 어찌 말할 거리가 되겠는가?

聞毁勿戚戚하며 聞譽勿欣欣하라.
문 훼 물 척 척 문 예 물 흔 흔

自顧行何如면 毁譽安足論이리오?
자 고 행 하 여 훼 예 안 족 론

마음으로 다른 사람에게 오만하지 말아 다른 사람들로부터 받는 욕됨을 멀리하며,

30 백거이의 좌우명 : 『백거이집(白居易集)』에 나온다.

31 勿慕富與貴 : 『백거이집(白居易集)』에는 '勿慕貴與富'로 되어 있다.

눈에 보이는 것만 가지고 일을 추구하지 말아[32] 스스로 그 몸을 소중하게 여겨라.

無以意傲物하여 以遠辱於人하며
무 이 의 오 물　　이 원 욕 어 인
無以色求事하여 以自重其身하라.
무 이 색 구 사　　이 자 중 기 신

놀 때는 바르지 않음과 함께 하지 않고 거처할 때는 바름과 이웃하라.
마음속에서 취하고 버릴 것이 있으니 이밖에 멀리하고 가깝게 할 것은 없다.

遊與邪分岐하고 居與正爲隣하라.
유 여 사 분 기　　거 여 정 위 린
於中有取舍하니 此外無疎親이니라.
어 중 유 취 사　　차 외 무 소 친

밖을 닦아 안에 이르러 고요히 화기와 진실을 기르며,
내면을 기르되 바깥을 빠뜨리지 않아 행동할 때에는 의(義)와 인(仁)을 따르라.

修外以及內하여 靜養和與眞하며
수 외 이 급 내　　정 양 화 여 진
養內不遺外하여 動率義與仁하라.
양 내 불 유 외　　동 솔 의 여 인

천리를 가는 것도 한 걸음부터 시작하며, 높은 산도 티끌이 쌓여 이루어지는데,[33]

32 눈에……말아 : 『중용』 33장 끝에서는 소리도 냄새도 없는 덕(德)을 강조하고 있다.
33 천리를……이루어지는데 : 『노자(老子)』 64장. "커다란 나무도 털끝처럼 작은 것

우리의 도 또한 이와 같으니, 행함은 날마다 새로워짐을 귀하게 여긴다.

千里始足下하며 高山起微塵이니
천 리 시 족 하 　 고 산 기 미 진

吾道亦如此하니 行之貴日新이라.
오 도 역 여 차 　 행 지 귀 일 신

감히 다른 사람을 바로 잡으려고 하지 않아
오직 큰 띠에 스스로 써서 죽을 때까지 스스로 힘쓰고자 한다.

不敢規他人하여
불 감 규 타 인

聊自書諸紳하여 終身且自勉하노라.
료 자 서 저 신 　 종 신 차 자 면

죽게 되면 후손에게 남기게 되니
후손이 만일 이를 어긴다면, 나의 자손이 아니로다.

身歿貽後昆하니
신 몰 이 후 곤

後昆苟反是면 非我之子孫이니라.
후 곤 구 반 시 　 비 아 지 자 손

에서 생기며, 구층이나 되는 집도 적은 흙을 쌓아 이루어진 것이며, 천리를 가는 것도 발아래에서 시작하는 것이다.(合抱之木, 生於毫末, 九層之臺, 起於累土, 千里之行, 始於足下.)"

11

이지의 속좌우명 續座右銘[34]

이지 李至

단점은 보호하면 안 되니 보호하면 끝내 단점으로 남고,

장점은 자랑하면 안 되니 자랑하면 장점이 되지 않는다.

短不可護니 護則終短하고
단 불 가 호　호 즉 종 단

長不可矜하니 矜則不長이니라.
장 불 가 긍　긍 즉 불 장

다른 사람을 탓하는 것은 자기를 탓하는 것만 못하고,

원만함을 좋아하는 것은 반듯함을 좋아하는 것만 못하다.

尤人不如尤己하고
우 인 불 여 우 기

好圓不如好方이니라.
호 원 불 여 호 방

어리석은 듯하면 세상이 아무도 그대와 지혜를 다투지 않고, 겸손함을 발휘하면[35] 세상이 아무도 그대와 강함을 다투지 않는다.

34 이지의 속 좌우명 : 『전송문(全宋文)』에 나온다.

35 겸손함을 발휘하면 : 『주역』 「겸괘(謙卦)」 육사(六四) 효사. “겸손함을 발휘하면 이롭지 않음이 없다.(无不利撝謙.)”

用晦則天下莫與汝爭智하고
용 회 즉 천 하 막 여 여 쟁 지

撝謙則天下莫與汝爭强이니라.
휘 겸 즉 천 하 막 여 여 쟁 강

말을 많이 하는 것을 노자는 경계하였으며,[36]

말에 서투른 것을 공자는 좋아하였다.[37]

多言者는 老氏所戒며
다 언 자 노 씨 소 계

欲訥者는 仲尼所臧이니라.
욕 눌 자 중 니 소 장

함부로 움직이면 후회하게 되니, 어찌 고요하여 움직이지 않는 것만 같겠는가?

너무 세면 부러지니, 어찌 부드러워서 강하지 않은 것만 같겠는가?

妄動有悔하니 何如靜而不動이리오?
망 동 유 회 하 여 정 이 부 동

大剛則折하니 何如柔而勿剛이리오?
대 강 즉 절 하 여 유 이 물 강

나는 나가기만 하고 그칠 줄 모르는 사람이 실패하는 것을

36 말을……경계하였으며 : 『노자(老子)』 5장. "말이 많으면 궁해지기 쉬우니, 중(中)을 지키는 것만 못하다.(多言數窮, 不如守中.)" 『노자(老子)』 56장. "아는 사람은 말하지 않고, 말하는 사람은 알지 못한다.(知者不言, 言者不知.)"

37 말에……좋아하였다 : 『논어』 「학이(學而)」. "일에는 빠르고 말은 삼간다.(子曰, 敏於事而愼於言.)" 『논어』 「이인(里仁)」. "군자는 말은 서투르고 실천은 빠르게 하려고 한다.(子曰, 君子欲訥於言而敏於行.)" 퇴계는 『자성록(自省錄)』의 서문에서 "옛사람이 말을 함부로 하지 않은 것은 실천이 따르지 못하는 것을 부끄러워하기 때문이다.(古者言之不出, 恥躬之不逮也.)"라는 문장을 인용하였다.

보았지만,

물러나서 자족하는 사람이 망하는 것을 보지 못하였다.[38]

吾見進而不已者敗나
오 견 진 이 불 이 자 패

未見退而自足者亡이라.
미 견 퇴 이 자 족 자 망

선을 하면 군자의 땅에서 놀게 되고,

악을 하면 소인의 마을로 들어가게 된다.

爲善則遊君子之域하고
위 선 즉 유 군 자 지 역

爲惡則入小人之鄕이라.
위 악 즉 입 소 인 지 향

내가 큰 띠에 써서 스스로 경계하고, 대야나 그릇에 새겨 잘못을 막은들

어찌 좌우(座右)에 오래도록 보존하여 밤낮으로 잊지 않기를 바라는 것만 같겠는가?

吾將書紳帶以自警하여 刻盤盂而過防인들
오 장 서 신 대 이 자 경 각 반 우 이 과 방

豈如長存於座右하여 庶夙夜之不忘이리오?
기 여 장 존 어 좌 우 서 숙 야 지 불 망

38 나는……못하였다 : 『노자(老子)』 44장. “만족할 줄 알면 욕되지 않고, 그칠 줄 알면 위태롭지 않아서, 오래도록 잘 살 수 있다.(知足不辱, 知止不殆, 可以長久.)” 『노자(老子)』 46장. “화는 만족할 줄 모르는 것보다 큰 것이 없고, 잘못은 얻으려고 하는 것보다 큰 것이 없다.(禍莫大於不知足, 咎莫大於欲得.)”

12

누추한 방 陋室銘[39]

유우석 劉禹錫

산이 높지 않아도 신선이 살면 유명해지고,
물이 깊지 않아도 용이 있으면 신령해지니
이곳은 누추한 방이지만, 나의 덕이 향기롭다.

山不在高라도 有僊則名하고
산 부 재 고 유 선 즉 명

水不在深이라도 有龍則靈이니
수 부 재 심 유 룡 즉 령

斯是陋室이나 惟吾德馨이라.
사 시 누 실 유 오 덕 형

이끼의 흔적이 계단 위에까지 푸르고, 푸른 풀빛이 발 안으로 들어오네.
담소할 큰 선비가 있고, 왕래하는 사람은 무식한 이가 없네
소박한 거문고를 타고 금경[40]을 펼칠만하다.

苔痕上階綠하고 草色入簾靑하며
태 흔 상 계 록 초 색 입 렴 청

39 누추한 방 : 『全唐文』 권608에 나온다.

40 금경 : 금궤에 간직하는 귀한 책 또는 불경을 기리킨다.

談笑有鴻儒하고 往來無白丁하니
담소유홍유 왕래무백정

可以調素琴閱金經이라.
가이조소금열금경

여러 악기가 귀를 어지럽게 하지 않고, 공문서가 몸을 힘들게 하지 않으니,
남양 제갈량의 초가집이며 서촉 자운(揚雄)의 정자와 같도다.
공자는 "어찌 누추함이 있겠는가?"라고 하였다.[41]

無絲竹之亂耳하고 無案牘之勞形하니
무사죽지란이 무안독지노형

南陽諸葛廬며 西蜀子雲亭이라.
남양제갈려 서촉자운정

孔子云何陋之有라.
공자운하누지유

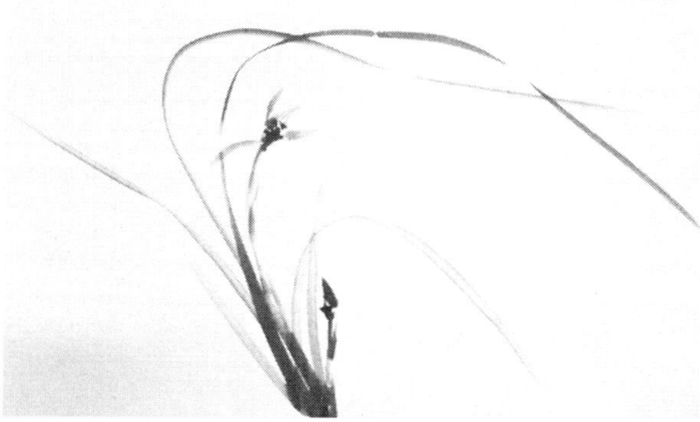

41 공자는……하였다 : 『논어』 「자한(子罕)」. "공자께서 구이에 살려고 하시니, 어떤 사람이 묻기를 '누추한 곳에서 어떻게 하시렵니까?'라고 하였는데, 공자께서 말씀하시기를 '군자가 거처한다면 무슨 누추함이 있겠는가?'라고 하였다.(子欲居九夷. 或曰, 陋, 如之何? 子曰, 君子居之, 何陋之有?)"

13

물그릇에 새기다 槃水銘[42]

사마광 司馬光

물그릇에 가득 담긴 물은 움직임이 없으면 평평하니

槃水之盈은 止之則平하니
반 수 지 영 지 지 즉 평

평평한 뒤에 맑고, 맑은 뒤에 밝게 된다.

平而後淸하고 淸而後明이라.
평 이 후 청 청 이 후 명

조금이라도 기울어지지 않도록 해야 하니 조금이라도 기울어지면 쏟아지고

勿使小欹니 小欹則傾하고
물 사 소 기 소 기 즉 경

쏟아지면 거둘 수 없으니 그 이루어진 것을 무너뜨리게 된다.

傾不可收니 用毁其成이라.
경 불 가 수 용 훼 기 성

아! 물그릇을 받들매 조심하지 않을 수 있겠는가?

嗚呼奉之하매 可不兢兢이리오?
오 호 봉 지 가 불 긍 긍

42 물그릇에 새기다 : 『宋文鑑』 권71에 나온다.

14

사마공[43]이 덮던 이불[44] 司馬公 布衾銘

범순인 范純仁

명아주 잎·콩 잎의 단 맛과, 거친 비단·베의 따뜻함과,
인륜 도덕의 가르침의 즐거움과, 도덕·정의의 존귀함은
구하기가 매우 쉽고, 누리면 언제나 평안하다.

藜藿之甘과 綈布之溫과
려 곽 지 감　제 포 지 온

名敎之樂과 德義之尊은
명 교 지 락　덕 의 지 존

求之孔易하고 享之常安이다.
구 지 공 이　향 지 상 안

비단·수놓은 옷의 사치와, 살찐 고기·귀한 곡식의 진미와,
권세·총애의 성대함과 이익·욕심의 번다함은
얻기가 힘들며 어렵고, 위태로움과 욕됨이 즉시 다다른다.

43 사마공 : 북송시대 유학자 사마광(司馬光)을 말한다. 지은이 소개 9번 사마광 참조.

44 사마공이 덮던 이불 : 명(明)나라 하복징(賀復徵)의 『문장변체휘선(文章辨體彙選)』 권449에 범순인(范純仁)의 「사마공포금명(司馬公布衾銘)」이 수록되어 있다. 포금(布衾)은 베로 만든 이불이다. 사마광이 사용하던 베 이불을 보고 범순인이 지은 명(銘)이다. 범순인이 사마광의 제자로서 사마광과 15년간 함께 기거하며 그를 관찰하여 쓴 잠명이다.(『학산집(鶴山集)』 「발범태사기사마공포금명(跋范太史記司馬公布衾銘)」 권62 참조)

錦繡之奢와 膏粱之珍과
금수지사 고량지진

權寵之盛과 利慾之繁은
권총지성 이욕지번

苦難其得이며 危辱旋臻이라
고난기득 위욕선진

어려움을 버리고 쉬움을 취하며, 위태로움을 멀리하고 평안한 데로 나아가는 것은,

지극히 어리석은 사람도 알 수 있는데, 선비가 어찌 그러하지 아니하리?

舍難取易하고 去危就安은
사난취이 거위취안

至愚且知어늘 士寧不然가?
지우차지 사령불연

안연은 대소쿠리 밥과 표주박의 물[45]을 즐기셨으나, 만세의 스승으로서 모범이 되었고,

주(紂)[46]는 아름다운 옥(玉)으로 만든 누대에 살았지만, 죽어서는 보잘 것 없는 한 사나이가 되었다.

45 대소쿠리 밥과 표주박의 물 : 단표(簞瓢)는 일단사 일표음(一簞食 一瓢飮)을 줄인 말이다. 『논어』 「옹야(雍也)」 9장. "어질다! 안회여. 한 대그릇의 밥과 한 표주박의 물로 누추한 시골에 있는 것을 딴 사람들은 그 근심을 견뎌내지 못하는데, 안회는 그 즐거움을 변치 않으니, 어질다. 안회여.(子曰, 賢哉, 回也, 一簞食, 一瓢飮, 在陋巷, 人不堪其憂, 回也不改其樂, 賢哉, 回也.)"

46 주(紂) : 은(殷) 왕조는 BC1,500~BC1,000 사이에 동아시아를 지배하던 왕조이다. 주(紂)는 은(殷) 왕조의 마지막 왕이다.

顔樂簞瓢하나 萬世師模하며
안락단표　　만세사모

紂居瓊臺이나 死爲獨夫니라.
주거경대　　사위독부

군자는 검소함으로써 덕을 삼고, 소인은 사치함으로써 몸을 망친다.

그러하니 이 이불의 누추함을 소홀히 할 수 있겠는가?

君子以儉爲德하고, 小人以侈喪軀하니
군자이검위덕　　소인이치상구

然則斯衾之陋를 其可忽諸아?
연즉사금지누　　기가홀저

15

띠풀로 지붕을 덮은 집[47] 茅齋銘

위료옹 魏了翁

띠 풀이라는 물건은 깔개로 삼을 수 있고 술을 거를 수 있고, 자리로 쓸 수 있고 솥 안에 깔 수 있으며, 물건을 쌀 수 있고 묶을 수도 있다.

茅之爲物은 可藉[48]可莤하며,
모 지 위 물 가 조 가 숙

可籍可鼎하며 可包可束이라.
가 자 가 정 가 포 가 속

굳세고 깨끗하니 군자에 속한다.

이에 옛 궁궐들은 띠로 엮고 나무로 얽어 메었다.

堅剛潔白하니 君子之屬이로다.
견 강 결 백 군 자 지 속

肆古宮室은 編茅架木이로다.
사 고 궁 실 편 모 가 목

흙 계단은 간결하고, 청묘(淸廟)[49]는 엄숙했다.

47 띠풀로 지붕을 덮은 집 : 위료옹의 문집인 『학산집(鶴山集)』 권57, 16頁에는 "湘鄕趙縣尉與臻 茅齋銘"이라고 되어 있다. 이것은 상향(湘鄕)의 현위(縣尉)인 조여진(趙與臻)의 모재(茅齋)라는 서재에 위료옹이 지어준 명문이라는 의미이다.

48 藉 : 저본에는 '植'으로 되어 있었으나 『학산집(鶴山集)』에 따라 '藉'로 하였다. 『학산집(鶴山集)』에는 '藉'(띠거적 조)로 되어 있다.

제후들은 분배 받은 사직을 주관하고, 농부들은 새끼 꼬아 지붕을 올리네.

土階簡簡하고 清廟肅肅이라
토 개 간 간 청 묘 숙 숙

候直[50]分社하고 農綯乘屋이라
후 직 분 사 농 도 승 옥

위와 아래가 다 같이 그러하니 검소하여 만족하기 쉽다.

검소함을 드러낼 뿐 아니라 또한 덕을 볼 수 있다.

上下同然하니 儉而易足이라.
상 하 동 연 검 이 이 족

匪惟著儉이요 抑亦觀德이라.
비 유 저 검 억 역 관 덕

태괘(泰卦)에서는 양을 상징하고,[51] 『시경』에서는 옥같은 여인에 견주었다.[52]

49 청묘(清廟) : 청묘는 문왕을 제사지낸 사당이다. 『시경』, 「주송(周頌)에 수록되어 있다. "아 심원한 청묘(清廟)에 공경하고 온화한 훌륭한 재상들이여! 많은 선비들이 문왕의 덕을 지켜 하늘에 계신 분을 대하고 사당에 계신 신주를 매우 분주히 받드나니 어찌 드러나지 아니할까? 어찌 떠받들지 아니할까? 사람들에게 미움을 받음이 없도다.(於穆清廟, 肅雝顯相, 濟濟多士, 秉文之德, 對越在天, 駿奔走在廟, 不顯不承, 無射於人斯.)"

50 直 : 『학산집(鶴山集)』에는 '苴'(깔 저)로 되어 있다.

51 태괘(泰卦)에서는 양을 상징하고 : 『주역』 「태괘(泰卦)」는 초구(初九), 구이(九二), 구삼(九三)의 효(爻)가 모두 양(陽)이어서 이 세 양효는 띠풀의 얽힌 뿌리처럼 단결되어야 한다고 말한다. "초구는 띠풀을 뽑으면 그 뿌리가 엉켜있다. 그 무리와 하나가 되어 나아가면 길하다. 상(象)에서 말했다. '띠를 캐는 것과 같은 형국이니 나아가면 길하다는 것은 뜻이 밖에 있기 때문이다.'(初九拔茅茹, 以其彙, 征, 吉. 象曰拔茅征吉, 志在外也.)" 그래서 띠풀의 덕성을 양(陽)으로 상징하였다고 말한 것이다.

기와집과 초가집의 구분은 「고공기(考工記)」[53]에 기록되어 있다.

於泰象陽하고 於詩比玉이라
어 태 상 양 어 시 비 옥

瓦葺之分은 考工所錄이라.
와 집 지 분 고 공 소 록

넘친 폐단이 동자머리와 서까래에 문양을 하는 데까지 이르러서, 그 결백함은 버리고 화려함만을 숭상하게 되었고, 굳셈은 손상시키고 욕심을 따르게 되었다.

迨其流弊가 文題刻桷하여
태 기 유 폐 문 제 각 각

去潔尚華하고 損剛從欲이라.
거 결 상 화 손 강 종 욕

조씨[54]의 띠풀로 만든 집이 간천[55]의 눈에 들었으며, 장천[56]의 시에는 옛 도리가 독실하다.

52 『시경』에서는 옥에 비유하였다 : 흰 띠풀로 노루고기를 싸서 옥 같이 예쁜 여인을 유혹하는 시이다. 여기서 띠풀은 옥 같은 여인을 유혹하는 보자기로 사용되었다. 『시경』 「소남(召南) 야유사균(野有死麕)」. "들에 있는 노루고기 흰 띠풀로 고이 싸서, 봄 그리는 처녀에게 봄 총각이 유혹하네. 숲에는 떡갈나무, 들에는 사슴 고기, 흰 띠 풀로 고이 싸서 옥 같은 처녀 주네. 천천히 하세요 서두루지 마세요. 행주치마에 손 닿을라 조심하세요. 삽살개가 짖어도 안 되잖아요.(野有死麕, 白茅包之, 有女懷春, 吉士誘之. 林有樸樕, 野有死鹿, 白茅純束, 有女如玉. 舒而脫脫兮, 無感我帨兮, 無使尨也吠.)"

53 「고공기(考工記)」: 『주례(周禮)』의 한 편이다. 「고공기(考工記)」에 "葺屋三分, 瓦屋四分"이라는 기록이 있으니 그 차이가 크지 않았다.

54 조씨 : 상향(湘鄕) 현위(縣尉) 조여진(趙與臻)이다.

55 간천 : 송나라 때 한호(韓淲)의 자다. 『간천집』, 『간천일기』 등을 썼는데, 『간천일기』는 고사, 인물품평, 경사고증, 시문평론, 산천고적 등을 기록하고 있다.

趙君之居가 澗泉之目하며
조 군 지 거 간 천 지 목

章泉之詩에 古義是篤이라.
장 천 지 시 고 의 시 독

집 이름만 보아도 교훈을 알 것이니,

내가 지은 이 명(銘)을 가슴에 잘 새겨라.

睹名知訓이니 我銘維服하라.
도 명 지 훈 아 명 유 복

56 장천 : 송나라 신주(信州) 사람인 조번(趙蕃)의 호다. 자는 창보(昌父)이다. 또 다른 호는 난재(難齋), 시호는 문절(文節)이다. 『건도고(乾道考)』, 『순희고(淳熙考)』, 『장천고(章泉考)』 등이 전한다.

16

범충의 좌우명 座右銘[57]

범충 范冲

첫째, 조정의 이롭고 해로움과 변방의 소식, 사신의 임명[58]에 대해 말하지 않는다.

一, 不言 朝廷利害와 邊報差除라.
불 언 조 정 이 해 변 보 차 제

둘째, 지방관원의 장단점이나 득실을 말하지 않는다.

二, 不言 州縣官員의 長短得失이라.
불 언 주 현 관 원 장 단 득 실

셋째, 대중들이 지은 과실과 악행을 말하지 않는다.

三, 不言 衆人所作過惡이라.
불 언 중 인 소 작 과 악

넷째, 관직에 나아갔던 자가 시류를 좇고 세도에 아부하는 일에 대해서는 말하지 않는다.

四, 不言 仕進官職의 趨時附勢라.
불 언 사 진 관 직 추 시 부 세

57 범충의 좌우명 : 『소학』 「가언(嘉言)」 광경신(廣敬身)에는 좌우계(座右戒)로 나오며, 『동래변지록(東萊辨志錄)』에서 인용한 것으로 되어 있다.

58 사신의 임명 : 차(差)는 사신을 보내는 것(遣使日差 : 『御定小學集註』 권5, 35頁)이고, 제(除)는 관직을 받는 것이다.(授官日除 : 『御定小學集註』 권5, 35頁)

다섯째, 물질적 이익의 많고 적음이나, 가난함을 싫어하고 부유함을 추구하는 일을 말하지 않는다.

五, 不言 財利多少와 厭貧求富라.
불언 재리다소 염빈구부

여섯째, 음란하고 외설적인 것과 희롱하는 것과, 여성을 평론하는 것을 말하지 않는다.

六, 不言 淫媟戲慢과 評論女色이라.
불언 음설희만 평론여색

일곱째, 남의 물건을 요구하거나, 술과 음식을 탐하는 말을 하지 않는다.

七, 不言 求覓人物과 干索酒食이라.
불언 구멱인물 간색주식

또 말하였다. 첫째, 남에게 편지를 전할 때는 열어보거나 보내지 않거나 지체하면 안 된다.

又曰, 一, 與人附書에 不可開折沈滯라.
우왈 일 여인부서 불가개탁침체

둘째, 남과 나란히 앉아서 남의 사사로운 글을 엿보아서는 안 된다.

二, 與人並坐에 不可窺人私書라.
이 여인병좌 불가규인사서

셋째, 무릇 남의 집에 들어가서 남의 글이나 문자를 보아서는 안 된다.

三, 凡入人家에 不可看人文字라.
삼 범입인가 불가간인문자

넷째, 남의 물건을 빌려서 손상을 입히거나 돌려주지 않아서는 안 된다.

四, 凡借人物에 不可損壞不還이라.
사 범차인물 불가손괴불환

다섯째, 먹거나 마실 때에 골라서 버리거나 취해서는 안 된다.

五, 凡喫飮食에 不可揀擇去取라.
오 범끽음식 불가간택거취

여섯째, 남과 같은 곳에 거할 때에 편하거나 이로움을 스스로 택해서는 안 된다.

六, 與人同處에 不可自擇便利라.
육 여인동처 불가자택편리

일곱째, 남의 부귀함을 보고서 감탄하거나 부러워하거나 헐뜯어서는 안 된다.

七, 見人富貴에 不可歎羨詆毁라.
칠 견인부귀 불가탄선저회

무릇 이 몇 가지 일을 범하는 사람이 있다면 마음 씀이 넓지 못하다는 것을 충분히 알 수 있으며,

그리고 마음을 보존하고 몸을 닦음에 크게 해로운 바가 있기 때문에 글로 써서 스스로를 경계한다.

凡此數事를 有犯之者하면 足以見用意之不廣하며
범차수사 유범지자 족이견용의지불광

於存心修身에도 大有所害하니 因書以自警하노라.
어존심수신 대유소해 인서이자경

17

다섯 가지를 경계하다[59] 五箴

한유 韓愈

사람들은 자신의 허물을 모르는 것이 병통이지만,

알고도 고치지 못하는 것은 용기가 없는 것이다.

人患不知其過이나
인 환 부 지 기 과

旣知之不能改는 無勇也[60]라.
기 지 지 불 능 개 　 무 용 야

나의 나이가 48세 되니,

짧아진 머리가 날로 희여지고, 흔들거리는 치아가 날로 빠지며,

총명함도 이전에 미치지 못하고, 도덕의 마음은 처음 먹었던 마음에서 날로 멀어지니,

아마도 군자에는 이르지 못하고 마침내 소인이 될 것이 너무나 분명하다.

다섯 가지 경계하는 글을 지어서 나의 잘못된 습관을 견책하고

59 다섯 가지를 경계하다 : 『어선당송문순(御選唐宋文醇)』 권2와 『당문수(唐文粹)』 권78에 보인다.

60 不能改無勇也 : 『어선당송문순(御選唐宋文醇)』권2에는 "不能改是無勇也"로 되어 있다.

자 한다.

余生四十有八年[61]하니
여 생 사 십 유 팔 년

髮之短者는 日益白하고 齒之搖者는 日益脫하며,
발 지 단 자 일 익 백 치 지 요 자 일 익 탈

聰明不及於前時하고 道德日負於初心하니
총 명 불 급 어 전 시 도 덕 일 부 어 초 심

其不至於君子하여 而卒爲小人也가 昭昭矣라.
기 불 지 어 군 자 이 졸 위 소 인 야 소 소 의

作五箴以訟其惡云이라.
작 오 잠 이 송 기 악 운

61 余生四十有八年 : 『어선당송문순(御選唐宋文醇)』 권2와 『당문수(唐文粹)』 권78에는 모두 38세(三十有八年)로 되어 있다. 48세는 오류로 판단된다.

17-1

놀이를 경계하다 游箴

나는 어렸을 적에 여러 가지 재능을 얻고자 하여,

아침저녁으로 부지런히 힘썼는데,

余少之時에 將求多能하여
여 소 지 시 장 구 다 능

早夜以孜孜한데
조 야 이 자 자

오늘날에는 너무 포식하고 유희에만 빠져,

아침저녁으로 하는 일이 없네.

余今之時에 旣飽而嬉 하여
여 금 지 시 기 포 이 희

早夜以無爲라.
조 야 이 무 위

아! 내가 참 무지하구나!

군자됨을 버리고 소인됨으로 돌아가려 하는구나!

嗚呼余乎 其無知乎인저!
오 호 여 호 기 무 지 호

君子之棄而小人之歸乎아!
군 자 지 기 이 소 인 지 귀 호

17–2

말을 경계하다 言箴

'말을 알지 못하는'[62] 사람과는

어떻게 더불어 말을 할 수 있겠는가?

不知言之人과는 烏[63]可與言가?
부지언지인 오 가여언

'말을 아는'[64] 사람이라야

말하지 않아도 그 뜻이 이미 전해진다.

知言之人이라야 黙然而其意已傳이라.
지언지인 묵연이기의이전

62 말을 알지 못하는 : 『논어』「요왈(堯曰)」 3장. "말을 알지 못하면, 사람을 알 수 없다.(不知言, 無以知人也.)" 『맹자』「공손추(公孫丑) 상」 2장. "'감히 묻습니다. 선생님은 무엇을 잘 하십니까?' '나는 말을 알고 나는 나의 호연지기를 잘 기른다.'(敢問夫子, 惡乎長. 曰我知言, 我善養吾浩然之氣.)"

63 烏 : 『어선당송문순(御選唐宋文醇)』 권2에는 '惡'로 되어 있다.

64 말을 아는 : 『맹자』「공손추(公孫丑) 상」 2장. "'무엇을 말을 안다고 합니까?' '비뚤어진 말에서 그 가린 바를 알며, 지나친 말에서 그 빠져있는 바를 알며, 사악한 말에서 그 이탈된 바를 알며, 회피하는 말에서 그 곤궁한 바를 아는 것이니, 그 마음에서 생겨나 그 정치에 해를 끼치며, 그 정치에서 발로하여 그 일에 해를 끼친다. 성인이 다시 일어나시더라도 반드시 내 말을 따를 것이다.(何謂知言, 曰詖辭, 知其所蔽, 淫辭, 知其所陷, 邪辭, 知其所離, 遁辭, 知其所窮, 生於其心, 害於其政, 發於其政, 害於其事. 聖人復起, 必從吾言矣.)"

장군의 막사에서 한 논쟁을

사람들은 도리어 반란을 계획했다고 하며

幕中之辯을 人反以汝爲叛하며
막 중 지 변　인 반 이 여 위 반

사헌부에서 한 논평을

사람들은 도리어 역모를 품었다고 한다.

臺中之評을 人反以爲傾이라.
대 중 지 평　인 반 이 위 경

그대는 징계하지 않고서,

시끄럽게 떠들면서 자기 삶을 해칠 것인가?

汝不懲邪하고 而呶呶以害其生邪아?
여 불 징 야　이 노 노 이 해 기 생 야

17-3

행동을 경계하다 行箴

행동이 의리에 어긋나고, 말이 법에 위배되면,

나중에 비록 해로움이 없을지라도, 그대는 후회해야 한다.

行與義乖하고 言與法違하면
행 여 의 괴 　 언 여 법 위

後雖無害라도 汝可以悔니라.
후 수 무 해 　 여 가 이 회

행동은 사악함이 없고, 말은 치우침이 없으면,

죽어도 죽지 않는 것과 같으니, 그대가 무엇을 후회하겠는가!

行也無邪하고 言也無頗이면
행 야 무 사 　 언 야 무 파

死而不死이니 汝悔而何리오.
사 이 불 사 　 여 회 이 하

후회해야 할 곳에서 후회하지 않는다면, 그대의 악이 어떻게 고쳐지겠는가?

후회하지 않아야 할 곳에서 후회나 하고 있으면, 그대의 선은 어디에 있겠는가?

宜悔而休하면 汝惡曷瘳리오
의 회 이 휴 　 여 악 갈 추

宜休而悔이면 汝善安在리오.
의 휴 이 회 　 여 선 안 재

후회로는 지난 일을 좇아가 돌이킬 수 없으니, 후회할 사항이 생겨서는 안 된다.

잘 생각하면 올바른 방법을 얻게 되는데, 그대는 생각하지 않는구나![65]

悔不可追(회불가추)하니 悔不可爲(회불가위)니라

思而斯得(사이사득)이어늘 汝則弗思(여즉불사)로다!

65 잘 생각하면……그대는 생각하지 않는구나 : 『맹자』 「고자장구상」 15장. 마음의 주요기능은 생각함에 있다. 잘 생각하면 (진리를) 얻고, 잘 생각하지 않으면 (진리를) 얻지 못한다.(心之官則思, 思則得之, 不思則不得也)

17-4

좋아하고 싫어함을 경계하다 好惡篇

선하지 않은데도 좋아하는 것은 그 사람의 도를 살피지 않는 것이며
잘못이 없는데도 미워하는 것은 그가 하는 일을 자세히 살피지 않는 것이다.

無善而好는 不觀其道요
무 선 이 호 불 관 기 도

無悖而惡는 不詳其故니라.
무 패 이 오 불 상 기 고

전에 좋아하던 사람에게서 이제 그의 허물을 보게 되면,
따르자니 아부하는 것이 되겠고 끊어버리자니 원수지간이 되는 구나.

前之所好에 今見其尤이면
전 지 소 호 금 견 기 우

從也爲比요 捨也爲讎로다.
종 야 위 비 사 야 위 수

전에 싫어하던 사람에게서 이제 그의 착함을 보게 되면,
따르자니 부끄럽고 버리자니 미친 자가 되겠네.

前之所惡이나 今見其臧하며
전 지 소 오 금 견 기 장

從也爲愧이고 捨也爲狂이로다.
종 야 위 괴　　사 야 위 광

원수가 되거나 아부 하거나 미친 짓을 하거나 부끄러운 짓을 하는 것은,

내 일신에 상서롭지 못하고 덕행에도 옳지 않다.

維讎維比와 維狂維媿[66]는
유 수 유 비　유 광 유 괴

於身不祥하고 於德不義니라.
어 신 불 상　　어 덕 불 의

의롭지 못하고 상서롭지 못함은, 나쁜 것 가운데 큰 것이니,

이와 같이 하고서, 어찌 걸려 넘어지지 않겠는가?

不義不祥은 維惡之大이니
불 의 불 상　유 악 지 대

幾如是爲에 而不顚沛리요.
기 여 시 위　이 불 전 패

나이가 아직 젊을 때는 혹 못나서 생각하지 못할 수도 있지만,

지금은 늙었는데 신중하지 않으면 어찌하리오!

齒之尚少에는 庸有不思이나
치 지 상 소　　용 유 불 사

今其老矣에 不愼胡爲리요.
금 기 노 의　불 신 호 위

66 媿 :『어선당송문선(御選唐宋文醇)』 권2와 『당문수(唐文粹)』 권78에는 모두 '愧'로 되어 있다.

17-5

이름이 알려짐을 경계하다 知名箴

내면의 덕성이 부족한 사람은 남이 알아주는 것에 조급해하고, 큰 비가 온 듯 덕성이 차서 넘치는 사람은 그 소문이 저절로 사방에 퍼진다.

內不足者는 急於人知하고
내 부 족 자 　 급 어 인 지

霈焉有餘는 厥聞四馳니라.
패 언 유 여 　 궐 문 사 치

오늘 그대에게 참되게 이름이 알려지는 방법을 알려 주겠다. 이름이 알려지지 않음을 근심하지 말고, 소문이 지나친 것을 근심하라.

今日告汝 知名之法이라.
금 일 고 여 　 지 명 지 법

勿病無聞하고 病其曄曄 하라.
물 병 무 문 　 병 기 엽 엽

옛 적에 자로는 소문이 날까 두려워하셨지만,[67]

67 소문이 날까 두려워하셨지만 : 『논어』 「공야장(公冶長)」 13장. "자로는 좋은 말을 듣고 아직 그것을 실행하지 못했으면, 행여 좋은 말을 또다시 듣게 될까 두려워하였다.(子路 有聞, 未之能行, 唯恐有聞.)" 『논어』의 "문(聞)" 자는 가르침을 받는다

천 년토록 빛나며, 덕망과 명예가 날로 높았다.

昔者子路는 惟恐有聞이나
석 자 자 로 유 공 유 문

赫然千載하며 德譽愈尊이라.
혁 연 천 재 덕 예 유 존

그대는 문장을 뽑내고, 그대는 언어를 자부하며,

남의 약점에 편승해서 덮쳐 자기이익을 취한다.

矜汝文章하고 負汝言語하며,
긍 여 문 장 부 여 언 어

乘人不能하여 揜以自取하다.
승 인 불 능 엄 이 자 취

그대가 아비가 아니며, 그대가 스승도 아닌데,

청하지도 않는데 가르치려고 든다면 누군들 속인다고 하지 않겠는가?

汝非其父하며 汝非其師인데
여 비 기 부 여 비 기 사

不請而教라면 誰云不欺리요?
불 청 이 교 수 운 불 기

속여서 증오를 사고, 남을 덮어 눌러 원한을 만들면서도,

그대가 깨닫지 못한다면 어려움을 당하게 된다.

欺以賈憎하고 揜以媒怨이나
기 이 고 증 엄 이 매 원

汝曾不寤이면 以及於難이라.
여 증 불 오 이 급 어 난

는 말이고, 한유의 "문(聞)" 자는 소문이 난다는 의미이니 지금과 뜻이 다른 듯하다. 『논어』의 "문(聞)" 자를 요즘은 가르침을 받는다는 의미로 이해하는데, 한유는 소문이 난다는 의미로 보고 있다.

소인은 욕됨을 당하면 후회할 줄 알지만,

이미 편안하게 되면 끝내 경계할 줄 모른다.

小人在辱이면 亦克知悔이나
소 인 재 욕 역 극 지 회

及其旣寧이면 終莫能戒니라.
급 기 기 녕 종 막 능 계

이미 그대의 마음에서 우러나서, 그대의 앞에 새겨 놓았으니,

그대가 만약 돌아보지 않는다면, 화 또한 마땅하리라.

旣出汝心하여 又銘汝前하니,
기 출 여 심 우 명 여 전

汝如不顧이면 禍亦宜然이라.
여 여 불 고 화 역 의 연

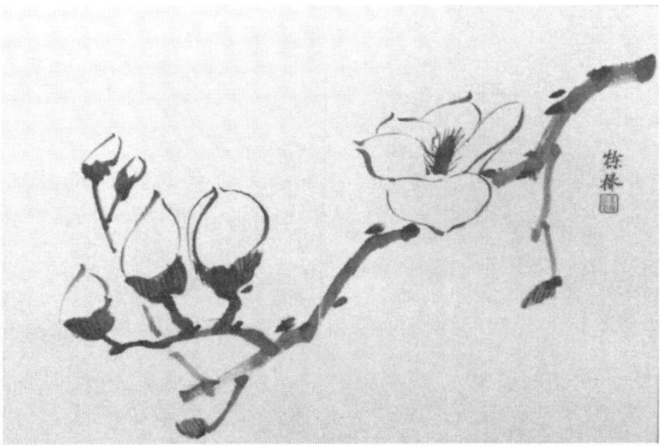

18

닥종이 이불 楮衾銘[68]

진덕수 眞德秀

닥나무의 선조는 등나무와 그 근본이 같으니,

마원(麻源)[69]과 담로(湛盧)[70]는 아마도 분봉 받은 땅인가?

楮君之先은 滕同厥宗하니
저 군 지 선 등 동 궐 종

麻源湛盧는, 豈其分封가?
마 원 담 로 기 기 분 봉

아! 지혜로운 사람이 종이로 만들어

성현의 마음 전함에 만세토록 은택 입었네.

粤有智者가 創之爲紙하여
월 유 지 자 창 지 위 지

68 닥종이 이불 : 진덕수가 아들 지도(志道)에게 준 글이다. 청렴과 검소의 덕목을 전하려는 아버지의 뜻이 잘 담겨있는 글이다. 『서산선생진문충공문집(西山先生眞文忠公文集)』에 수록되어 있다.

69 마원(麻源) : 『한어대사전(漢語大詞典)』에서는 마원(麻源)이라는 지명과 관련하여 남북조 시기 사령운(謝靈運, 385~433)이 지은 「입화자강시마원제삼곡(入華子崗是麻源第三谷)」이라는 시를 소개하고 있다. 이는 마고산(麻姑山)에 있는 계곡 이름이라고 하는데, 그 위치는 강서성(江西省) 남성현(南城縣)이다.

70 담로(湛盧) : 『한어대사전(漢語大詞典)』에서는 춘추시기 월(越)나라 사람인 구야자(歐冶子)가 만든 검의 이름, 혹은 그 검을 만든 장소인 담로산(湛盧山)이라고 풀이하고 있다. 담로산(湛盧山)의 위치는 복건성(福建省) 송계현(松溪縣)이다.

傳聖賢心에 衣被萬世하네.
전 성 현 심 의 피 만 세

솜씨 좋은 사람이 그 뒤를 이어 이 이불 제작하여,

덮어주고 감싸주어 사람들을 살게 하니 그 공 정말 깊도다.

巧者述之하여 製爲斯衾하여
교 자 술 지 제 위 사 금

覆冒生人하니 厥功亦深이로다.
부 모 생 인 궐 공 역 심

겨울바람 세차게 불고 큰 눈이 몰아치면,

대낮에도 견디기 어려운데 하물며 긴긴 밤이겠는가?

朔風怒號하고 大雪如席이면
삭 풍 노 호 대 설 여 석

晝且難勝한대 況於永夕가?
주 차 난 승 황 어 영 석

어찌 고운 새 솜과 두터운 생 깁옷 없으랴?

감싸 안고 잠을 자면, 엄동설한이 깊어짐도 감당할 수 있으리.

豈無纖纊과 衣以厚繒가?
기 무 섬 광 의 이 후 증

擁之高眠이면 可當嚴凝이니라.
옹 지 고 면 가 당 엄 응

정전법이 시행되지 않아 백성의 생활 대부분 가난하니

한 해 동안 노력하더라도 베와 솜이 충분치 않구나.

井地不行하여 民俗多窶하니
정 지 불 행 민 속 다 구

終歲之廑이라도 弗給布絮라.
종 세 지 근 불 급 포 서

만 전(錢)이나 하는 이불 한 채, 얻는 데 무슨 방법 있겠는가?

이 닥종이가 있지 않았다면 얼어 죽은 사람 산을 이루었을 것이네.

一衾萬錢하니 得之曷繇리오?
일 금 만 전 득 지 갈 유

不有此君이면 凍者成丘리라.
불 유 차 군 동 자 성 구

내 일찍이 그대에 대해 평하되, 네 가지 덕을 갖추었네.

푸근하기는 따뜻한 봄기운 같고, 새하얗기는 흰 눈 같네.

我嘗評君하니 蓋具四德이라.
아 상 평 군 개 구 사 덕

盎兮春溫하고 皜兮雪白이라.
앙 혜 춘 온 호 혜 설 백

자신을 파는 데 법도가 있어, 가난한 사람 따뜻하게 하는 것을 즐거워하네.

누가 그와 같겠는가? 군자의 인함이구나.

廉於自鬻하여 樂於燠貧하니
염 어 자 육 낙 어 욱 빈

誰其似之리오? 君子之仁이로다.
수 기 사 지 군 자 지 인

내가 곤궁했을 때 오직 그대와 함께였는데,

어찌 한번 쓰고 말 물건[71]처럼 여겨 그대를 차마 버리겠는가?

我方窮時에 惟子與處하니
아 방 궁 시 유 자 여 처

71 한번 쓰고 말 물건 : '변모(弁髦)'에 대한 해석이다. '변(弁)'은 치포관(緇布冠)으로서 관례(冠禮)를 행하기 전에 잠시 쓰는 것을 가리키고, '모(髦)'는 결혼하기 전 총각의 더벅머리를 말한다. 이것들은 관례가 끝나면 모두 소용없게 되므로, 무용지물의 비유로 쓰인다.

豈如弁髦하여 而忍棄女리오?
기 여 변 모 이 인 기 여

피 나눠 마시며 맹약은 않았지만 그대와 더불어 일생을 같이 하겠으며,
그뿐만 아니라 앞으로 모든 자손에게 전하리.

不歃而盟이나 偕之終身하고
불 삽 이 맹 해 지 종 신
且將傳之하여 于萬子孫하리라.
차 장 전 지 우 만 자 손

아, 자손들아! 검소함만이 보배라 여길 만하니,
해진 솜옷 부끄러워한다면, 어찌 도에 뜻을 두었다고 하겠는가?[72]

咨爾小子여! 惟素可寶니
자 이 소 자 유 소 가 보
敝緼是慚이면 豈曰志道리오?
폐 온 시 참 기 왈 지 도

사치를 마음껏 부려서는 안 되고 욕망을 다 채워서는 안 되니,
화려함 버리고 내실에 힘쓰는 것은 앞선 철인들이 다 그러했도다.

奢不可縱하며 欲不可窮이니
사 불 가 종 욕 불 가 궁

72 해진……하겠는가 : 『논어』 「자한(子罕)」 26장. "공자께서 말씀하셨다. '해진 솜옷을 입고서 여우나 담비가죽으로 만든 갖옷을 입은 사람과 같이 서 있으면서도 부끄러워하지 않는 사람은 그 자로일 것이다.'(子曰, '衣敝緼袍, 與衣狐貉者, 立而不恥者, 其由也與?')" 지도(志道)는 진덕수의 아들 이름이기도 하다. 이 구절을 이해하는데 『논어』의 다음 구절을 참고할 수 있다. 『논어』 「이인(里仁)」 9장. "공자께서 말씀하셨다. '선비가 도에 뜻을 두고서 나쁜 옷과 나쁜 음식을 부끄러워하는 사람은 더불어 도를 의논할 수 없다.'(子曰, '士志於道, 而恥惡衣惡食者, 未足與議也.')"

去華務實은 前哲所同이라.
거화무실 전철소동

사치함으로 죽게 되니 계륜(季倫)의 비단 먼지 막이[73]를 어찌 부러워하며
덕으로 존경을 받게 되니 온공(溫公)의 베 이불[74]을 어찌 누추하다 하리오?

以侈致喪하니 何羨乎季倫之錦障하며
이치치상 하선호계륜지금장
以德見欽하니 何陋乎溫公之布衾이리오?
이덕견흠 하누호온공지포금

사치하는 마음 한번 열리면 그 흐름 어찌 그치겠는가?
호랑이같이 할퀴고 이리처럼 잡아먹는 것, 바로 여기서 시작하네.

忲心一開하면 其流曷已리오?
태심일개 기류갈이
虎攫狼呑이 寔自茲始니라.
호확낭탄 식자자시

그렇기 때문에 이르니, 검소함은 청렴의 근본이고 청렴함은 행

73 계륜(季倫)의 비단 먼지 막이 : 계륜은 서진(西晉 : 265~316) 시기의 거부 석숭(石崇 : 249~300)의 자이다. 문인이자 관리로 항해와 무역으로 큰 부자가 되어 매우 사치스러운 생활을 하였으며, 후대에 부자의 대명사로 여겨졌다. 보장(步鄣)은 귀인(貴人)들이 출행할 때 바람이나 먼지를 막기 위해 치는 장막이다. 왕개(王愷)가 자사(紫紗)로 된 보장 40리를 치자, 석숭이 이에 맞서 부를 겨루며 금(錦)으로 된 보장 50리를 쳤다는 기록이 보인다. 부귀를 누리다가 조왕(趙王) 사마륜(司馬倫)에 의하여 삼족이 멸함을 당했다. 『진서(晉書)』 권33 「석숭열전(石崇列傳)」 참조.

74 온공(司馬溫公)의 베 이불 : 『고경중마방(古鏡重磨方)』 「사마공포금명(司馬公布衾銘)」 참조.

실의 시작이니

아, 너희들이 힘쓰지 않을 수 있겠는가!

故曰, 儉者廉之本이요 廉者行之先이니
고 왈 검 자 렴 지 본 렴 자 행 지 선

吁嗟호! 汝曹可不勉旃가!
우 차 여 조 가 불 면 전

19

네 가지 예에 어긋나는 것을 하지 말라 四勿箴[75]

정이 程頤

안연이 극기복례(克己復禮: 사사로운 자신을 극복하고 예를 실천함)의 조목을 물었을 때, 공자께서는 "예가 아니면 보지 말고, 예가 아니면 듣지 말며, 예가 아니면 말하지 말고, 예가 아니면 움직이지 말라."[76]라고 하셨다.

75 네 가지……하지 말라 : 『논어』 「안연(顔淵)」 1장의 극기복례(克己復禮)와 인(仁)을 실천하는 핵심 방법에 대한 이천(伊川) 정이(程頤)의 해석이 담겨있는 글이다. 정이는 공자와 안연의 대화를 통해 제시된 유학의 공부가 예(禮)의 실천이며, 그것이 곧 인(仁)의 경지에 나아가는 것임을 보여주고 있다. 정이의 문집(『하남정씨문집(河南程氏文集)』)을 비롯하여 『논어집주』와 『근사록』 등 수많은 주자학 관련 문헌에 수록되어 있는 매우 유명한 글이다.

76 안연이 극기복례의……움직이지 말라 : 『논어』 「안연(顔淵)」 1장. "안연이 인을 묻자, 공자께서 말씀하셨다. '자기의 사사로운 욕심을 이기고 예를 회복함이 인이다. 어느 날 사욕을 이기고 예를 회복하면 온 세상이 인을 허여하는 것이다. 인을 하는 것은 자기에게 달려있으니, 남에게 달려있겠는가?' 안연이 '그 조목을 묻겠습니다.'라고 말하자, 공자께서 말씀하셨다. '예가 아니면 보지 말며, 예가 아니면 듣지 말며, 예가 아니면 말하지 말며, 예가 아니면 움직이지 않는 것이다.' 안연이 말하였다. '제가 비록 불민하오나 이 말씀을 잘 따르겠습니다.'(顔淵問仁. 子曰, '克己復禮爲仁. 一日克己復禮天下歸仁焉. 爲仁由己, 而由人乎哉?' 顔淵曰, '請問其目.' 子曰, '非禮勿視, 非禮勿聽, 非禮勿言, 非禮勿動.' 顔淵曰, '回雖不敏, 請事斯語矣.')"

顔淵問克己復禮之目한대 子曰 "非禮勿視하고 非禮勿聽하
안연문극기복례지목　자왈　비례물시　비례물청

며 非禮勿言하고 非禮勿動이니라."
비례물언　비례물동

이 네 가지는 몸의 작용이다. 안으로 말미암아서 바깥의 것에 응하는 것이니, 바깥을 제어하는 것이 안을 기르는 방법이다.

四者身之用也라. 由乎中而應乎外니 制於外所以養其中也
사자신지용야　유호중이응호외　제어외소이양기중야

니라.

안연은 이 말씀을 실천해서 성인의 경지에 나아갔으니,
훗날 성인되기를 배우는 사람들은 가슴에 지니고 잃지 말아야 한다.

顔淵事斯語가 所以進於聖人이니
안연사사어　소이진어성인

後之學聖人者는 宜服膺而勿失也니라.
후지학성인자　의복응이물실야

그래서 잠(箴)을 지어 스스로를 경계한다.

因箴以自警이라.
인잠이자경

19-1

보는 것을 경계하라 視箴

마음이여! 본래 텅 비어 외물에 응해도 자취 없구나.

마음을 잡는 데는 방법이 있으니[77] 보는 것에 준칙을 말하리라.

心兮本虛하니 應物無跡이라.
심 혜 본 허 응 물 무 적

操之有要하니 視爲之則이라.
조 지 유 요 시 위 지 칙

물욕의 가림이 눈앞에 펼쳐지면 그 마음이 옮겨갈지니,

바깥을 단속하여 내면을 안정시켜라.

사사로운 나를 이기고 예를 회복하면, 오랜 후에는 진실해질 것이라네.

蔽交於前이면 其中則遷이니
폐 교 어 전 기 중 즉 천

制之於外하여 以安其內니라.
제 지 어 외 이 안 기 내

克己復禮면 久而誠矣니라.
극 기 복 례 구 이 성 의

77 마음을…있으니 : 『맹자』 「고자(告子) 상」 8장. "공자께서 말씀하시기를, '잡으면 보존되고 놓으면 잃어서, 나가고 들어옴이 정한 때가 없으며, 그 방향을 알 수 없는 것은 오직 사람의 마음을 두고 말한 것이다.'라고 하셨다.(孔子曰 , '操則存, 舍則亡. 出入無時, 莫知其鄕. 惟心之謂與.')"

19-2

듣는 것을 경계하라 聽箴

사람에게 떳떳한 도리가 있으니, 하늘에서 받은 성품에 뿌리를 두는구나.[78]

앎이 외물에 이끌려 변하게 되어서 드디어 그 바름을 잃고 만다네.

人有秉彝하니 本乎天性이니라.
인 유 병 이 　 본 호 천 성

知誘物化하여 遂亡其正이라.
지 유 물 화 　 수 망 기 정

우뚝한 저 선각자는 머물 곳[지선(至善)이 있는 곳]을 알아 일정함이 있었으니,[79]

사특함을 막아 진실함을 보존하여[80] 예가 아니면 듣지 않았네.

78 하늘에서……두는구나 :『중용장구』1장. "하늘이 부여한 것을 성이라 이르고, 성에 따른 것을 도라 이르고, 도를 닦는 것을 교라 이른다.(天命之謂性, 率性之謂道, 修道之謂教.)"

79 머물……있었으니 :『대학장구』경1장. "머물 곳을 안 뒤에 일정함이 있으니, 일정한 뒤에 고요하고, 고요한 뒤에 편안하고, 편안한 뒤에 생각하고, 생각한 뒤에 얻게 된다.(知止而后有定, 定而后能靜, 靜而后能安, 安而后能慮, 慮而后能得.)" *이에 대한 주자의 주석. "지(止)는 당연히 그쳐야 하는 곳이니, 바로 지선(至善)이 있는 곳이다. 이것을 안다면 뜻에 일정한 방향이 있을 것이다.(止者, 所當止之地, 卽至善之所在也, 知之, 則志有定向.)"

卓彼先覺은 知止有定이니
탁 피 선 각　　지 지 유 정

閑邪存誠하여 非禮勿聽이로다.
한 사 존 성　　비 례 물 청

80 사특함을……보존하여 : 『주역』 「건괘(乾卦)」 구이(九二). “평소 말을 미덥게 하고 평소 행동을 삼가서, 사특함을 막아 진실함을 보존한다.(庸言之信, 庸行之謹, 閑邪存其誠.)”

19-3

말하는 것을 경계하라 言箴

사람 마음의 움직임은 말로 드러나니,

말하면서 조급함과 거짓됨을 금하면 내면은 곧 고요하고 전일하게 되네.

人心之動은 因言以宣이니
인 심 지 동 인 언 이 선

發禁躁妄이면 內斯靜專이니라.
발 금 조 망 내 사 정 전

하물며 이 지도리[81]는 전쟁을 일으키기도 하고 우호를 낳기도 하니,

길흉(吉凶)과 영욕(榮辱)은 오직 말이 불러오는 것이라네.

矧是樞機는 興戎出好하니
신 시 추 기 흥 융 출 호

吉凶榮辱이 惟其所召라.
길 흉 영 욕 유 기 소 소

너무 쉽게 말하면 거짓되고 너무 번잡하게 말하면 혼란스러우며 내가 함부로 하면 남도 거스르며 나가는 게 어그러지면 돌아오

81 지도리 : 원문은 '추기(樞機)'이다. 문의 지도리와 기계의 고동을 가리키는 말로, 사물의 가장 중요한 부분을 뜻한다.

는 것도 어긋나니

법도에 맞지 않으면 말하지 말고 가르침의 말씀을 공경하여라.

傷易則誕하고 傷煩則支하며
상 이 즉 탄　　상 번 즉 지

己肆物忤하고 出悖來違하니
기 사 물 오　　출 패 래 위

非法不道하고 欽哉訓辭어라.
비 법 불 도　　흠 재 훈 사

19-4

행동을 경계하라 動箴

철인(명철한 사람)은 기미를 알아 생각함에 진실하게 하고,

지사(뜻있는 선비)는 행함에 힘쓰니 실천에서 천리를 지키네.

哲人知幾하여 誠之於思하고
철 인 지 기 　 성 지 어 사

志士勵行하여 守之於爲니라.
지 사 려 행 　 수 지 어 위

천리를 따르면 여유롭고 욕망을 따르면 위태로우니

다급하고 어려운 순간에도 잘 생각하여[82] 두려워하고 조심하여[83] 스스로를 지키게나.

順理則裕하고 從欲惟危니
순 리 즉 유 　 종 욕 유 위

造次克念하여 戰兢自持니라.
조 차 극 념 　 전 긍 자 지

익히고 익혀 하늘에서 받은 성품이 이루어지면 성인 현인과 같은 데로 돌아가리라.

習與性成면 聖賢同歸니라.
습 여 성 성 　 성 현 동 귀

82 잘 생각하여 : 『서경』「주서(周書) 다방(多方)」. “성인이라도 생각하지 않으면 미친 사람이 되고, 광인이라도 잘 생각하면 성인이 된다.(惟聖罔念作狂, 惟狂克念作聖.)”

83 두려워하고 조심하여 : 『시경』「소아(小雅) 소민(小旻)」. “두려워하고 조심하여 깊은 못에 다가간듯 하며 얇은 얼음을 밟듯 하노라.(戰戰兢兢, 如臨深淵, 如履薄冰.)”

20

서쪽 창에 걸어 놓다 西銘[84]

장재 張載

하늘을 아버지라 부르고, 땅을 어머니라 부르니[85]

나의 이 조그만 몸이 그 가운데 뒤섞여 있도다.

그러므로 천지 사이에 가득 찬 것, 그것을 나의 형체로 삼고,[86]

천지를 이끄는 것, 그것을 나의 본성으로 삼는다.[87]

84 서쪽 창에 걸어 놓다 : 서쪽 창에 걸어놓은 명문(銘文)이라는 뜻이다. 본래 제목은 정완(訂頑)으로, 완고하기가 돌과 같은 마음을 바로잡아 인(仁)하게 된다는 의미인데, 정자(程子)가 수정하였다. 장재(張載)의 문집 외에도 『근사록』, 『성리대전』, 『성학십도』 등에 수록되어 있다. 특히 퇴계(退溪)는 경연(經筵)에서 「서명(西銘)」에 대한 자세한 고증과 해설을 하였는데, 그 내용은 「서명고증강의(西銘考證講義)」라는 글을 통해 확인할 수 있다. 번역은 이광호 옮김, 『성학십도』(홍익출판사, 2012, 개정판)를 참조하였다.

85 하늘을……부르니 : 『주역』 「설괘전」 제10장. "건은 하늘이므로 아버지라 칭하고, 곤은 땅이므로 어머니라 칭한다.(乾, 天也, 故稱乎父. 坤, 地也, 故稱乎母.)"

86 천지를……삼는다 : 『맹자』 「공손추(公孫丑) 상」 2장에 "기는 몸에 충만한 것이다.(氣體之充也.)"라는 구절과 "그 기운은 지극히 크고 강하다. 곧음으로써 기르고 해치지 않으면 천지 사이에 가득 차게 된다.(其爲氣也至大至剛, 以直養而無害, 則塞於天地之間.)"라는 구절이 보인다.

87 천지를……삼는다 : 『맹자』 「공손추(公孫丑) 상」 2장. "지는 기를 이끄는 것이다.(志氣之帥也.)"

乾稱父요 坤稱母니
건 칭 부 곤 칭 모

予玆藐焉이 乃混然中處로다.
여 자 묘 언 내 혼 연 중 처

故天地之塞는 吾其體요
고 천 지 지 색 오 기 체

天地之帥는 吾其性이라.
천 지 지 수 오 기 성

백성은 나의 동포이고,

만물은 나와 함께 하는 무리니

임금은 우리 부모의 맏아들이고,

그 신하는 맏아들의 집사이다.

民吾同胞요
민 오 동 포

物吾與也니
물 오 여 야

大君者는 吾父母宗子요
대 군 자 오 부 모 종 자

其大臣은 宗子之家相也라.
기 대 신 종 자 지 가 상 야

나이 많은 이를 높이는 것은 집안 어른을 어른으로 대접하는 것이요,

외롭고 약한 이를 불쌍히 여기는 것은 집안 아이를 아이로 대하는 것이니[88]

88 나이 많은……것이니 : 『맹자』「이루(離婁) 상」 12장. "사람마다 자기 어버이를 어버이로 모시고 자기 어른을 어른으로 모시면 천하가 다스려진다.(人人親其親, 長其長而天下平.)" 『맹자』「양혜왕(梁惠王) 상」 7장. "나의 어린이를 어린이로 사랑하는 마음이 남의 어린이에게까지 미치게 된다면, 천하는 손바닥 안에서 다스릴 수 있다.

성인은 천지와 덕을 합한 사람이고,[89]

현인은 빼어난 사람이다.

尊高年은 所以長其長이요,
존 고 년 　소 이 장 기 장

慈孤弱은 所以幼其幼니
자 고 약 　소 이 유 기 유

聖其合德이요,
성 기 합 덕

賢其秀也로다.
현 기 수 야

천하의 파리하고 병든 사람, 고아와 자식 없는 노인, 홀아비와

과부는

모두 다 내 형제 가운데 어려움을 당하여 호소할 데 없는 자이다.[90]

이에 하늘의 뜻을 지킨다는 것은 자식의 공경함이고,[91]

(幼吾幼, 以及人之幼.)”

89 성인은……사람이고 : 『주역』「건괘(乾卦) 문언전」. “대인은 천지와 덕을 합한다.(夫大人者, 與天地合其德.)”.

90 천하의……자이다 : 『맹자』「양혜왕(梁惠王) 하」 5장. “늙어서 아내가 없는 것을 홀아비라고 하고, 늙어서 남편이 없는 것을 과부라고 하고 늙어서 자식이 없는 것을 고독한 사람이라고 하고, 어려서 아버지를 여읜 사람을 외로운 사람이라고 한다. 이 네 가지는 천하에서 곤궁한 사람으로 의지할 데 없는 사람이다.(老而無妻曰鰥, 老而無夫曰寡, 老而無子曰獨, 幼而無父曰孤, 此四者天下之窮民而無告者.)”

91 이에…공경함이고 : 『시경』「주송(周頌) 아장(我將)」. “내가 이른 아침부터 밤늦게까지 하늘의 위엄을 두려워하여 이에 하늘의 뜻을 지킨다.(我其夙夜, 畏天之威, 于時保之.)” 이것은 하늘의 위엄을 두려워하여 하늘이 인간을 내려 살펴보는 뜻을 보존한다는 뜻이다. 그리고 「대아(大雅) 문왕유성(文王有聲)」에 “자손을 위한 계책을 세워, 공경하는 자식을 편안하게 한다.(貽厥孫謀, 以燕翼子.)”라는 구절이 보이는데,

즐거워 근심하지 않음은 효에 순일함이다.[92]

凡天下疲癃殘疾惸獨鰥寡는
범 천 하 피 륭 잔 질 경 독 환 과

皆吾兄弟之顚連而無告者也라.
개 오 형 제 지 전 련 이 무 고 자 야

于時保之는 子之翼也요,
우 시 보 지 자 지 익 야

樂且不憂는 純乎孝者也니라.
낙 차 불 우 순 호 효 자 야

인을 어김은 패덕(悖德)이요,[93]

인을 해침을 적(賊)이라 이른다.[94]

악을 이루는 자는 선한 재질이 없는 것이고,[95]

사람다움을 실현하는 사람은 그 어버이를 닮은 것이라.[96]

'익자(翼子)'는 '공경하는 자식'이라는 뜻이고, '연(燕)'은 '편안하게 해준다'는 뜻이다. 이하의 문장에서 장재는 자식이 부모를 섬기는 효를 예로 들어 하늘의 아들이 부모가 되는 하늘을 섬기는 도리를 설명하고 있다.

92 즐거워……순일함이다 : 『주역』「계사(繫辭) 상」 4장. "하늘의 도를 즐기고 하늘의 명을 알기 때문에 근심하지 않는다.(樂天知命, 故不憂.)"

93 인을……패덕(悖德)이요 : 『논어』「이인(里仁)」 5장. "군자는 밥 먹는 사이에도 인을 어기지 않는다.(君子無終食之間違仁.)" 『효경』. "자기 어버이를 사랑하지 않고, 남을 사랑하는 자를 패덕(悖德)이라 한다.(不愛其親而愛他人者謂之悖德.)"

94 인을……이른다 : 『논어』「위령공(衛靈公)」 9장. "지사와 인자는 삶을 구하려고 인을 해치지 않는다.(志士仁人無求生而害仁.)" 『맹자』「양혜왕(梁惠王) 하」 8장. "인을 해치는 자를 적이라 한다.(賊仁者謂之賊.)"

95 악을……것이고 : 『좌전』에서 인용한 말로, 흉악한 오랑캐인 혼돈(渾敦), 궁기(窮奇), 도올(檮杌) 세 부족은 다 선한 재질이 없는 족속들이라 대대로 흉악한 짓을 하여 악명 높았다고 한다.

違曰悖德이요,
위 왈 패 덕

害仁曰賊이며
해 인 왈 적

濟惡者는 不才요,
제 악 자 부 재

其踐形은 惟肖者也니라.
기 천 형 유 초 자 야

조화(造化)를 알면 하늘의 일을 잘 서술하고,

신묘(神妙)함을 궁구하면 하늘의 뜻을 잘 계승하니[97]

방구석에서 부끄럽지 않은 것이 부모를 욕되게 하지 않는 것이고,[98]

마음을 보존하여 본성을 기르는 것은 하늘을 섬김에 게을리 하지 않는 것이다.[99]

96 사람다움을……닮은 것이라 : 『맹자』「진심(盡心) 상」 38장. "형체와 낯빛은 천성이다. 성인이 된 뒤에야 형체를 다 실현할 수 있다.(形色天性也, 惟聖人然後, 可以踐形.)"

97 조화(造化)를……계승하니 : 『주역』「계사(繫辭) 하」 5장. "정신을 궁구하고 조화를 아는 것은 덕이 성대한 자이다.(窮神知化, 德之盛也.)" 『중용』 19장. "효라는 것은 부모의 뜻을 잘 계승하고 부모의 일을 잘 따르는 것이다.(夫孝者, 善繼人之志, 善述人之事者也.)"

98 방구석에서……것이고 : 위(衛) 무공(武公)이 95세 때에 자신을 경계하기 위하여 지었다는 『시경』「대아(大雅)」의 「억(抑)」 시에 "네가 방에 있는 것을 보았더니, 방구석에서도 부끄러운 일을 하지 않으려 하는구나.(相在爾室, 尙不愧于屋漏.)"라는 구절이 보이며, 『시경』「소아(小雅)」의 「소완(小宛)」 시에 "나는 날마다 힘쓰고 너는 달로 나아가, 아침 일찍 일어나 밤늦도록 노력하여 너를 낳아준 부모를 욕되게 하지 말라.(我日斯邁, 而月斯征, 夙興夜寐, 無忝爾所生.)"라는 구절이 보인다.

99 마음을……것이다 : 『맹자』「진심(盡心) 하」 1장. "마음을 보존하여 본성을 기

知化則善述其事요,
지 화 즉 선 술 기 사

窮神則善繼其志니
궁 신 즉 선 계 기 지

不愧屋漏는 爲無忝이요,
불 괴 옥 루 　 위 무 첨

存心養性爲匪懈로다.
존 심 양 성 위 비 해

그 맛난 술을 멀리한 것은 우(禹)가 어버이를 돌보는 행동이고,[100] 영재(英才)를 기르는 것은 영고숙(潁考叔)이 효성스런 무리를 잇게 하는 것이다.[101]

르는 것이 하늘을 섬기는 것이다.(存其心, 養其性, 所以事天也.)" 『시경』「대아(大雅) 증민(蒸民)」에 중산보(仲山甫)가 왕에게 충성을 다한 것을 칭송하여 "이른 새벽부터 밤늦도록 게으르지 않고 한 사람을 섬겼도다.(夙夜匪懈, 以事一人.)"라고 한 구절이 보인다.

100 그 맛난……행동이고 : 주희는 『맹자집주』「이루(離婁) 하」 20장의 "우는 맛있는 술을 싫어하고 좋은 말을 좋아하였다.(禹惡旨酒而好善言.)"라는 구절에 대한 주석에서 『전국책』을 인용하면서 다음과 같이 말하였다. "의적(儀狄)이 술을 만들었는데 우(禹)가 마시니 매우 달았다. 우가 말하기를, '후세에 반드시 술로써 그 나라를 망칠 사람이 있을 것이다'라고 하면서 드디어 의적을 멀리하고 단술을 끊어버렸다.(儀狄作酒, 禹飮而甘之, 曰'後世必有以酒亡其國者, 遂疏議狄而絶旨酒.')" 숭백자(崇伯子)는 우의 아버지 곤(鯤)이다. '고양(顧養)'은 『맹자』「이루(離婁) 하」 2장의 "바둑 두고 술 마시기 좋아하며 부모 봉양을 돌아보지 않는다.(博奕好飮酒, 不顧父母之養.)"에서 따온 말이다.

101 영재(英才)를……것이다 : 『춘추좌씨전』에 나오는 이야기이다. 영고숙(潁考叔)은 춘추시대 정(鄭) 장공(莊公)의 신하이다. 장공의 어머니는 장공을 미워하고 동생인 공숙단(共叔段)을 편애하였다. 장공은 공숙단이 반란을 일으킨 일 때문에 어머니를 영성(潁城)에 가두어 두고 맹서하기를, "황천(黃泉)에 가지 않으면 서로 만나보지 않겠다."라고 하였다. 그 뒤에 장공은 이것을 후회하였다. 고숙이 이 소식을 듣고 장공

惡旨酒는 崇伯子之顧養이요,
오지주　승백자지고양

育英才는 穎封人之錫類로다.
육영재　영봉인지석류

괴로워도 공경을 게을리 하지 않아 어버이를 기쁘게 한 것은 순(舜)의 공적이고,[102]

도망가지 아니하고 끓는 가마솥에서 죽을 것을 기다린 것은 신생(申生)의 공순함이다.[103]

을 찾아뵈었다. 공이 식사 대접을 했는데 고숙은 고기반찬과 국을 상에서 내려놓으면서 "이것을 저의 어머님께 드리려고 합니다."라고 하였다. 그러자 장공은 말하기를 "그대는 어머니가 있는데 나는 없다."라고 하였다. 고숙이 "무슨 말씀입니까?"하고 묻자, 공은 앞뒤 사정을 이야기했다. 그때 고숙이 말하기를 "그러면 땅 속을 파서 샘을 이루게 하고 굴을 뚫고 서로 만나보면 누가 잘못이라 하겠습니까?"라고 하였다. 공은 그 말대로 땅굴을 뚫고 어머니를 만나 뵈었다. 이로부터 어머니와 아들 사이의 정이 다시 회복되어 즐거움이 충만하였다. 그 이야기의 끝에서 평가하여 말하기를, "고숙은 순수한 효자다. 어머니를 사랑하여 장공에게까지 영향을 끼쳤다. 『시경』에서 '효자의 효도가 끊이지 않아 길이 너와 같은 무리를 잇게 한다'고 하니 이것을 말한다.(考叔, 純孝也. 愛其母, 施及莊公. 詩曰…孝子不匱, 永錫爾類. 其此之謂乎.)"라고 하였다. 횡거는 이 말을 인용하여 군자가 자기 천성의 선을 미루어 천하의 영재들로 하여금 다 선하게 하는 것이 마치 고숙이 자기의 효를 미루어 장공에까지 효자가 되게 하는 것과 같다는 것을 말한 것이라고 하였다. 시는 『시경』「대아(大雅)」의 「기취(旣醉)」이다.

102 괴로워도……공적이고 : 『맹자』「이루(離婁) 상」 28장. "순이 어버이 섬기는 도를 다하니, 고수(瞽瞍:순의 아버지)가 기뻐하였다.(舜盡事親之道而瞽瞍底豫.)" 퇴계는 「서명고증강의」에서 "군자가 하늘을 이와 같이 섬기면 하늘을 감격시키는 공이, 순이 어버이를 기쁘게 한 공과 같을 것이다.(言君子事天如此, 則格天之功, 如舜悅親之功也.)"라고 하였다.

103 도망가지……공순함이다 : 춘추시기 진(晉) 헌공(獻公)이 여희(驪姬)의 참소를

不弛勞而底豫는 舜其功也오,
불 이 로 이 지 예　순 기 공 야

無所逃而待烹은 申生其恭也로다.
무 소 도 이 대 팽　신 생 기 공 야

주신 몸을 받아 온전하게 돌아간 사람은 증삼(曾參)이고,[104]
용감하게 부모의 뜻에 따르고 명령에 순종한 사람은 백기(伯奇)이다.[105]

體其受而歸全者는 參乎이며
체 기 수 이 귀 전 자　삼 호

듣고 태자 신생(申生)을 죽이려 하였다. 어떤 사람이 신생에게 변명을 하라고 권했으나 신생은 거절하였고, 다른 나라로 도망하라고 권했어도 역시 듣지 않았다. 군자가 환란에 처했을 때 죽음을 지켜 움직이지 아니함이 이와 같으면 그 경천(敬天)하는 마음이 신생의 공과 같다는 것을 말한 것이다. '도망가지 아니하고'는 『장자』의 "천지 사이에 도망갈 곳이 없다.(無所逃於天地之間.)"에서 따왔다.

104 주신……증삼(曾參)이고 : 『예기』「제의(祭義)」. "부모가 온전하게 낳아 주신 몸이니 자식은 마땅히 온전하게 가지고 돌아가야 한다.(父母全而生之, 子全而歸之.)" 『효경』에서는 공자가 증자에게 "신체와 머리카락과 피부는 부모에게서 받은 것이니, 감히 손상시키지 않는 것이 효도의 시작이다. 몸을 세워 도를 행하여 이름을 후세에 남겨 부모를 드러나게 하는 것이 효의 완성이다.(身體髮膚, 受之父母, 不敢毁傷, 孝之始也. 立身行道, 揚名於後世, 以顯父母, 孝之終也.)"라고 가르친 구절이 보인다. 증자는 이러한 가르침을 지켜, 죽을 때 제자들을 불러 놓고 "나의 발을 펴 보고 나의 손을 펴 보아라.…이제야 나는 불효의 근심을 면한 줄 알겠노라. 젊은이들아!(啓予足, 啓予手…而今而後, 吾知免夫, 小子.)"라고 말하였다.(『논어』「태백(泰伯)」 3장) 이것은 사람이 하늘에서 받은 것을 간직해 가지고 상실함이 없이 살다가 죽으면, 하늘을 위하여 효도하는 증삼이 된다는 말이다.

105 용감하게……백기(伯奇)이다 : 백기(伯奇)는 『시경』에 나오는 윤길보(尹吉甫)의 아들이다. 길보가 후처의 말을 듣고 백기를 내쫓았는데, 백기는 이른 아침에 들판에 나가 거문고를 들고 이상조(履霜操)라는 가곡을 부르다가 강물에 투신하여 자살하였다고 한다. 『안씨가훈』「후취(後娶)」에 길보와 백기의 고사가 나온다.

勇於從而順令者는 伯奇也라.
용어종이순령자 백기야

부귀와 복택(福澤)은 나의 삶을 두터이 할 것이고,

빈천과 우척(憂戚)은 너를 옥성(玉成)시킬 것이다.[106]

富貴福澤은 將厚吾之生也오,
부귀복택 장후오지생야

貧賤憂戚은 庸玉汝於成也라.
빈천우척 용옥여어성야

살아있는 동안 나는 순종하여 섬기고,

죽을 때는 편안히 돌아가리라.[107]

存吾順事하고
존오순사

沒吾寧也리라.
몰오녕야

106 빈천과……것이다 : 주(周) 여왕(厲王) 때 대부들이 서로 경계한 시인 『시경』「대아(大雅) 민로(民勞)」 시에 "왕께서 그대를 옥과 같이 애지중지하므로 크게 간언을 한다.(王欲玉女, 是以大諫.)"라는 구절이 보인다.

107 죽을……돌아가리라 : 퇴계는 「서명고증강의」에 『예기』「단궁(檀弓)」에서 증자가 임종 때 깔고 있던 자리를 바꾼 '역책(易簀)'의 고사를 소개한 다음, 주자가 "고인은 예법을 삼가, 죽고 사는 지경에서도 자신이 지키는 신념을 이처럼 바꾸지 않았다. 그래서 사람들로 하여금 한 가지라도 옳지 않은 일을 하거나 죄 없는 사람을 죽여 천하를 얻는 것은 하지 않는다는 마음을 가지게 하였으니, 이것이 긴요한 곳이다.(朱子曰, '古人謹於禮法, 不以死生之變, 易其所守如此, 便使人有行一不義, 殺一不辜, 而得天下不爲之心, 此是緊要處.')"라고 한 말을 인용하였다.

21

동쪽 창에 걸어놓다 東銘[108]

장재 張載

장난스런 말은 생각에서 나오고, 장난스런 행동은 의도에서 만

108 동쪽 창에 걸어놓다 : 『장자전서(張子全書)』 권3에 나온다. 원 제목은 「폄우(砭愚)」, 즉 어리석음에 침을 놓아 고친다는 의미를 가지고 있다. 「서명」과 함께 정이천(程伊川)이 제목을 이와 같이 수정했다. 주자는 「동명」과 「서명」에 대해서 다음과 같이 설명한 바 있다. "(횡거가) 일찍이 학당의 두 창에 글을 썼는데, 왼쪽에는 「폄우(砭愚)」라는 글을 써 붙이고, 오른쪽에는 「정완(訂頑)」이라는 글을 써 붙였다. 이천선생은 '이것은 논쟁의 빌미를 제공할 것'이라 하여, 「동명」과 「서명」이라고 고쳤다. 두 명(銘)이 비록 같이 지어져서 함께 세상에 나왔지만, 말의 뜻이 가리키는 바와 기상이 미친 곳의 깊이와 폭은 완전히 다르다. 이 때문에 정자(程子)의 문하에서는 「서명」만으로 학자를 일깨웠고, 「동명」에 대해서는 말한 적이 없다. 학자가 「서명」의 내용을 성실히 실천하고, 반복 음미하여 스스로 터득하는 것이 있으면 마음이 넓어지고 이치가 밝아져서 의미가 저절로 분별될 것이다. 「동명」과 같은 경우는 비록 털끝만한 차이에서 오만함을 키우고 잘못을 저질러버리는 실수를 분별하여 후학을 경계시키는 점은 또한 간절하지 않음이 없으나, 의미에 한계가 있을뿐더러 하학(下學) 공부에도 여전히 미진한 점이 있으니, 철두철미하게 하나로 관통되는 「서명」의 뜻과 같은 날의 말이라고 할 수 있겠는가?(嘗於學堂雙牖, 左書砭愚, 右書訂頑. 伊川先生曰是啓爭端, 改曰東銘西銘. 二銘雖同出於一時之作, 然其詞義之所指, 氣象之所及, 淺深廣狹, 判然不同. 是以程門專以西銘開示學者, 而於東銘則未嘗言. 蓋學者誠於西銘之言, 反復玩味而有以自得之, 則心廣理明, 意味自別. 若東銘, 則雖分別長傲遂非之失於毫釐之間, 所以開警後學亦不爲不切, 然意味有窮, 而於下學功夫, 蓋猶有未盡者, 又安得與西銘徹上徹下一以貫之之旨同日語哉?)" 『주자전서(朱子全書)』 권30 「답왕상서(答汪尙書)」.

들어진다.

마음에서 나와서 온몸에 드러나는데도 자기의 마음이 아니라고 하면 밝지 못한 것이고,

남이 자기를 의심하지 않기를 바라도 그렇게 되지 못할 것이다.

戱言出於思也요 戱動作於謀也라.
희언출어사야 희동작어모야

發於心하여[109] 見乎四體어늘[110] 謂非己心이면 不明也요
발어심 현호사체 위비기심 불명야

欲人無己疑라도 不能也니라.
욕인무기의 불능야

잘못된 말은 본심이 아니고, 잘못된 행동은 진심이 아니다.

말을 잘못하여 그 온몸을 그르치고 미혹에 빠뜨리면서도 자기는 합당하다고 하는 것은 스스로 속이는 짓이고,

남이 자기를 따르기 바라는 것은 남을 속이는 짓이다.

過言非心也요 過動非誠也라.
과언비심야 과동비성야

失於聲하여 謬迷[111] 其四體로되 謂己當然이면 自誣也요
실어성 유미 기사체 위기당연 자무야

欲他人己從이면 誣人也니라.
욕타인기종 무인야

어떤 사람은 마음에서 나온 것을 자기의 장난으로 돌리기도 하고, 생각에서 잘못된 것을 자기는 진실하다고 스스로 속인다.

109 發於心 : 『장자전서(張子全書)』 권3에는 "發乎聲"으로 되어 있다.

110 四體 : 『장자전서(張子全書)』 권3에는 "四肢"로 되어 있다.

111 謬迷 : 『장자전서(張子全書)』 권3에는 "繆迷"로 되어 있다.

너에게서 나오는 것을 경계할 줄 모르고, 너에게서 나오지 않는 것으로 책임을 돌리니,

오만함을 키우고 잘못을 이루어 주는 것이다. 무지함이 이보다 심한 것이 있을까?

或者謂[112] **出於心者**를 **歸咎爲己戲**하며 **失於思者**를 **自誣爲**
혹 자 위 　출 어 심 자 　귀 구 위 기 희 　실 어 사 자 　자 무 위

己誠하나니.
기 성

不知戒其出汝者요[113] **歸咎其不出汝者**하니
부 지 계 기 출 여 자 　귀 구 기 불 출 여 자

長傲且遂非라 **不知孰甚焉**이리오?
장 오 차 수 비 　부 지 숙 심 언

112 謂 : 『장자전서(張子全書)』 권3에는 "以"로 되어 있다.

113 反 : 『장자전서(張子全書)』 권3에는 여기에 "反" 자가 있다.

22

자신을 극복하라 克己銘[114]

여대림 呂大臨

모든 생명 있는 것들은 기(氣)가 같아 한 몸인데,

어찌하여 불인(不仁)한 짓 하는가? 나에게 사심이 있어서리라.

凡厥有生은 均氣同體어늘
범 궐 유 생 균 기 동 체

胡爲不仁고? 我則有己니라.
호 위 불 인 아 즉 유 기

타자와 내가 분립되면 사사로이 경계를 지으니

이기려는 마음이 마구 생겨나 시끌벅적 어수선하다.

物我旣立[115]하면 私爲町畦하니
물 아 기 립 사 위 정 휴

勝心横生하여 擾擾不齊라.
승 심 횡 생 요 요 부 제

대인(大人)은 성(誠)을 보존하여[116] 마음으로 하늘의 법칙을 보

114 『宋文鑑』 권73, 『성리대전』 권70에 나온다.

115 物我旣立 : 『논맹정의(論孟精義)·논어정의』 권6하에는 "立己與物"로 되어 있다.

116 대인(大人)은 성(誠)을 보존하여 : 성(誠)은 하늘의 속성이자 동시에 성인의 속성을 말한다. 『중용』 20장. "성(誠)은 하늘의 도이고, 성하고자 하는 것은 사람의 도이다. 성은 힘쓰지 않아도 중(中)하고 생각하지 않아도 얻으니, 중도를 따르는 사람은 성인이다. 성하는 자는 선을 택하여 굳게 잡는 자이다.(誠者, 天之道也; 誠之者, 人之道也. 誠者不勉而中, 不思而得, 從容中道, 聖人也. 誠之者, 擇善而固執之者也.)" 『주

니, 애초에 인색과 교만이 나의 모적(蟊賊)[117]이 될 일 없다.

大人存誠하여 心見帝則하니
대 인 존 성　심 견 제 칙

初無吝驕하여 作我蟊賊이라.
초 무 린 교　작 아 모 적

뜻[志]을 장수로 삼고 기(氣)를 병졸로 삼아[118]

하늘의 뜻 받드니, 누가 감히 나를 업신여기리오?

志以爲帥하며 氣爲卒徒하여
지 이 위 수　기 위 졸 도

奉辭于天하니 孰敢侮予리오?
봉 사 우 천　숙 감 모 여

한편 싸우고 한편 달래면서 사사로움을 이기고 욕심 막으면,

옛날의 원수는 이제 신하와 노복이 된다.

且戰且徠하며 勝私窒慾하면
차 전 차 래　승 사 질 욕

昔焉寇讐가 今則臣僕이라.
석 언 구 수　금 즉 신 복

역』「건괘(乾卦) 문언전」. "구이(九二)에 말하기를 '드러난 용이 밭에 있으니 대인을 만나봄이 이롭다'는 것은 무슨 말인가? 공자가 말하였다. "(대인은) 용의 덕으로서 정중(正中)한 자이니, 평상시의 말을 미덥게 하고 평상시의 행동을 삼가며, 간사함을 막고 성(誠)을 보존하며, 세상을 선하게 만들고도 자신의 공로를 자랑하지 않으며, 덕을 널리 펼쳐 교화한다.(九二曰, 見龍在田利見大人, 何謂也? 子曰, 龍德而正中者也, 庸言之信, 庸行之謹, 閑邪存其誠, 善世而不伐, 德博而化.)"

117 모적(蟊賊) : 벼를 갉아먹는 해충으로, 모(蟊)는 뿌리를 갉아먹고, 적(賊)은 줄기를 갉아먹는다.

118 뜻[志]을……삼아 : 『맹자』「공손추(公孫丑) 상」. "뜻은 기를 거느리는 장수이고, 기는 몸을 채운 것이다. 뜻이 지극한 것이고, 기는 다음가는 것이다.(夫志, 氣之帥也; 氣, 體之充也. 夫志至焉, 氣次焉.)"

아직 이겨내지 못했을 때는 내 마음이 군색하여

고부간에도 다투리니[119] 그 나머지야 어찌 취할 것이 있으랴?

方其未克엔 窘我室廬하여
방 기 미 극 군 아 실 려

婦姑勃磎하리니 安取厥餘리오?
부 고 발 계 안 취 궐 여

이겨낸 후에야 성대히 사방으로 통하고[120]

환하게 팔방[121]까지 트일지니, 온 세상 모두 나의 뜰 되리라.

亦旣克之에야 皇皇四達하며
역 기 극 지 황 황 사 달

洞然八荒하여 皆在我闥[122]하리라.
통 연 팔 황 개 재 아 달

천하가 나의 인(仁)으로 돌아오지 않는다고 누가 말하겠는가?[123]

119 고부간에도 다투리니 : 『장자(莊子)』 「외물(外物)」. "주방에는 여러 개의 출입구가 있고, 사람의 마음에는 자연의 노닒이 있다. 방에 공간의 여유가 없으면 며느리와 시어머니가 다투고, 마음에 자연의 노닒이 없으면 여섯 개의 감각기관이 서로 다투게 된다.(胞有重閬, 心有天遊. 室无空虛, 則婦姑勃谿, 心无天遊, 則六鑿相攘.)" 번역문은 안병주 외 역, 『장자(莊子)』, 전통문화연구회, 2006에 따랐다. 원문의 '磎'는 『논맹정의(論孟精義)·논어정의』 권6하에 '蹊'로 되어 있다.

120 성대히 사방으로 통하고 : 『시경』 「소아(小雅) 황황자화(皇皇者華)」. "휘황한 꽃, 저 언덕에 있네. 달려가는 정부(征夫), 매양 미치지 못할 듯이 생각하도다.(皇皇者華, 于彼原隰. 駪駪征夫, 每懷靡及.)"

121 팔방 : 원문은 '八荒'이다. 팔방의 끝, 아주 먼 지방을 가리킨다. 팔굉(八紘), 팔극(八極), 팔은(八垠), 팔표(八表), 팔해(八垓)와 같다.

122 闥 : 문(門), 뜰

123 천하가……말하겠는가 : 『논어』 「안연(顔淵)」. "안연(顔淵)이 인(仁)을 묻자, 공자가 말하였다. '자기의 사욕을 이겨 예로 돌아감이 인(仁)이 되는 것이니, 하루 동안

세상의 가렵고 병들고 아픈 자 모두 내 몸처럼 절실하거늘.

孰曰天下가 不歸吾仁고?
숙 위 천 하 불 귀 오 인

痒痾疾痛이 擧切吾身이어늘.
양 아 질 통 거 절 오 신

어느 날 거기에 이르면 내 일 아님이 없으리라.

안자(顔子)가 특별한 분이랴? 바라는 자 곧 그리 되리라.

一日至之면 莫非吾事라
일 일 지 지 막 비 오 사

顔何人哉아? 晞[124]之則是니라.
안 하 인 재 희 지 즉 시

이라도 사욕을 이겨 예로 돌아가면 천하(天下)가 인으로 돌아간다. 인을 하는 것은 자기 몸에 달려 있지, 남에게 달려있는 것이겠는가?'…'제[회(回)]가 비록 불민하지만, 청컨대 이 말씀에 종사하겠습니다.'(顔淵問仁, 子曰, 克己復禮爲仁, 一日克己復禮, 天下歸仁焉, 爲仁由己, 而由人乎哉?…顔淵曰, 回雖不敏, 請事斯語矣.)"

124 晞 : 『논맹정의(論孟精義)·논어정의』 권6하에는 '希'로 되어 있다.

23

장역의 좌우명 座右銘[125]

장역 張繹

말은 반드시 속마음을 다하고 믿음 있게 하며,

행실은 반드시 독실하고 공경스럽게 하라.[126]

凡語必忠信하며
범 어 필 충 신

凡行必篤敬하라.
범 행 필 독 경

음식은 반드시 삼가고 절제하며,

글씨는 반드시 법도에 맞게 바르게 쓰라.

飮食必愼節하며
음 식 필 신 절

字畫必楷正하라.
자 획 필 해 정

용모는 반드시 단정하고 장중하게 하며,[127]

125 『御定小學集註』 권5에 나온다.

126 말은……하라 : 『논어』 「위령공(衛靈公)」. "자장이 행함에 대해 묻자, 공자가 말했다. '말을 속마음을 다하고 믿음 있게 하며, 행실이 독실하고 공경스러우면, 오랑캐의 나라에서도 행할 수 있지만 말이 충신(忠信)하지 못하고 행실이 독경(篤敬)하지 못하면 주(州)나 리(里)에서도 행할 수 있겠는가?(子張問行. 子曰 : '言忠信, 行篤敬, 雖蠻貊之邦行矣 ; 言不忠信, 行不篤敬, 雖州里行乎哉?')"

127 용모는……하며 : 『논어』 「태백(泰伯)」. "(증자가 말했다.) 군자가 중요하게 여기

의관(衣冠)은 반드시 엄숙하게 정돈하라.[128]

容貌必端莊하며
용 모 필 단 장

衣冠必肅整하라.
의 관 필 숙 정

걸음걸이는 반드시 안정되고 세심히 하며,

가만히 있을 때는 바르고 고요하게 하라.

步履必安詳하며
보 리 필 안 상

居處必正静하라.
거 처 필 정 정

일을 할 때는 반드시 계획을 세워 시작하며,[129]

말을 내뱉을 때는 행동을 돌아보라.[130]

는 도가 세 가지 있으니, 몸을 움직일 때는 사나움과 거만함을 멀리하고, 안색을 바르게 할 때는 믿음에 가깝게 하며, 말을 할 때는 천박하고 도리에 어긋남을 멀리 해야 한다. 제사 기물을 다루는 일과 같이 소소한 일은 유사에게 맡길 수 있다.(君子所貴乎道者三, 動容貌, 斯遠暴慢矣, 正顔色, 斯近信矣, 出辭氣, 斯遠鄙倍矣, 籩豆之事則有司存.)"

128 의관(衣冠)은……정돈하라 : 『논어』「자장(子張)」. "군자는 의관을 바르게 하며 시선을 존엄히 하여, 엄숙해서 사람들이 바라보고 스스로 두려워하니, 이것이 위엄스러우면서도 사납지 않은 것이 아니겠는가?(君子正其衣冠, 尊其瞻視, 儼然人望而畏之, 斯不亦威而不猛乎?)"

129 일을……시작하며 : 『논어』「술이(述而)」. "자로가 '선생님께서 삼군을 지휘하시게 되면 누구와 함께 하시겠습니까?'라고 묻자, 공자는 '호랑이를 맨손으로 잡고 황하를 맨몸으로 건너며 죽음도 후회하지 않을 사람은 내가 함께 하지 않을 것이다. 반드시 일에 임하여 두려워하며 계책 내기를 좋아하여 성공시키는 자일 것이다.'라고 하였다.(子路曰, 子行三軍則誰與? 子曰, 暴虎馮河, 死而無悔者, 吾不與也. 必也臨事而懼, 好謀而成者也.)"

作事必謀始하며
작 사 필 모 시

出言必顧行하라.
출 언 필 고 행

일상의 덕행을 반드시 굳게 지니되

승낙할 일은 반드시 신중히 응하라.

常德必固持하되
상 덕 필 고 지

然諾必重應하라.
연 낙 필 중 응

좋은 것을 보면 나에게서 나온 듯 여기고,

나쁜 것을 보면 나의 병통인 듯 여기라.[131]

見善如己出하며
견 선 여 기 출

見惡如己病하라.
견 악 여 기 병

무릇 이 사십 글자는 모두 내가 깊이 살피지 못한 것이니, 이것을 써서 자리 한쪽에 놓고 아침저녁으로 보며 경계하고자 한다.

130 말을……돌아보라 : 『중용』 제13장. "말은 행실을 돌아보며 행실은 말을 돌아보아야 한다.(言顧行, 行顧言.)"

131 좋은 것을……여기라 : 『논어』 「계씨(季氏)」. "좋은 것을 보고 미치지 못할 듯하며, 좋지 않은 것을 보고는 끓는 물을 더듬는 것처럼 하는 자를, 나는 그런 사람을 보고, 그런 말은 들었다.(見善如不及, 見不善如探湯. 吾見其人矣, 吾聞其語矣.)" 『이정문집(二程文集)』 권12 「명도선생행장(明道先生行狀)」. "좋은 것을 보면 마치 자기에게서 나온 듯하였고, 원하지 않는 것을 다른 사람에게 베풀지 않았다.(見善若出諸己, 不欲弗施於人.)"

凡此十四者는 我皆未深省이니
범 차 십 사 자　아 개 미 심 성

書此當座隅하여 朝夕視爲警하노라.
서 차 당 좌 우　조 석 시 위 경

24

마음을 경계하다 心箴[132]

범준 范浚

아득한 이 천지는 쳐다보고 둘러보아도 끝이 없고,

사람은 그 사이에 자그마한 몸으로 있다.

茫茫堪輿[133]는 俯仰無垠한데
망 망 감 여 부 앙 무 은

人於其間에 渺[134]然有身이로다.
인 어 기 간 묘 연 유 신

이 몸의 미미함은 큰 창고 속 돌피 낟알[135]인데

천지와 더불어 삼재 됨은 오직 마음 때문이다.

是身之微는 太倉稊米로되
시 신 지 미 태 창 제 미

參爲三才는 曰惟心爾라.
참 위 삼 재 왈 유 심 이

132 마음을 경계하다 : 『향계집(香溪集)』 권5. 주자는 이 「심잠(心箴)」을 매우 존숭하여 『맹자집주』 「공손추(公孫丑) 상」 15장의 주에 실었다.

133 堪輿 : 하늘과 땅이다.

134 渺 : 『향계집』에는 '眇'로 되어 있다.

135 큰 창고 속 돌피 낟알 : 『장자(莊子)』 「추수(秋水)」. "사해(四海)가 천지 사이에 있는 것을 헤아려보면 개미구멍이 큰 못가에 있는 것과 비슷하지 않겠는가? 중국이 사해 내에 있는 것을 헤아려보면, 돌피 낟알이 큰 창고 안에 있는 것과 같지 않겠는가?(計四海之在天地之間也, 不似礨空之在大澤乎? 計中國之在海內, 不似稊米之在太倉乎?)"

예로부터 지금까지 누군들 이 마음이 없을까마는
마음이 몸의 부림을 받아 짐승같을 뿐이네.

往古來今에 孰無此心이리오마는
왕고래금 숙무차심

心爲形役하여 乃獸乃禽이로다.
심위형역 내수내금

이목구비와 손발이 움직일 때
마음 사이에 끼어들면 마음의 병이 된다.

惟口耳目과 手足動靜에
유구이목 수족동정

投間抵隙하면 爲厥心病이라.
투간저극 위궐심병

미미한 도심을 뭇 욕심이 공격하니
그 남아있는 것이, 아! 드물도다.

一心之微를 衆欲攻之하니
일심지미 중욕공지

其與存者가 嗚呼幾希로다!
기여존자 오호기희

군자는 성(誠)을 보존하여 잘 생각하고 잘 공경하니,
마음[136]이 태연하여 온몸이 그 명령을 따른다.

君子存誠하여 克念克敬하니
군자존성 극념극경

天君泰然하여 百體從令이니라.
천군태연 백체종령

136 마음 : 원문은 '天君'이다. 『순자(荀子)』 「천론(天論)」. "마음은 내면의 빈 곳에 있어서, 오관을 다스리니 이것을 천군(天君)이라고 한다.(心居中虛, 以治五官, 夫是之謂天君)"

25

잃어버린 마음 되찾기 求放心齋銘[137]

주희 朱熹

천지가 변화함에 그 마음은 매우 어지니
본성을 이루어 나에게 있게 되어[138] 몸의 주인이 되었다.

天地變化에 其心孔仁하니
천 지 변 화 기 심 공 인
成之在我하여 則主于身이라
성 지 재 아 즉 주 우 신

그 주인은 어떠한가? 신명(神明)하여 측량할 수 없어
만 가지 변화를 발휘하니 이 인극을 세워야 한다.

其主伊何오 神明不測하여
기 주 이 하 신 명 불 측
發揮萬變하니 立此人極이라
발 휘 만 변 입 차 인 극

잠시라도 마음을 놓으면 천리 밖으로 달아나니,

137 잃어버린 마음 되찾기 : 『주희집』 권85-16에 나온다. 『맹자』 「고자(告子) 상」 11장. "사람이 닭과 개가 도망가면 찾을 줄을 알되, 마음을 잃고서는 찾을 줄을 알지 못하니 학문하는 방법은 다른 것이 없다. 그 방심(放心)을 찾는 것일 뿐이다.(人有鷄犬放, 則知求之, 有放心而不知求, 學問之道, 無他. 求其放心而已矣.)"

138 본성을……되어 : 『주역』 「계사(繫辭) 상」. "그것을 이룬 것이 본성이 된다.(成之者性.)"하였으니, 이는 천지(天地)의 매우 인(仁)한 마음이 나에게 부여되어 하나의 물사(物事)를 이루어 몸 안에 있다는 말이다.

성(誠)이 아니면 어찌 가질 수 있으며, 경(敬)이 아니면 어찌 보존하겠는가!

晷刻放之면 千里其奔이니
구 각 방 지 　 천 리 기 분

非誠曷有며 非敬曷存가!
비 성 갈 유 　 비 경 갈 존

누가 놓아버리고 누가 찾으며, 누구는 없어지고 누구는 보존하고 있는가!

굽히고 폄은 팔뚝에 달려있고, 젖히고 엎는 것은 오직 손에 달려있는 것과 같다.

孰放孰求며 孰亡孰有오!
숙 방 숙 구 　 숙 망 숙 유

屈伸在臂요 反覆惟手라.
굴 신 재 비 　 반 복 유 수

은미할 때 막고 홀로 아는 마음의 기미를 삼가는 것이 그것을 지키는 상도이니

절실하게 묻고 가까운데서 생각함으로써 오직 그것을 도울지어다.

防微謹獨이 茲守之常이니
방 미 근 독 　 자 수 지 상

切問近思로 曰惟以相[139]이어다.
절 문 근 사 　 왈 유 이 상

139 相 : "본집은 상이란 글자 아래 지자가 있는데 옳은지 모르겠다.(本集'相'下有'之'字, 未詳是否.)"

26

덕성을 높이기 尊德性齋銘[140]

주희 朱熹

크신 상제께서 천하 사람들을 내리시니,

무엇을 그들에게 주었는가? 의(義)와 인(仁)이다.

惟皇上帝께서 降此下民하시니
유 황 상 제　　강 차 하 민

何以予之잇가 曰義與仁이다.
하 이 여 지　　왈 의 여 인

의(義)와 인(仁)은 상제께서 주신 법칙이니,

이를 공경하고 이를 받들며 오히려 잘하지 못할까 두려워해야 하네.

維義與仁은 維帝之則이니
유 의 여 인　　유 제 지 칙

欽斯承斯하며 猶懼弗克이니라.
흠 사 승 사　　유 구 불 극

누가 어둡고 또 미친 짓으로 구차하고 천하고 더럽고 비루하여,

음란하게 바라보고 바르지 않게 들으며 사지를 게을리 하는가?

140 덕성을 높이기 :『주희집』 권85-14에 나온다. "이종사촌인 정순(자는 윤부)이 도문학으로 서재의 이름을 삼았다. 내가 존덕성으로 이름을 바꾸어야 한다고 말했다. 윤부가 명을 청해서 그래서 이글을 지었다.(內弟程允夫, 以道問學名齋. 予謂當以尊德性易之, 允夫請銘, 因爲作此.)"

孰昏且狂으로 苟賤汙卑하여
숙 혼 차 광 구 천 오 비

淫視傾聽하며 惰其四肢오?
음 시 경 청 타 기 사 지

하늘이 준 밝은 명(命)을 더럽히고 사람의 도리를 함부로 하니, 이러한 하류를 달갑게 여기면 수많은 악이 모여든다네.

褻天之明하고 慢人之紀니
설 천 지 명 만 인 지 기

甘此下流면 衆惡之委니라.
감 차 하 류 중 악 지 위

나는 이것을 거울삼아 그 마음을 공경하고 조심하여 그윽한 방에서도 상제가 밝게 임한 듯이 한다네.

我其監此하고 祗栗厥心하야
아 기 감 차 지 율 궐 심

有幽其室에도 有赫其臨하네.
유 유 기 실 유 혁 기 임

잠깐사이나 아주 위급한 때에도 玉을 잡은 듯이 가득한 물을 받들 듯이 해야 한다.

책임은 무겁고 갈 길은 머니,[141] 감히 혹시라도 태만히 할 수 있겠는가!

執玉奉盈이라 須臾顚沛도
집 옥 봉 영 수 유 전 패

任重道悠하니 其敢或怠잇가!
임 중 도 유 기 감 혹 태

141 책임은……머니 : 『논어』 「태백(泰伯)」. "증자가 말씀하였다. 선비는 도량이 넓고 뜻이 굳세지 않으면 안 된다. 책임이 무겁고 길이 멀기 때문이다.(曾子曰, 士不可以不弘毅, 任重而道遠.)" 『논어』에는 '유(悠)'자가 '원(遠)'자로 되어 있다.

27

도에 뜻을 두다 志道齋銘[142]

주희 朱熹

아장아장 걷고 겨우 잡아당기는 아이에게 누가 신을 신기고 손을 잡아주며,

배고프고 추운 아이에게 누가 밥을 먹이고 입혀주었는가?

曰趨而挹者를 孰履而持하며,
왈 추 이 읍 자 　 숙 이 이 지

曰飢而寒者를 孰食而衣인가?
왈 기 이 한 자 　 숙 사 이 의

그러므로 도(道)라는 것은 잠시라도 떨어질 수는 없는 것이니[143]

그대는 도에 뜻을 두지 않고 홀로 허둥지둥 어디로 가려는가?

故道也者는 不可須臾離이니
고 도 야 자 　 불 가 수 유 리

子不志於道하고 獨罔罔其何之오?
자 부 지 어 도 　 독 망 망 기 하 지

142 도에 뜻을 두다 : 『주희집』 권85-2에 나온다. 『논어』 「술이(述而)」. “공자께서 말씀하셨다. ‘도(道)에 뜻을 두며, 덕(德)을 굳게 지키며, 인(仁)에 의지하며, 예(藝)에 노닐어야 한다.’(子曰, 志於道, 據於德, 依於仁, 游於藝.)” 27장부터 30장까지는 주자가 동안현학(同安縣學)의 사재에 논어의 도, 덕, 인, 예란 네 개의 주제를 표제어로 삼아 네 개의 명을 지었다. 여기서 도는 효도를 의미한다.

143 떨어질……것이니 : 『중용』 제1장. “도란 것은 잠시도 떠날 수 없는 것이니, 떠날 수 있으면 도(道)가 아니다.(道也者 不可須臾離也. 可離 非道也.)”

28

덕에 근거하다 據德齋銘[144]

주희 朱熹

도술(道術)에 대해서 얘기하면 어딜 가도 통하지 않음이 없지만, 성명(性命)에 대해 말하면 의심스러운 단독자(單獨者)여서[145] 궁구하기 어렵다.

語道術하면 則無往而不通이나
어 도 술　　 즉 무 왕 이 불 통

談性命하면 則疑獨而難窮이라.
담 성 명　　 즉 의 독 이 난 궁

오직 사람들이 외면에는 후하나 내면에는 박하니 그러므로 덕을 높일 길이 없다.

惟其厚於外하나 而薄於內하니
유 기 후 어 외　　 이 박 어 내

故無地以崇之로다.
고 무 지 이 숭 지

144 『주희집』 권85-3에 나온다.

145 의심스러운 단독자여서 : 원문은 '疑獨'이다. 『열자(列子)』 「천서(天瑞)」. "의독이란 그 도를 궁구할 수 없다.(疑獨, 其道不可窮.)" 의독은 의심스러워 알기 어려운 단독자 같은 것이다.

29

인에 의지하다 依仁齋銘[146]

주희 朱熹

인을 들고자 해도 무거워서 들 수 없고 인을 행하려고 해도 행할 수 없는 것이라면

비록 인을 따르려고 한들 어찌 따를 수 있겠는가?

擧之莫能勝하고 行之莫能至면
거 지 막 능 승 행 지 막 능 지

雖欲依之나 安得而依之리오?
수 욕 의 지 안 득 이 의 지

인을 행함은 자기로 말미암으니, 남으로 말미암겠는가?

비록 인을 어기려 하여도 어찌 어길 수 있겠는가?

爲仁由己니 而由人乎哉리오?
위 인 유 기 이 유 인 호 재

雖欲違之나 安得而違之리오?
수 욕 위 지 안 득 이 위 지

146 『주희집』 권85-4에 나온다.

30

예술에 노닐다 游藝齋銘[147]

주희 朱熹

예절과 음악과 말 몰기, 활쏘기, 셈하기, 글 읽기를

일상생활에서 자득하면 마음이 편안하고 몸이 펴지리라.

이를 노닌다고 말하니, 육예에 노니고 육예로 살아라.

禮云樂云과 御射數書를
예 운 악 운 어 사 수 서

俯仰自得하면 心安體舒라.
부 앙 자 득 심 안 체 서

是之謂游니 以游以居니라.
시 지 위 유 이 유 이 거

아, 노닒이여! 안에 자득함이 있지 않으면

누가 이처럼 자연스럽고 여유로울 수가 있겠는가.

嗚呼游乎여! 非有得於內면
오 호 유 호 비 유 득 어 내

孰能如此 其從容而有餘乎리오.
숙 능 여 차 기 종 용 이 유 여 호

147 『주희집』 권85-5에 나온다.

31

덕성을 숭상하다 崇德齋銘[148]

주희 朱熹

나의 덕성을 높이니, 성인의 학문을 바람이여!

尊我德性하니 希聖學兮여!
존 아 덕 성 희 성 학 혜

마음의 신명을 완미하니 더럽고 탁함을 씻어냄이여!

玩心神明하니 蛻汙濁兮여!
완 심 신 명 세 오 탁 혜

148 덕성을 숭상 하다 : 『주희집』 85-9에 나온다. 『주역』 「계사(繫辭)」. "공자께서 말씀하였다. '역(易)은 지극하다 할 것이다. 역은 성인이 덕을 높이고 업(業)을 넓힌 것이다.'(子曰, 易, 其至矣乎. 夫易, 聖人所以崇德而廣業也.)" 광업은 32장 제목이다. 남검주(南劍州) 복건성(福建省) 우계현학(尤溪縣學)의 사재(四齋)명은 31~34번까지이다.

32

사업을 넓히다 廣業齋銘[149]

주희 朱熹

예악으로 절제하기를 좋아하니 중용을 따름이여!

樂節禮樂하니 道中庸兮여!
요 절 예 악 도 중 용 혜

작은 일도 부지런히 하니 큰 공[150]을 이룸이여!

克勤小物하니 奏膚公兮여!
극 근 소 물 주 부 공 혜

149 『주희집』 85-10에 나온다.

150 큰 공 : 『시경』 「유월(六月)」. "잠깐 험윤을 정벌하여 큰 공을 올리도다(薄伐玁狁, 以奏膚公.)"

33

인에 머물다 居仁齋銘[151]

주희 朱熹

자기의 사사로움을 이겨서 천리를 회복함이여!

勝己之私하여 復天理兮여!
승 기 지 사 복 천 리 혜

이 넓은 거처에 사니[152] 순수하여 그침이 않음이여![153]

宅此廣居하니 純不已兮여!
택 차 광 거 순 불 이 혜

151 인에 머물다 : 『주희집』 85-11에 나온다. 『맹자』 「진심(盡心) 상」. "인(仁)에 거하고 의(義)를 따른다면 대인(大人)의 일이 구비된 것이다.(居仁由義, 大人之事備矣.)"

152 이 넓은 거처에 사니 : 『맹자』 「등문공(滕文公) 하」. "천하의 넓은 집[仁]에 거처한다.(居天下之廣居)"

153 순수하여 그침이 없도다 : 『중용』 26장. "'아! 드러나지 않는가? 문왕의 덕의 순수함이여!' 하였으니, 이는 문왕이 문(文)이 되신 소이(所以)가 순수함이 또한 그치지 않음을 말한 것이다.(於乎不顯, 文王之德之純, 蓋曰文王之所以爲文也, 純亦不已.)"

34

의를 따르다 由義齋銘[154]

주희 朱熹

너라는 소리[155]를 부끄럽게 여겨 싫어한다면, 의를 힘써야 함이여!

羞惡爾汝면 **勉擴充兮**여!
수오이여 면확충혜

저 대로(大路 : 義)를 따라가면 가는 길이 끝이 없음이여!

遵彼大路면 **行無窮兮**여!
준피대로 행무궁혜

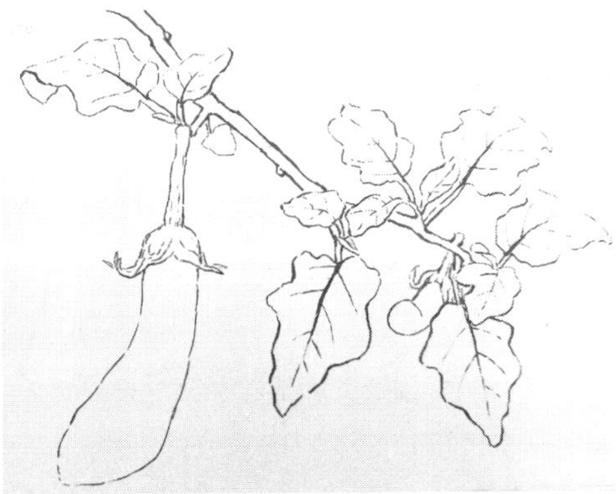

154 『주희집』 85-12에 나온다.

155 너라는 소리 : 『맹자』 「진심(盡心) 하」. "사람이 '너라는 소리'를 받지 않으려는 실제를 채운다면, 가는 곳마다 의(義)를 하지 않음이 없을 것이다.(人能充無受爾汝之實, 無所往而不爲義也.)"

35

옛것을 배우다 學古齋銘[156]

주희 朱熹

옛 선인을 보면 학문을 해서 자기를 위하였으나[157]

지금은 그렇지 않아서, 남에게 보이기 위할 따름이다.

相古先民하면 學以爲己나
상 고 선 민 학 이 위 기

今也不然하야 爲人而已로다
금 야 불 연 위 인 이 이

자기를 위한 학문은 먼저 그 몸을 진실되게 하니

군신 간에는 의리가 있고, 부자간에는 어짊이 있도다.

모으고 분변(分辨)하여 너그럽게 거하고 인(仁)으로 행하며[158]

태만하지도 소홀하지도 않아서

156 옛것을 배우다 : 『주희집』 85-13에 나온다. "포성의 군수인 주사공(周嗣恭)이 그의 아버지 휘유공(徽猷公)이 쓰신 학고재를 중수하였다. 희(熹)가 기둥에 현액을 쓰고 또 그의 뜻을 기려 이 명(銘)을 짓는다.(浦城周侯嗣恭, 葺其先大父徽猷公所作學古齋, 熹爲題其榜, 又推其意, 作銘曰.)"

157 자기를 위하여 학문을 했는데 : 『논어』 「헌문(憲問)」. "옛날에 배우는 자들은 자신을 위한 학문을 하였는데, 지금에 배우는 자들은 남을 위한 학문을 한다.(古之學者爲己, 今之學者爲人.)"

158 모으고……행하며 : 『주역』 「건괘(乾卦) 문언전」. "군자가 배워서 지식을 모으고 물어서 분변하며 너그러움으로 거하고 인으로써 행한다.(君子學以聚之, 問以辨之, 寬以居之, 仁以行之.)"

지극히 충분하고 남으면 은택이 만물에게 미치게 된다.

爲己之學(위기지학)은 先誠其身(선성기신)이니
君臣之義(군신지의)와 父子之仁(부자지인)이로다
聚辨居行(취변거행)하며 無怠無忽(무태무홀)하여
至足之餘(지지지여)면 澤及萬物(택급만물)이니라.

남에게 보이기 위한 학문은 화려한 봄꽃과 같으니
외우기에 힘쓰고 책을 엮는 것을 자랑으로 삼도다.
수레를 타고 돈이 많아 화려하고 빛나지만,
세속의 영화를 군자는 비루(鄙陋)하게 여긴다.

爲人之學(위인지학)은 燁然春華(엽연춘화)하니
誦數是力(송삭시력)하고 纂組是誇(찬조시과)로다.
結駟懷金(결사회금)하여 煌煌煒煒(황황휘휘)하나
世俗之榮(세속지영)을 君子之鄙(군자지비)로다.

오직 이 두 가지는, 처음에는 차이가 미미하지만
작은 차이를 살피지 않으면 호와 월처럼 멀어지게 된다.[159]
우뚝하구나, 주현령이여! 아버지의 뜻을 받들어,
이 학고재를 날로 새롭게 하여, 후손을 이끄는구나.

維是二者(유시이자)는 其端則微(기단즉미)나

159 호와……된다 : 중국 북쪽의 호와 남쪽의 월처럼 멀다는 뜻이다.

眇綿不察이면 胡越其歸로다.
묘 면 불 찰　　호 월 기 귀

卓哉周候여 克承先志하여
탁 재 주 후　　극 승 선 지

日新此齋하여 以迪來裔로다.
일 신 차 재　　이 적 래 예

이 학고재에는 무엇이 있는가? 그림과 책이 쌓여 있다.

그 후손은 어떠한가? 의관을 갖추고 법도가 있다.

밤에는 사색하고 낮에는 행하고, 남에게 물어서 도모하고 생각하도다.

시속을 끊어 따르지 않고 오직 옛것을 배워야 한다.

此齋何有오 有圖有書로다.
차 재 하 유　　유 도 유 서

厥裔伊何오 衣冠進趨로다.
궐 예 이 하　　의 관 진 추

夜思晝行하고 咨詢謀度이로다.
야 사 주 행　　자 순 모 탁

絶今不爲하고 惟古是學이로다.
절 금 불 위　　우 고 시 학

어려운 것을 먼저하고 얻는 것을 뒤로해서,[160] 급하게도 느리게도 않아야 하니,

내가 명을 지어서, 그 시작을[161] 경계하노라.

先難後獲하고 匪亟匪徐니,
선 난 후 획　　비 극 비 서

我則銘之하여 以警厥初하노라.
아 즉 명 지　　이 경 궐 초

160 어려운 것……뒤로해서 : 『논어』 「옹야(雍也)」. "인자는 어려운 일을 먼저 하고 얻는 것을 뒤에 하니, 이렇게 한다면 인이라고 말할 수 있다.(仁者, 先難而後獲, 可謂仁矣.)"

161 그 시작을 : 자기를 위하는 학문(爲己之學)을 의미한다.

36

역의 몽괘를 음미하다 蒙齋銘[162]

진덕수 眞德秀

만물이 천지 사이에 가득하니 그 수가 만 가지이지만,

천리가 유행하여 한 물건도 갖추지 않음이 없네.

物盈兩間에 有萬其數나
물 영 양 간　유 만 기 수

天理流行하여 無處[163]不[164]具라.
천 리 유 행　무 처 불 구

현상이 드러난 곳에 천리가 그 중심에 있어

돌이켜 천리를 구하면[165] 모두 내 몸에 절실하다.

162 역의 몽괘를 음미하다 : "『성리대전(性理大全)』에는 주자의 작품으로 되어 있으나, 『진서산집(眞西山集)』을 보면 이 몽재명이 있고 그 서에 '계양의 현감인 장후 아무개가 재실 이름을 몽이라고 하였는데, 서산의 늙은이 진 아무개는 '행실을 과단성 있게 하여 덕을 기른다'는 뜻을 취하여 명문을 지었다.'라고 했다. 그렇다면 서산의 작품이라고 고쳐야 한다.(據『性理大全』, 以係朱子, 今按『眞西山集』, 有此銘其序云, 桂陽史君, 張侯某, 以蒙名齋, 西山傻眞某, 取果行育德之義, 爲之銘, 然則當改係西山.)"는 설명이 원본에 붙어 있다.

163 處 : 『서산문집(西山文集)』에는 '一'로 되어 있다.

164 不 : 『서산문집(西山文集)』에는 '弗'로 되어 있다.

165 돌이켜……구하면 : 『논어』 「위령공(衛靈公)」 20장. "공자께서 말씀하셨다. '군자는 자신에게서 찾고, 소인은 남에게서 찾는다.'(子曰, 君子求諸己, 小人求諸人.)" 주석에서, "사씨가 말하였다. '군자는 자기 몸에 돌이켜 찾지 않음이 없고, 소인은 이와

維象之顯에 理寓于[166]中이니
유 상 지 현 　 리 우 우 　 중

反而求之면 皆切吾躬이라.
반 이 구 지 　 개 절 오 궁

하늘의 운행을 보면 감히 쉴 겨를이 있겠는가?

땅의 형세를 관찰하면 또한 덕을 두터이 해야 하네.[167]

觀天之行하면 其敢遑息가?
관 천 지 행 　 기 감 황 식

察地之勢하면 亦厚于德이라.
찰 지 지 세 　 역 후 우 덕

하늘과 사람이 한 몸이고 만물과 내가 한 근원이니

주역[168]에서 증험하면 그 뜻이 환하게 밝아지리.

天人一體요 物我一源이니
천 인 일 체 　 물 아 일 원

驗之義經하면 厥旨昭然이리.
험 지 희 경 　 궐 지 소 연

괘에 몽괘가 있는데[169] 내괘는 험하고 외괘는 멈춰 있다.

멈춤은 산만한 것이 없고 험함은 물만한 것이 없다.

반대이다. 이는 군자와 소인이 분별되는 이유이다.'(謝氏曰, 君子無不反求諸己, 小人反是, 此君子小人所以分也.)"라고 하였다.

166 于 : 『서산문집(西山文集)』에는 '乎'로 되어 있다.

167 덕을 두터이 해야 하네 : 『주역』, 「곤괘(坤卦) 상전(象傳)」. "지세(地勢)가 곤이니, 군자가 보고서 후한 덕으로 물건을 실어준다.(象曰, 地勢坤, 君子以, 厚德, 載物.)"

168 주역 : 원문은 '羲經'이다. 복희씨(伏羲氏)가 팔괘를 처음 그었다고 해서 『주역』을 희경이라고도 한다.

169 괘에 몽괘가 있는데 : 『주역』, 「몽괘(蒙卦)」. "단전에 말하였다. 몽은 산 아래 험한 것이 있고 험해서 그치는 것이 몽이다.(彖曰, 蒙, 山下有險, 險而止蒙.)"

卦之有蒙이니 內險外止라
괘 지 유 몽 내 험 외 지

止莫如山이오 險莫如水라.
지 막 여 산 험 막 여 수

어찌 물이라 하지 않고 샘물이라 말했는가?[170]

처음 시작할 때는[171] 그 흐름이 잔잔하네.

曷不曰水요 而謂之泉가?
갈 불 왈 수 이 위 지 천

濫觴之初가 厥流涓涓이라.
남 상 지 초 궐 유 연 연

그 생겨남은 미약해서 쉬이 도달할 수 없을 것 같지만

그 행함이 과단성 있게 나가면 막을 수 없다.

其生之微는 若未易達하나
기 생 지 미 약 미 이 달

其行之果면 則不可遏이라.
기 행 지 과 즉 불 가 알

높은 이 산에 윤택함이 모여 있으니

고요하고 반듯해서 끝없이 솟아나온다.

有崇兹山에 潤澤所鍾이니
유 숭 자 산 윤 택 소 종

維靜而正하여 出乃不窮이라.
유 정 이 정 출 내 불 궁

170 어찌……말했는가? : 『주역』, 「몽괘(蒙卦) 상전(象傳)」. "산 아래에서 샘물이 나옴이 몽이니, 군자가 보고서 행실을 과단성 있게 하며 덕을 기른다.(象曰, 山下出泉, 蒙, 君子以, 果行 育德.)"

171 처음 시작할 때는 : 『순자』, 「자도(子道)」. "원래 양자강은 민산에서 시작되는데, 그것이 시작될 때의 물은 겨우 술잔을 띄울 만 하였다.(昔者, 江出於岷山, 其始出也, 其源可以濫觴.)"

시작은 한 잔이나 끝내는 만리를 간다네.

묻노라 어떻게 그러한가? 근본이 있어서 이와 같은 것이라.

始焉一勺이나 終則萬里라.
시 언 일 작 종 즉 만 리

問奚以然잇가 有本如是라.
문 해 이 연 유 본 여 시

이 때문에 군자는 여기에서 법을 취하여

의가 있는 곳이면 반듯이 실천하는 데 용감하다.

是以君子는 法取於斯[172]하여
시 이 군 자 법 취 어 사

維義所在에 必勇于[173]爲라.
유 의 소 재 필 용 우 위

행함에 근본이 있으면 아! 덕이 거기에서 나오게 되니

이것을 기르고 배양하면 그 본체가 확립되리라.

維行有本하면 繄[174]德焉出이니
유 행 유 본 예 덕 언 출

是滋是培하면 其體乃立이리라.
시 자 시 배 기 체 내 립

고요할 때 근원을 길러 한 마음을 맑게 하고

움직일 때는 행동을 민첩하게 하여 만 가지 선을 다 베풀어라.

靜而養源하여 澄然一心하고
정 이 양 원 징 연 일 심

動而敏行하여 萬善畢陳하라.
동 이 민 행 만 선 필 진

172 取法於 : 『서산문집(西山文集)』에는 '取法于'로 되어 있다.

173 于 : 『서산문집(西山文集)』에는 '於'로 되어 있다.

174 繄 : 탄식소리 예

자연의 두터운 조화(大德)와 냇물의 흐름(小德)[175]이 어찌 애초에 두 갈래였겠는가?
하늘같이 넓고, 연못같이 깊으면[176] 그 쓰임이 다함이 없으리라.

厚化川流가 初豈二致리오?
후 화 천 류 초 기 이 치

溥博淵泉하면 其用弗匱리라.
부 박 연 천 기 용 불 궤

아, 간숙[177]이여! 마땅히 이러한 자손을 두어
집문에 몽재명을 걸면 눈으로 보기만 해도 도가 있을 것이다.[178]

175 자연의……흐름 : 『중용』 제30장. "만물이 함께 길러져 서로 해치지 않으며, 도가 함께 행하여 서로 위배되지 않는다. 작은 덕은 냇물의 흐름이요, 큰 덕은 두터운 조화니, 이는 천지가 위대함이 되는 것이다.(萬物幷育而不相害, 道幷行而不相悖. 小德, 川流. 大德, 敦化. 此天地之所以爲大也.)"

176 하늘같이……깊으면 : 『중용』 제31장. "부박(溥博)하고 연천(淵泉)하여 때로 나온다.(溥博淵泉, 而時出之)" 주자주(註). "부박(溥博)은 두루하고 넓음이요, 연천(淵泉)은 고요하고 깊고 근본이 있는 것이다.(註 溥博, 周而廣也. 淵泉, 靜深而有本也. 出, 發見也. 言五者之德, 充積於中而以時發見於外也.)"

177 간숙 : 임율(林栗)로 자는 황중(黃中), 관부(寬夫)이고, 시호가 간숙(簡肅)이다. 송대 복청(福淸, 현 복건성 소속) 사람으로 1142년 진사에 급제했고 병부시랑(兵部侍郎)에 이르렀다. 1188년 6월 주희를 탐방하여 『역』과 「서명」을 토론하였는데 의견이 일치하지 않았다. 이를 계기로 주희는 학문이 천박한데도 고관대작을 탐내고 병부랑의 벼슬에 부임하지 않으려한다고 탄핵하였다. 태상박사(太上博士)인 섭적(葉適)이 그것을 바로 잡을 것을 상소하여 결국 도리어 임율이 처벌되었다. 임율의 저술로 『주역해전집해(周易解傳集解)』 등이 있다. 출처 : 『태극해의』 인명사전. 주자의 견해가 자기와 다르다 하여 주자를 기롱한 인물로 조선시대의 문서에서도 많이 회자되는 인물이다.

178 눈으로……것이다 : 『장자(莊子)』 「전자방(田子方)」. 중국의 전설적인 인물 온

於惟簡肅이여! 宜[179]有此孫하여
오 유 간 숙 　 의 　 유 차 손

揭名齋扉하면 目擊道存하리라.
게 명 재 비 　 목 격 도 존

어릴 때에 바름을 기름[180]이 어찌 어린아이만 가르키겠는가?

종신토록 이를 따르면 성인의 지위가 되리라.

養正於蒙이 奚必童穉리오?
양 정 어 몽 　 해 필 동 치

終身由之하면 作聖之地리라.
종 신 유 지 　 작 성 지 지

백설자(溫白雪子)가 있었다. 공자가 그렇게 만나보고 싶어 했던 도인 설자가 그의 앞을 지나치자 반길 줄 알았던 공자는 반기기는커녕 그냥 지나친다. 궁금하여 자로가 물으니 "그와 같은 분은 얼핏 보기만 하고도 도를 갖추고 있음을 알 수 있으니 더 무슨 말을 할 필요가 없는 것이다.(仲尼曰, 若夫人者, 目擊而道存矣, 亦不可以容聲矣.)"하고 답하여 목격만 해도 도가 가득히 있다는 뜻이다.

179 宜 : 『서산문집(西山文集)』에는 '賓'로 되어 있다.

180 어릴 때에 바름을 기름 : 『주역』, 「몽괘(蒙卦)」에 나오는 말이다. "어릴 때에 바름을 기르는 것이 배움에 지극히 좋은 것이다.(養正於蒙, 學之至善也.)"

37

경과 의를 함께 중시해야 한다 敬義齋銘[181]

진덕수 眞德秀

오직 곤괘 육이효는 그 덕이 곧고 방정하니[182]

군자가 그것을 체득하면 도를 항상 행할 수 있으리라.

惟坤六二는 其德直方하니
유 곤 육 이 　 기 덕 직 방

君子體之하면 爲道有常이리라.
군 자 체 지 　 위 도 유 상

안으로 마음을 세우는 데는 곧음 이것이 정말 귀하니,

오직 공경하면 곧아져서 한쪽으로 치우치지 않으리라.

內而立心엔 曰直是貴니
내 이 입 심 　 왈 직 시 귀

維[183]敬則直하여 不偏以陂이라.
유 경 즉 직 　 불 편 이 피

밖으로 일을 마름질 하는 데는 방정함이 마땅하니

오직 의로우면 방정해져서 그 베풂이 각각 마땅하다오.

181 『서산문집(西山文集)』에 나온다.

182 그 덕이 곧고 방정하니 : 『주역』 「곤괘(坤卦)」에 보인다. “육이(六二)는 곧고 방정하고 위대하다. 익히지 않아도 이롭지 않음이 없다.(六二, 直方大, 不習, 无不利.)”

183 維 : 『서산문집(西山文集)』에는 ‘惟’로 되어 있다.

外而制事엔 曰方是宜니
외 이 제 사　 왈 방 시 의

惟義則方하여 各當其施하리라.
유 의 즉 방　 각 당 기 시

경[184]이란 무엇인가? 오직 마음의 하나 됨[185]을 주로 함이니
두려운 듯 스스로 경을 유지하면 신명이 곁에 있게 된다.

曰敬伊何오? 惟主乎一이니
왈 경 이 하　 유 주 호 일

凜然自持하면 神明在側이라.
늠 연 자 지　 신 명 재 측

의란 무엇인가? 오직 천리를 따름이니
이해득실의 사사로운 마음으로 진실을 어지럽히지 말아라.

曰義伊何오? 惟理是循이니
왈 의 이 하　 유 리 시 순

利害之私로 罔汩其眞하라.
이 해 지 사　 망 골 기 진

고요할 때 보존하여 기르면 마음에 주인이 있어

184 경 : 『서경』에서 흠(欽)이라고 했고, 이정(二程) 이전에는 정(靜)을 중시했는데, 이정이 불교의 정(靜)과 구별하기 위해서 경(敬)을 중시하게 되었다.(『二程遺書』 권 18. "纔說靜, 便入於釋氏之說也. 不用靜字, 只用敬字.")

185 하나 됨 : 『통서(通書)』. "성인을 배울 수 있습니까?" "배울 수 있다." "요점이 있습니까?" "있다." "물음에 대한 답변을 청합니다." "하나로 요약되니 하나라는 것은 무욕이다. 무욕하면 정허동직하니 고요할 때 텅 비면 밝고 밝으면 통하며 움직일 때 곧으면 공변되고 공변되면 넓어진다. 밝아 통하고 공변되어 넓어지면 성인에 가깝다.(聖可學乎? 曰可. 有要乎? 曰有. 請問焉. 曰一爲要, 一者, 無欲也. 無欲則靜虛動直, 靜虛則明, 明則通, 動直則公, 公則溥, 明通公溥, 庶矣乎.)" 또 주일(主一)을 '무엇에의 집중'이라고 표현하기도 한다.

움직이며 수작을 할 때에 법도에 맞지 않음이 없도다.

靜而存養하면 中則有主하야
정 이 존 양 　 중 즉 유 주

動而酬酌할세 莫不中矩리라.
동 이 수 작 　 막 불 중 구

위대하여라 경이여! 한 마음의 제방(堤防)이며,

지극하여라 의여! 만사의 벼리로다.

大哉敬乎여! 一心之方[186]이며
대 재 경 호 　 일 심 지 방

至哉義乎여! 萬事之綱이로다.
지 재 의 호 　 만 사 지 강

경과 의를 함께 지녀 의심하지 않고 잘못되지 않으면

겉과 속이 환하게 트여 위로 하늘의 덕에 도달하리라.

敬義夾持하여 不二不忒하면
경 의 협 지 　 불 이 불 특

表裏洞然하여 上達天德하리라.
표 리 통 연 　 상 달 천 덕

옛날 현철한 임금은 스승[187]에게 자문하니

『단서』[188]의 가르침을 스승이 서쪽을 보며 진술하였다네.[189]

186 方 : 『서산문집(西山文集)』에는 '坊'으로 되어 있다.

187 스승 : 원문은 '師保'이다. 임금이나 세자의 스승인 태사(太師)·태보(太輔)·소사(少師)·소보(少保)를 합하여 부르는 말이다. 『한국고전용어사전』, 세종대왕기념사업회, 2001.

188 『단서』 : 주나라 무왕(周武王)이 즉위한 처음에 태사(太師)인 태공망(太公望)이 무왕에게 『단서(丹書)』를 올렸는데, 거기에 "공경이 게으름을 이기면 길하고, 게으름이 공경을 이기면 멸망하며, 의리가 욕심을 이기면 순조롭고, 욕심이 의리를 이기면 흉하다.(敬勝怠者吉, 怠勝敬者滅, 義勝欲者從, 欲勝義者凶.)"라고 한 데서 온 말이다.

昔有哲王이 師保是詢하니
석 유 철 왕 사 보 시 순

丹書有訓을 西面以陳하니라.
단 서 유 훈 서 면 이 진

경과 게으름이 나누어지고 의와 욕이 상대가 되니

하나가 자라면 하나가 소멸되어 화와 복이 여기에 있게 되리라.

敬與怠分하고 義與欲對하니
경 여 태 분 의 여 욕 대

一長一消하여 禍福斯在리라.
일 장 일 소 화 복 사 재

태만한 마음이 싹트면 순식간에 어두워지고

욕심이 왕성하면 방탕하게 미처 날뛰게 되리라.

怠心之萌이면 闒焉沈昏하고
태 심 지 맹 탑 언 침 혼

欲心之熾면 蕩乎狂奔하리라.
욕 심 지 치 탕 호 광 분

오직 이 두 단서가 덕을 망치는 도적이니[190]

반드시 계책을 크게 세워 도적을 이기듯이 해야 하리라.

惟此二端은 敗德之賊이니
유 차 이 단 패 덕 지 적

必壯乃猷하여 如敵斯克하리라.
필 장 내 유 여 적 사 극

189 서쪽을 보며 진술하였다네 : 정사를 볼 때는 임금은 북쪽에 있어 신하가 북면하고 손님을 맞이할 때는 임금은 동쪽에 있어 신하가 동면하는데 임금에게 가르칠 때는 반대로 임금이 서쪽에 있고 스승은 동쪽에서 서면하게 된다.

190 덕을 망치는 도적이니 : 『논어』「양화(陽貨)」에 보인다. "공자께서 말씀하셨다. '향원은 덕의 적이다.'(子曰, 鄕原, 德之賊也.)" 주자주(朱子註). "향(鄕)은 비속(鄙俗)의 뜻이다."

태만과 욕심이 사라지고 나면 경과 의가 보존되니

곧고 방정함의 덕이 커져서[191] 땅의 덕에 부합되리라.

怠欲既泯하면 敬義斯存하니
태 욕 기 민 경 의 사 존

直方以大하여 協德于坤이리라.
직 방 이 대 협 덕 우 곤

한 생각이 조금만 어긋나면 이 경의재의 편액을 볼지어다.

엄한 스승이 앞에 있어 게으르지 말라고 영원히 가르칠 것이다.

一念小差면 眂[192]此齋扁하라
일 념 소 차 시 차 재 편

嚴師在前하여 永詔無倦하리라.
엄 사 재 전 영 조 무 권

191 곧고……커져서 : 『주역』 「곤괘(坤卦) 문언전」에 보인다. "군자는 경하여 내면을 곧게 하고 의하여 외면을 바르게 한다.(君子, 敬以直內, 義以方外.)"

192 眂 : 『서산문집(西山文集)』에는 '視'로 되어 있다.

38

장식의 공경하라 敬齋銘[193]

장식 張栻

하늘이 이 사람을 낳아[194] 양심이 이미 있으니

성인과 어리석은 사람이 어찌 다른가? 공경과 방자함에서 나누어졌도다.

天生斯人하여 良心卽[195]存이니
천생사인 양심즉 존

聖愚曷異리요 敬肆是分이로다.
성우갈이 경사시분

만 가지로 변하는 일은 심군이 통솔해야 한다.

그 마음의 벼리가 무너지면 심군이 없어져 실타래처럼 어지럽게

193 공경하라 : 『남헌집(南軒集)』 권36. "건도 4년(1168)에 건안 땅의 유공이 추정(추밀원)에서 예장 땅에 태수가 되었다. 일을 보는 사무실 옆에 방을 만들어 아침저녁으로 편안하게 거처하는 곳인데 편액을 경재라고 하였다. 광한땅의 장식이 듣고 감탄하여 말하기를 '공의 뜻이 원대하다. 무릇 경이란 마음을 자리잡게 하는 요체이고 성학의 연원인데 감히 명을 지어 공의 뜻을 넓히고자 한다. 명에 말하기를'(乾道四年, 建安劉公, 自樞庭, 出鎭豫章. 闢室于聽事之側, 朝夕燕處, 扁曰敬齋, 廣漢張某, 聞而歎曰, 公之志遠矣, 夫敬者, 宅心之要, 而聖學之淵源也, 敢爲之銘, 以廣公意, 銘曰)"

194 하늘이……낳아 : 『시경』, 「대아(大雅) 증민(烝民)」. "하늘이 여러 백성을 내시니 사물이 있음에 법이 있도다. 백성이 떳떳한 성품을 갖고 있는지라 이 아름다운 덕을 좋아하도다.(天生烝民, 有物有則, 民之秉彛, 好是懿德.)"

195 卽 : 『남헌집』에는 '則'으로 되어 있다.

된다.

事有萬變을 統乎心君이라
사 유 만 변 　 통 호 심 군

一頹其綱이면 泯焉絲棼하리라.
일 퇴 기 강 　 민 언 사 분

예로부터 선현은 경으로써 자기를 닦아[196]

그 몸을 잘 지켜 떳떳한 성을 따르고 보전했다.

自昔先民은 脩[197]己以敬하야
자 석 선 민 　 수 　 기 이 경

克持其身[198]하여 順保常性이라.
극 지 기 신 　 순 보 상 성

경은 더할 것이 없으니 오직 이것을 주로 함이라.

엷은 얼음을 밟는 듯 깊은 못에 임한 듯이 하면[199] 그 천리에 어

196 경으로써 자기를 닦아 : 『논어』 「헌문(憲問)」. "자로가 군자에 대하여 물으니, 공자께서 '경(敬)으로써 몸을 닦는 것이다.' 하셨다. 〈자로가〉'이와 같을 뿐입니까?' 하자, '몸을 닦아서 사람을 편안하게 하는 것이다.' 하고 대답하셨다. 다시 '이와 같을 뿐입니까?' 하고 묻자, 다음과 같이 말씀하셨다. '몸을 닦아서 백성을 편안하게 하는 것이니, 몸을 닦아서 백성을 편안하게 함은 요순께서도 오히려 부족하게 여기셨다.' (子路問君子, 子曰, 修己以敬. 曰, 如斯而已乎, 曰, 修己以安人. 曰, 如斯而已乎, 曰, 修己以安百姓. 修己以安百姓, 堯舜其猶病諸.)"

197 脩 : '修'와 같다.

198 身 : 『남헌집』에는 '心'으로 되어 있다.

199 엷은……하면 : 『시경』 「소아(小雅) 소민(小旻)」. "감히 범을 맨손으로 잡지 못함과 감히 황하(黃河)를 맨몸으로 건너지 못함을, 사람들은 그 한 가지만 알고 그 다른 것은 알지 못하도다. 두려워하고 조심하여 깊은 못에 임하듯이 하며 엷은 얼음을 밟듯이 하노라.(不敢暴虎, 不敢馮河, 人知其一, 莫知其他, 戰戰兢兢, 如臨深淵, 如履薄冰.)" 『논어』 「태백(泰伯)」 제3장에서는 증자가 제자들에게 자신의 몸을 잘 보전

듭지 않으리라.

敬匪有加하니 惟主乎是라.
경 비 유 가 유 주 호 시

履薄臨深하면 不昧厥理리라.
이 박 임 심 불 매 궐 리

일이 이르면 천리가 드러나 그 응함이 산울림과 같으나

실상은 우뚝하여 사태에 따라 끌려가지 않는다.

事至理形하여 其應若響이나
사 지 리 형 기 응 약 향

而實卓然하여 不與俱往이라.
이 실 탁 연 불 여 구 왕

동과 정에 어긋나지 않고 체와 용이 어그러지지 않으니

오직 경을 공부하면 하늘의 덕에 화합하리라.

動靜不違하고 體用無忒이니
동 정 불 위 체 용 무 특

惟敬之功이면 協于天德이리라.
유 경 지 공 협 우 천 덕

아, 너 군자여! 공경하고 공경하라.

힘을 씀이 오래되면 오직 스스로 알게 되리라.

嗟爾君子여! 敬之敬之하라.
차 이 군 자 경 지 경 지

用力之久면 其惟自知리라.
용 력 지 구 기 유 자 지

어렵다고 꺼려서 혹 게으르거나 허둥대지 말고

또한 박절하게 해서 중단하지 말라.

하기 위해 경계한 모습으로 이 부분을 인용하였다.

勿憚其艱하야 而或怠遑하며
물탄기간 이혹태황

亦勿迫切하여 而以不常하라.
역물박절 이이불상

처사접물(處事接物)[200]할 때 소홀히 하지 않고 내 생각을 정밀하게 하여

그 발하는 마음을 관찰하면 은미한 이치와 만나리라.

毋忽事物하고 必精吾思하여
무홀사물 필정오사

察其所發하면 以會于微리라.
찰기소발 이회우미

분노와 욕심의 싹은 그 원천을 막아야 하니

잘못이 있으면 고치고 선을 보면 옮겨가라.[201]

200 처사접물 : 원문은 '事物'이다. 객관적 대상의 사물이 아니라 처리할 일과 접하는 사람을 뜻한다. 주자는 처사(處事)의 요체를 "그 옳은 것을 올바르게 하고 그 이로움을 도모하지 않으며, 그 도를 밝히고 그 공을 헤아리지 않는다."라고 하고 접물(接物)의 요체를 "자신이 하고 싶지 않으면 다른 사람에게 베풀지 말아야 한다. 행하고도 얻지 못함이 있으면 반성해서 자기에게 구해야 한다."고 하였다.(『朱子大全』 卷74, 「白鹿洞書院揭示」. "右處事之要. 己所不欲, 勿施於人. 行有不得, 反求諸己. 右接物之要.") 사사물물(事事物物)이라고 쓰이면 객관적 대상을 지칭하지만 사물(事物)이라 쓰이면 처사접물(處事接物)로 해석되어야 한다.

201 선을 보면 옮겨가라 : 『주역』 「복괘(復卦)」 초효(初爻)에 보인다. "「상전(象傳)」에 말하였다. '멀리 가지 않고 돌아옴은 이로써 몸을 닦는 것이다.'(象曰, 不遠之復, 以修身也.) 멀리 가지 않고 돌아옴은 군자(君子)가 몸을 닦는 도(道)이다. 학문(學問)하는 방도는 다른 것이 없다. 오직 불선(不善)임을 알면 빨리 고쳐 선(善)을 따를 뿐이다.(不遠而復者, 君子所以修其身之道也. 學問之道, 无他也, 唯其知不善, 則速改以從善而已.)" 『논어』 「학이(學而)」. "허물이 있으면 고치기를 꺼려하지 말아야 한다.(過則勿憚改.)"

忿慾之萌은 則杜其源하니
분 욕 지 맹 즉 두 기 원

有過斯改하고 見善則遷하라.
유 과 사 개 견 선 즉 천

이것이 천명이니 천명이 몸에서 막히지 않으면

물고기가 뛰놀고 솔개가 날듯이[202] 인이 그 가운데 있게 된다.

是則天命이니 不遏于躬하면
시 즉 천 명 불 알 우 궁

魚躍鳶飛하야 仁在其中이라.
어 약 연 비 인 재 기 중

어느 사이에 얻음이 있게 되지만 배움은 끝이 없으니

이를 데를 알아 이르면 마칠 데를 알아 마치게 되리라.[203]

於焉有得이나 學則不窮이니
어 언 유 득 학 즉 불 궁

知至而至하면 知終而終하리라.
지 지 이 지 지 종 이 종

아, 너 군자여! 경에 머물기를[204] 힘쓰라

202 물고기가 뛰놀고 솔개가 날듯이 : 『시경』 「대아(大雅) 한록(旱麓)」. "솔개는 날아 하늘에 이르거늘 고기는 못에서 뛰놀도다. 화목한 군자(君子)여 어찌 사람을 진작시키지 않으리오.(鳶飛戾天, 魚躍于淵. 豈弟君子, 遐不作人.)"에서 인용되어 천리의 활발한 모습을 표현한다.

203 이를……되리라 : 『주역』 「건괘(乾卦) 문언」 구삼(九三). "이를 데를 알아 이르므로 더불어 기미를 알 수 있고, 마칠 데를 알아 마치므로 더불어 의(義)를 보존할 수 있다.(知至至之, 可與幾也, 知終終之, 可與存義也.)"

204 경에 머물기를 : 『시경』 「대아(大雅) 문왕(文王)」. "목목(穆穆)하신 문왕(文王)이여 아, 경(敬)에 머물기를 계속하여 밝히셨도다(穆穆文王 於緝熙敬止)" 주자주(朱子註). "경지(敬止)는 공경하지 않음이 없어서 머무는 것에 편안함을 말한다.(敬止, 言其無不敬而安所止也)"

나를 이루고 남을 이룸[205]이 두 갈래가 아니니라.

嗟爾君子여! 勉哉敬止하라
차 이 군 자　　면 재 경 지

成己成物이 匪曰二致니라.
성 기 성 물　　비 왈 이 치

책임은 무겁고 길은 멀더라도[206] 그 실마리는 이렇게 가까우니

조금이라도 잘못되면 그 잘못이 천리로 벌어질 것이다.

任重道遠이라도 其端伊邇니
임 중 도 원　　기 단 이 이

毫釐有差면 繆則千里리라.
호 리 유 차　　무 즉 천 리

건안공[207]이 스스로 옛 뜻에 힘쓰니

205 나를 이루고 남을 이룸 : 『중용』 제25장. "성(誠)은 스스로 자기만을 이룰 뿐이 아니요. 남을 이루어 주니, 자기를 이룸은 인(仁)이요, 남을 이루어 줌은 지(智)이다. 이는 성(性)의 덕이니, 내외를 합한 도이다. 그러므로 때로 둠에 마땅한 것이다.(誠者, 非自成己而已也, 所以成物也, 成己仁也, 成物知也, 性之德也, 合內外之道也, 故時措之宜也.)"

206 책임은 무겁고 길은 멀더라도 : 『논어』 「태백(泰伯)」. "증자가 말씀하였다. 선비는 도량이 넓고 뜻이 굳세지 않으면 안 된다. 책임이 무겁고 길이 멀기 때문이다. 군자는 인으로써 자기의 책임을 삼으니 막중하지 않은가? 죽은 뒤에야 끝나는 것이니 멀지 않은가?(曾子曰, 士不可以不弘毅, 任重而道遠. 仁以爲己任, 不亦重乎, 死而後已, 不亦遠乎.)"

207 건안공 : 『주자전서』 「병산선생유공묘표(屛山先生劉公墓表)」에 "서부(西府)의 건안공(建安公)이 편지를 보내와서 말하기를 숙부(叔父)의 묘(墓)가 알아볼 수 없을 정도이니 이는 공(珙)에게 책임(責任)이 있습니다라고 하였다.(西府建安公亦以書來曰叔父之墓弗識, 珙則與有責焉.)"는 내용으로 한번 언급된다. 병산(屛山) 유언충(劉彦冲)선생은 주자의 아버지가 유언으로 찾아가서 배우라고 했던 세분의 학자(籍溪 胡憲, 白水 劉勉之, 屛山 劉子翬) 중 한사람으로서 주자는 병산선생께서 돌아가실 때

나는 명을 지어 동지를 그리노라.

惟建安公이 自力古義하니
유건안공 자력고의

我作銘詩하여 以諗同志하리라.
아작명시 이심동지

까지 수학했다. 언충은 병산의 자(字)이다. 건안공은 병산선생을 숙부라 칭하는 것을 보아 병산선생의 조카인 유공(劉珙)이다.

39

마음이 하나 됨을 주로하다 主一齋銘[208]

장식 張栻

인간의 마음이 하나로 되면 어찌 위험하리오?

나누어지면 백가지가 되고 달리게 되면 천 가지가 된다.

人之心이 一何危리오?
인 지 심 일 하 위

紛百慮하고 走千岐라.
분 백 려 주 천 기

군자는 자신을 잘 유지하여

의관을 바르게 하고[209] 위엄스런 모습을 갖춘다.[210]

208 마음이 하나 됨을 주로하다 : 『남헌집』 권36. "성도에 사는 범문숙이 주일이란 이름으로 재명을 썼으니 내가 그 뜻을 기쁘게 여겨 명을 지어 이것에 힘쓰노라.(成都范文叔, 以主一名齋, 予嘉其志, 爲銘以勉之.)"

209 의관을 바르게 하고 : 『논어』 「요왈(堯曰)」. "자장이 정사를 묻자 공자께서 오미에 관해서 설명하시면서 '군자는 의관을 바르게 하며 봄을 존엄히 하여 엄숙해서 사람들이 바라보고 스스로 두려워하니, 이 위엄스러우면서도 사납지 않은 것이 아니겠는가.'(君子正其衣冠, 尊其瞻視, 儼然人望而畏之, 斯不亦威而不猛乎.)" 『성학십도(聖學十圖)』 「경재잠(敬齋箴)」. "의관을 바르게 하고 시선을 존엄하게 하고, 마음을 가라앉혀 상제를 마주 모신 듯이 하라.(正其衣冠, 尊其瞻視, 潛心以居, 對越上帝.)"

210 위엄스런 모습을 갖춘다 : 『서경』 「주서(周書) 고명(顧命)」. "생각하건대 사람은 스스로 위의를 다스려야 하니, 너희들은 소를 데리고 나쁜 기미에 무릅쓰고 나아가지 말라.(思夫人, 自亂于威儀, 爾無以釗, 冒貢于非幾.)에 대한 주(註). "위(威)는 위엄이

惟君子는 克自持하여
유군자 극자지

正衣冠하고 攝威儀라.
정의관 섭위의

고요하게 마음을 정돈하고[211] 깊이 생각하는 것처럼 엄숙하여
마음이 하나 됨을 주로 한다면 다시 어디로 가겠는가?

澹以整하고 儼若思하여
담이정 엄약사

主于一하면 復何之리오?
주우일 부하지

외물이 오면 그 기미를 살피고
전일하게 응하면 외물이 마음을 바꾸지 못한다.

事物來하면 審[212]其幾하고
사물래 심기기

應以專하여 匪可移리라.
응이전 비가이

천리가 나에게 있으니 어찌 저것을 따르리오?
오래토록 쌓으면 그 은미한 도를 밝힐 수 있을 것이다.

理在我니 寧彼隨리오.
리재아 녕피수

있어 두려울 만한 것이요, 의(儀)는 예의가 있어 본받을 만한 것이니, 한 몸의 법칙을 들어 말한 것이다.(威者, 有威可畏, 儀者, 有儀可象, 擧一身之則而言也.)"

211 고요하게 마음을 정돈하고 : 남송시대 진백(陳伯)이 지은 잠에 나오는 내용으로 훗날 퇴계가 『성학십도』「숙흥야매잠도(夙興夜寐箴圖)」에 실는다. "닭이 울 때 깨어나면 생각이 차츰 달리기 시작하니, 어찌 그 사이에 마음을 고요히 하여 생각을 정돈하지 않을 수 있겠는가!(雞鳴而寤, 思慮漸馳, 盍於其間, 澹以整之.)"

212 審 : 『남헌집』에는 '當'으로 되어 있다.

積之久하면 昭厥微리라.
적 지 구 소 궐 미

고요할 때 치우치지 않고 움직일 때에 어기지 말아라.

아, 힘쓸지어다! 가깝고 낮은 데서부터 하라.

靜不偏하고 動靡違하라 嗟勉哉라! 自邇卑하라.
정 불 편 동 미 위 차 면 재 자 이 비

바꾸지 말고 날마다 여기에 있게 하라.

惟勿替하고 日在玆하라.
유 물 체 일 재 자

40

글자를 쓸 때의 마음가짐 書字銘[213]

주희 朱熹

붓 자루를 쥐어 붓끝을 적시고 종이를 펴서 글씨를 쓸 때 그 마음을 한결같이 집중해서 점을 점답게 획을 획답게 하라.

握管濡毫[214]하고 伸紙行墨할세
악관유호 신지행묵

一在其中하여 點點畫畫하라.
일재기중 점점획획

마음을 놓아 버리면 거칠어지고 곱게 쓰려고 하면 정신이 미혹되니,

반드시 그것에 대한 일삼음이 있으면[215] 그 덕이 신령하게 밝

213 글자를 쓸 때의 마음가짐 : 『주자전서』 권85. "명도선생은 '나는 글자를 쓸 때에 매우 경건했는데 이는 글자를 보기 좋게 쓰기 위한 것이 아니라 단지 이렇게 경건하게 글씨를 쓰는 것이 배움이기 때문이었다.'라고 말했다.(明道先生曰, 某書字, 時甚敬, 非是要字好, 只此是學.)"

214 毫 : 『주자전서』에는 '豪'로 되어 있다. '毫'와 통용되는 자이다.

215 반드시……있으면 : 『맹자』 「공손추(公孫丑) 상」에 보인다. "반드시 그것을 위해 노력하되, 효과를 미리 기대하지 말고, 마음에 잊지도 말며 억지로 조장하지도 말라. 송나라 사람과 같이 하지 말지어다. 송나라 사람 중에 벼싹이 자라지 못함을 안타깝게 여겨 뽑아놓은 자가 있었다. 그는 피곤한 모습으로 돌아와서 집안사람들에게 말하기를 '오늘 나는 매우 피곤하다. 내가 벼싹이 자라도록 도왔다.' 하자, 그 아들이 달려가서 보았더니, 벼싹은 말라 있었다. 천하에 벼싹이 자라도록 억지로 조장하지

아지리라.

放意則荒하고 **取姸則惑**하니
방의즉황 취연즉혹

必有事焉하면 **神明厥德**하리라.
필유사언 신명궐덕

않는 자가 적으니, 유익함이 없다 해서 버려두는 자는 비유하면 벼싹을 김매지 않는 자요 억지로 조장하는 자는 벼싹을 뽑아놓는 자이니, 이는 비단 유익함이 없을 뿐만 아니라, 도리어 해치는 것이다.(必有事焉而揠勿正, 心勿忘, 勿助長也. 無若宋人然. 宋人有閔其苗之不長而之者, 芒芒然歸, 謂其人曰, 今日病矣, 予助苗長矣. 其子趨而往視之, 苗則槁矣. 天下之不助苗長者寡矣, 以爲無益而舍之者, 不耘苗者也, 助之長者, 揠苗者也, 非徒無益, 而又害之.)”

41

자신의 금琴에 새기다 紫陽琴銘[216]

주희 朱熹

그대 중화의 바른 본성을 기르고,

그대 분욕의 삿된 마음을 막아라.

養君中和之正性하고
양 군 중 화 지 정 성

禁爾忿慾[217]之邪心하라.
금 이 분 욕 지 사 심

하늘과 땅은 말이 없지만 만물에는 법칙이 있으니,[218]

나는 그대와 함께 그 깊이를 찾으려 하노라.[219]

乾坤無言物有則하니
건 곤 무 언 물 유 칙

我欲[220]與子鉤其深하노라.
아 욕 여 자 구 기 심

216 『주희집』 권85-20에 나온다.

217 慾 : 『주희집(朱熹集)』(7)(四川教育出版社, 1996), 4374쪽에는 '欲'으로 되어 있다.

218 하늘과……있으니 : 퇴계는 「화자중한거이십영(和子中閒居二十詠)」 가운데 '상화(賞花)'라는 시에서, "천지가 말없이 절로 봄을 머금었네.(乾坤不語自含春.)"라고 하였다.

219 그대와……하노라 : 『주역』 「계사(繫辭) 상」. "복잡한 것을 고찰하고 숨은 것을 찾으며, 깊은 것을 찾고 먼 것을 이루어 천하의 길흉을 정한다."

220 欲 : 『주희집(朱熹集)』(7), 4374쪽에는 '獨'으로 되어 있다.

42

창에 새기다 窓銘[221]

주희 朱熹

말할 때는 삼갈 것을 생각하고,

행동할 때는 넘어질 것을 생각하며

잘못했을 때는 버릴 것을 생각해라.

221 창에 새기다 : 『주희집』 권85-23에 나온다. 율곡은 『격몽요결(擊蒙要訣)』(1577)의 '지신(持身)'장에서, '구용(九容)'과 '구사(九思)'를 말하였다. "자기 몸을 가다듬고 수습하는 데 있어서 '구용'보다 절실한 것은 없으며, 학문을 진보시키고 지혜를 더하기 위해 '구사'보다 절실한 것은 없다. 소위 '구용'이라는 것은, 발은 무겁게 놀리고, 손은 공손히 두어야 한다. 눈은 단정히 떠야 한다. 입은 다물고 있어야 한다. 목소리는 조용히 내어야 한다. 머리는 곧게 가져야 한다. 기운은 엄숙하게 가져야 한다. 서있는 자세는 덕이 있게 보여야 한다. 얼굴빛은 씩씩하게 가져야 한다. '구사'라는 것은 물건을 볼 때는 밝게 보려 생각하라. 들을 때는 귀밝은 것을 생각하라. 얼굴빛은 온화할 것을 생각하라. 용모는 공손할 것을 생각하라. 말할 때는 참됨을 생각하라. 일할 때는 경건하게 하라. 의문이 나는 일은 다른 사람에게 질문할 것을 생각하라. 화가 날 때는 곤란할 것을 생각하라. 얻는 것이 있으면 옳은 일인가를 생각하라. 위의 구용과 구사를 항상 마음속에 두고 자기 몸을 살피라. 한 시라도 그대로 내버려두지 말고, 자기의 자리 옆에 써 붙여놓고 때때로 이것을 눈여겨 보도록 하라.(收斂身心, 莫切於九容, 進學益智, 莫切於九思. 所謂九容者, 足容重, 手容恭, 目容端, 口容止, 聲容靜, 頭容直, 氣容肅, 立容德, 色容莊. 所謂九思者, 視思明, 聽思聰, 色思溫, 貌思恭, 言思忠, 事思敬, 疑思問, 忿思難, 見得思義. 常以九容九思, 存於心而檢其身. 不可頃刻放捨, 且書諸座隅, 時時寓目.)"

言思毖하고
언 사 비

動思躓하며
동 사 질

過思棄하라.
과 사 기

그대의 몸가짐을 단정하게 하고

그대의 용모를 바르게 하며

그대의 마음을 전일하게 해라.

端爾躬하고
단 이 궁

正爾容하며
정 이 용

一爾衷하라.
일 이 충

43

초상화에 쓰다 寫照銘[222]

주희 朱熹

그대의 몸가짐은 단정하게 하고, 그대의 용모는 엄숙하게 하고,

端爾躬하고 肅爾容하고
단 이 궁 숙 이 용

외면을 단속해서 그 마음을 전일하게 해라.

檢於外하여 一其中하라.
검 어 외 일 기 중

처음에 힘쓰되 그 끝을 이루고,

力於始하대 遂其終하고
력 어 시 수 기 종

요체를 잡아 무궁토록 보전해라.

操有要하여 保無窮하라.
조 유 요 보 무 궁

222 초상화에 쓰다 : 『주희집』 권85-24에 나온다. "건도(乾道) 9년 계사(癸巳, 1173) 내가 44세였는데 용모와 머리털이 이미 이처럼 빠지고 초췌하였다. 그러나 몸을 수양해서 이 생을 마칠 뿐이요. 다른 생각은 없다. 복당(福唐) 씨가 나를 위해 초상화를 그려주었다. 이에 명을 지어 스스로를 경계한다.(乾道九年, 歲在癸巳, 予年四十有四, 而容髮凋悴, 遽已如此, 然亦將修身以畢此生而已, 無他念也. 福唐元, 爲予寫照, 因銘自戒.)" 『회암집』 권85에는 "福唐元"이어서 여기에 따랐다.

44

주희의 공경하라 敬齋箴[223]

주희 朱熹

그 의관을 바르게 하고, 그 시선을 존엄하게 하며,

마음을 가라앉히고 머물면서, 상제를 모신 것처럼 하라.

正其衣冠하고 尊其瞻視하며
정 기 의 관　　존 기 첨 시

潛心以居하여 對越上帝하라.
잠 심 이 거　　대 월 상 제

걸음걸이는 무겁게 하고, 손가짐은 공손하게 하며,

223 주희의 공경하라 : 이 잠(箴)은 『주희집(朱熹集)』(7)(四川教育出版社, 1996), 4377쪽에 있으며, 『주자어류(朱子語類)』(7) 105권(中華書局, 1994), 2634~2635쪽에도 이 잠(箴)에 대한 문답이 있다. 그리고 『심경부주(心經附註)』와 『성학십도(聖學十圖)』에도 있다. 장경부의 '주일잠(主一箴)'을 읽고 그가 남긴 뜻을 주워 모아, '경재잠(敬齋箴)'을 지어 서재의 벽에 쓰고, 스스로 경계한다.(讀張敬夫「主一箴」, 掇其遺, 作「敬齋箴」, 書齋壁以自警云.) 이 잠(箴)에 대하여 오징(吳澄, 1249-1333)은 다음과 같이 말하였다. "잠은 모두 10장인데 각장은 4구이다. 1장은 고요할 때 어기지 않는 것이고, 2장은 움직일 때 어기지 않는 것이다. 3장은 겉이 바른 것이며, 4장은 속이 바른 것이다. 5장은 마음이 바르게 되어 일에 미치는 것이며, 6장은 일을 전일하게 하되 마음에 근본한 것이다. 7장은 앞의 6장을 총괄한다. 8장은 마음이 흐트러짐이 없게 되지 못하는 병통을 말하였다. 9장은 일을 전일하게 하지 못하는 병통을 말하였다. 10장은 전체를 총괄하여 매듭지었다. (箴凡十章, 章四句. 一言靜無違, 二言動無違, 三言表之正, 四言裏之正, 五言心之正而達於事, 六言事之主一而本於心, 七總前六章, 八言心不能無適之病, 九言事不能主一之病, 十總結一篇.)"

땅을 골라 밟으며 개미둑 사이로 말을 달리는 것처럼 하라.

足容必重하고 手容必恭하며
족용필중 수용필공

擇地而蹈하여 折旋蟻封하라.
택지이도 절선의봉

문을 나가면 손님을 만나는 것처럼 하고, 일을 할 때는 제사를 모시는 것처럼 하며,[224]

두려워하고 조심하여[225] 조금이라도 소홀히 하지 말라.

出門如賓하고 承事如祭하며
출문여빈 승사여제

戰戰兢兢하여 罔敢或易하라.
전전긍긍 망감혹이

병을 막듯 입을 지키고, 성을 지키듯 잡념을 막으며,[226]

성실하고 공경하여[227] 조금이라도 가벼이 하지 말라.

守口如甁하고 防意如城하며
수구여병 방의여성

224 문을……하며 : 『논어』 「안연(顔淵)」. "집 밖을 나가면 큰 손님을 본 것처럼 하고, 백성을 부릴 때는 큰 제사를 받드는 것처럼 한다.(出門如見大賓, 使民如承大祭.)"

225 두려워하고 조심하여 : 『시경』 「소아(小雅) 소민(小旻)」. "두려워 삼가는 것을 깊은 못에 가깝게 가는 것처럼 하고, 엷은 얼음을 밟고 가는 것처럼 하네.(戰戰兢兢, 如臨深淵, 如履薄氷.)"

226 병을……막으며 : 『주자어류(朱子語類)』(7), 2634쪽에서는 "守口如甁, 不妄出也, 防意如城 閑邪之入也."라고 하였다.

227 성실하고 공경하여 : 『예기』 「제의(祭義)」. "효자는 구슬을 잡은 것처럼 물이 든 그릇을 든 것처럼, 삼가고 공경하여 주체하기 어려운 것처럼 잃어버리지 않으려는 것처럼 한다.(孝子如執玉如奉盈, 洞洞燭燭然如不勝如將失之.)"

洞洞屬屬하여 毋[228]敢或輕하라.
동동촉촉 무 감혹경

마음을 동쪽으로 갔다 서쪽으로 갔다 하지 말며, 남쪽으로 갔다 북쪽으로 갔다 하지 말고,[229]
일을 만나 마음을 잘 보존하여 다른 곳으로 가게 하지 말라.

不東以西하며 不南以北하고
부동이서 불남이북

當事而存하여 靡他其適하라.
당사이존 미타기적

두 가지 일이라고 마음을 둘로 나누지 말고, 세 가지 일이라고 마음을 셋으로 나누지 말며,
마음을 전일하게 하여 여러 변화를 잘 살펴라.[230]

勿[231]貳以二하고 勿[232]參以三하며
물 이이이 물 삼이삼

惟心惟一[233]하여 萬變是監하라.
유심유일 만변시감

228 毋 : 『주희집(朱熹集)』(7)에는 '罔'으로 되어 있다.

229 마음을……말고 : 이 부분에 대한 번역은 다음과 같다. "마음을 동쪽으로 갔다 서쪽으로 갔다 하지 말며, 남쪽으로 갔다 북쪽으로 갔다 하지 말고"(이광호 옮김, 개정판 성학십도, 112쪽), "서쪽 일을 동쪽으로 처리하지 말며, 북쪽 일을 남쪽으로 처리하지 말라"(국역 심경주해총람, 동과서, 1165쪽), "동쪽으로 가다가 서쪽으로 가려 하지 말고, 남쪽으로 가다가 북쪽으로 가려 하지 말아서"(성백효 역주, 心經附註, 전통문화연구회, 370쪽)

230 두 가지……살펴라. : 『주자어류(朱子語類)』(7), 2635쪽에서는 "勿貳以二, 勿參以三, 是不要二三, 不東以西, 不南以北 是不要走作."이라고 하였다.

231 勿 : 『주희집(朱熹集)』(7)에는 '弗'로 되어 있다.

232 勿 : 『주희집(朱熹集)』(7)에는 '弗'로 되어 있다.

이것에 종사함을 경(敬)을 지킨다고 하니,

움직일 때나 고요할 때나 어기지 말고, 겉과 속을 서로 바르게 하라.

從事於斯를 是曰持敬이니
종 사 어 사 시 왈 지 경

動靜弗違하고 表裏交正하라.
동 정 불 위 표 리 교 정

짧은 시간이라도 끊어짐이 있으면 사욕이 만 가지로 일어나,

불이 없어도 뜨거워지고 얼음이 없어도 차가워진다.

須臾有間이면 私欲萬端하여
수 유 유 간 사 욕 만 단

不火而熱하고 不冰而寒이라.
불 화 이 열 불 빙 이 한

털끝만큼이라도 어긋남이 있으면 하늘과 땅이 바뀌게 되니,

삼강(三綱)[234]이 무너지게 되고 구법(九法)[235]이 썩게 된다.

233 惟心惟一 : 『주희집(朱熹集)』(7)에는 '惟精惟一'로 되어 있는데, 『심경부주(心經附註)』와 『성학십도(聖學十圖)』에는 '惟心惟一'로 되어 있다.

234 삼강(三綱) : 임금은 신하의 벼리가 되고(君爲臣綱), 아버지는 아들의 벼리가 되며(父爲子綱), 남편은 아내의 벼리가 된다(夫爲婦綱)는 것을 삼강(三綱)이라고 한다.

235 구법(九法) : 『서경』 「주서(周書)」에 있는 '홍범구주(洪範九疇)'를 가리키는데, 주(周)를 통일한 무왕(武王)이 기자(箕子)를 방문하였을 때 이것을 주었다고 한다. 첫째는 오행(五行), 둘째는 오사(五事)를 공경스럽게 실행하는 것, 셋째는 팔정(八政)을 잘 시행하는 것, 넷째는 오기(五紀)를 조화롭게 시행하는 것, 다섯째는 황극(皇極)을 세우는 것, 여섯째는 삼덕(三德)으로 잘 다스리는 것, 일곱째는 의심스러운 일을 잘 밝히는 것, 여덟째는 여러 가지 징조를 잘 생각하는 것, 아홉째는 오복(五福)으로 따르게 하고, 육극(六極)으로 위엄을 떨치는 것이다.

毫釐有差면 天壤易處니
호 리 유 차 천 양 역 처

三綱旣淪하고 九法亦斁라.
삼 강 기 륜 구 법 역 두

오호, 아이들이여! 잘 생각하고 조심해라.

먹(墨)으로 써서 경계를 삼아, 마음에 고하노라.

嗚呼小子여! 念哉敬哉하라.
오 호 소 자 염 재 경 재

墨卿司戒하여 敢告靈臺하노라.
묵 경 사 계 감 고 영 대

45

숨 쉬는 것에 관하여 調息箴[236]

주희 朱熹

코끝에 흰 것이 있는데 나는 그것을 보며,

언제 어디서나 조화롭고[237] 부드럽게 한다.[238]

鼻端有白에 我其觀之하며
비 단 유 백 　 아 기 관 지

隨時隨處하여 容與猗移로다.
수 시 수 처 　 용 여 의 이

고요함이 지극하여 숨을 내쉴 때에는 봄 연못의 물고기처럼 하고, 움직임이 지극하여 숨을 들이쉴 때에는 온갖 벌레가 숨는 것처럼 해라.

靜極而噓에는 如春沼魚하고
정 극 이 허 　 여 춘 소 어

動極而噏[239]에는 如百蟲蟄이라.
동 극 이 흡 　 여 백 충 칩

236 숨 쉬는 것에 관하여 : 『주희집(朱熹集)』(7), 4378쪽에 있다. 이 잠(箴)은 도교의 수련(養生)과도 관련이 깊다. 주희는 1197년(68세)에 『주역참동계고이(周易參同契考異)』라는 책을 지었다.

237 조화롭고 : 원문은 '容與'이다. 쌍성의 의성어로 화락한 모습을 가리킨다.

238 부드럽게 한다 : 원문은 '猗移'이다. 의이(猗移)는 첩운의 의태어로 지극히 순종하는 모습이다.

239 噏 : 『주희집(朱熹集)』(7)에는 '翕'으로 되어 있다.

몸 안에 가득 찬 기운이 열리고 닫히매 그 묘함이 무궁하니,
누가 그것을 맡아서 하는가? 저절로 그러하다네.[240]

氤氳開闔[241]에 **其妙無窮**하니
인온개합 기묘무궁

孰其尸之오? **不宰之功**이로다.
숙기시지 부재지공

구름위에 누워 하늘을 나는 것은 내가 함부로 논할 일이 아니지만,
하나를 지켜 조화로움에 처하면 1200세를 산다네.[242]

雲臥天行은 **非予敢議**이나
운와천행 비여감의

守一處和면 **千二百歲**라네.
수일처화 천이백세

240 누가……그러하다네 : 『노자(老子)』 37장. "도는 늘 아무 것도 하지 않는 것 같지만 하지 않는 것이 없다.(道常無爲而無不爲.)"

241 闔 : 『주희집(朱熹集)』(7)에는 '闢'으로 되어 있다.

242 하나를……산다네 : 『장자(莊子)』 「재유(在宥)」. "나는 그 하나(一)를 지켜 그 조화로움(和)에 처하였다. 그러므로 나는 몸을 닦아 1200세를 살았지만, 나의 형체는 늙지 않았다.(我守其一以處其和, 故我修身千二百歲矣, 吾形未常衰.)"

46

『역易』을 배울 때 경계할 것에 관하여

警學贊[243]

주희 朱熹

역(易)을 읽는 방법[244]은 먼저 그 마음을 바르게 하고,
용모를 엄숙하게 하고 자리를 단정하게 하여 신이 임하신 것처럼 공경스러워야 한다.

讀易之法은, 先正其心하고
독역지법 선정기심

肅容端席하여, 有翼其臨이라.
숙용단석 유익기림

괘(卦)와 효(爻)마다 점을 쳐서 얻은 것처럼 하여,
저 상(象)과 사(辭)를 빌어 나의 의칙(儀則)으로 삼아야 한다.

于卦于爻에 如筮斯得하여
우괘우효 여서사득

假彼象辭하여 爲我儀則이라.
가피상사 위아의칙

243 『역(易)』을……관하여 : 『주역전의대전(周易傳義大全)』 「역오찬(易五贊)」에 나오는 경학찬(警學贊)이다.

244 역(易)을 읽는 방법 : 『주역』은 경(經)과 전(傳)으로 이루어져 있는데, 경(經)은 괘(卦), 괘사(卦辭), 효사(爻辭)로 이루어져 있고, 전(傳)은 십익(十翼)이라고도 하는데 단전(彖傳) 상·하, 상전(象傳) 상·하, 계사전(繫辭傳) 상·하, 문언전(文言傳), 설괘전(說卦傳), 서괘전(序卦傳), 잡괘전(雜卦傳)으로 이루어져 있다.

문자마다 그 뜻을 따르고 구절마다 그 본의를 이해하며,

일은 그 이치를 따르고 뜻은 그 화평함에 맞아야 한다.

字從其訓하고 句逆其情하며
자종기훈 구역기정

事因其理하고 意適其平이라.
사인기리 의적기평

나쁜 것과 좋은 것을 눈으로 보는 듯이 여기며,

멈추고 가는 것을 발로 밟는 듯이 해야 한다.

曰否曰臧을 如目斯見하고
왈비왈장 여목사견

曰止曰行을 如足斯踐이라.
왈지왈행 여족사천

너무 느긋하여 소략하게 하지 말고 너무 빽빽하여 추궁하지 말며,

너무 고집하여 꼭 옳다고 하지 말고 너무 반드시 그렇다고 하여

억지로 통하려고 하지 말라.[245]

毋寬以略하고 毋密以窮하며
무관이략 무밀이궁

毋固而可하고 毋必而通이라.
무고이가 무필이통

평이하고 자연스럽게 겉으로부터 속에 이르러,

관통하게 되면 모든 것이 하나의 이치이다.

平易從容하여 自表而裏하여
평이종용 자표이리

245 너무 느긋하여……하지 말라 : 『논어』「자한(子罕)」. "공자께서는 네 가지를 끊었는데, 사사로운 뜻이 없었고, 기필함이 없었으며, 집착함이 없었고, 이기적인 자아가 없었다.(子絶四, 無意, 無必, 無固, 無我.)"

及其貫之하여는 萬事一理니라.
급 기 관 지 만 사 일 리

천리는 일정하여 실하지만 일이 오면 텅 빔을 숭상하며 작용하여 응하면 비로소 있지만 체는 모두 포함하되 본래 없는 것이다.

理定旣實이나 事來尙虛하며
리 정 기 실 사 래 상 허
用應始有나 體該本無니라.
용 응 시 유 체 해 본 무

실(實)을 헤아려서 허(虛)를 기다리고 체(體)를 보존하여 용(用)에 응하며,
고(古)를 잡아 금(今)을 다스리며 정(靜)으로 말미암아 동(動)을 다스린다.

稽實待虛하고 存體應用하며
계 실 대 허 존 체 응 용
執古御今하며 由靜制動이라.
집 고 어 금 유 정 제 동

정결(靜潔)하고 정미(精微)함을 역(易)이라고 하니,
체득하여 나에게 있으면 동(動)할 때 늘 길(吉)할 것이다.

潔靜精微를 是之謂易이니
결 정 정 미 시 지 위 역
體之在我면 動有常吉이니라.
체 지 재 아 동 유 상 길

옛날 정씨(程氏)[246]가 주(周)나라를 잇고 공자를 이어,[247]

246 정씨(程氏) : 『역전(易傳)』을 쓴 정이천(程伊川, 1033~1107)을 가리킨다.

깊은 뜻과 커다란 강령이 여러 별들이 북극성을 향하는 것처럼 하였다.

在昔程氏가 繼周紹孔하여
재 석 정 씨　계 주 소 공

奥旨宏綱을 星陳極拱이라.
오 지 굉 강　성 진 극 공

오직 이것을 열어주지 아니하고 후인을 기다렸는데,

광간(狂簡)한 소자[248]가 감히 기술하여 펴노라.

惟斯未啓하고 以俟後人하니
유 사 미 계　이 사 후 인

小子狂簡이 敢述而申[249]하노라.
소 자 광 간　감 술 이 신

247 주(周)나라를 잇고 공자를 이어 : 일반적으로 복희(伏羲)가 8괘와 64괘를 그리고, 주(周)나라의 문왕(文王)이 괘사(卦辭)를 쓰고 주공(周公)이 효사(爻辭)를 썼으며, 공자(孔子)가 십익(十翼)을 지었다고 한다.

248 광간(狂簡)한 소자 : 『논어』「공야장(公冶長)」. "공자께서 진나라에 계실 때 말씀하시기를 '돌아가야겠다, 돌아가야겠다. 문인들이 광간(狂簡)하여…(子在陳 曰歸與歸與, 吾黨之小子狂簡….)" 공자(孔子)는 B.C.497년(55세)부터 B.C.484년(68세)까지 약 13년 동안 주유열국(周遊列國)하였는데, 주희는 '광간(狂簡)'에 대하여 "뜻은 크지만 일에는 소략하다.(志大而略於事)"라고 주(註)를 달았다.

249 申 : 『주희집(朱熹集)』(7), 4384쪽에는 '之'자가 있다.

47

『역易』의 복괘를 찬양하다 復卦贊[250]

주희 朱熹

만물은 많고 많으며 그 생함이 다함이 없는데,
누가 그것을 맡아서 하는가? 조화의 공이로다.

萬物職職하여 其生不窮하니
만 물 직 직　　기 생 불 궁
孰其尸之오? 造化爲功[251]이니라.
숙 기 시 지　　조 화 위 공

음은 닫히고 양은 열리며, 한번 고요하고 한번 움직임에,
아, 심원하여 끝이 없구나, 전체와 묘용이여!

陰闔陽開하며 一靜一動하니
음 합 양 개　　일 정 일 동
於穆無彊이로다 全體妙用이여!
오 목 무 강　　전 체 묘 용

어찌 홀로 여기에서는 양은 잠기고 음은 장성한가?
"밝도다, 이것이 천지의 마음이네"라고 말한다네.[252]

250 『역(易)』의 복괘를 찬양하다 : 『주희집(朱熹集)』(7), 4384쪽에 있다. 복괘(復卦, ䷗)는 『주역』의 괘(卦) 가운데 24번째 괘이며, 다섯 개의 음효(陰爻) 아래에 하나의 양효(陽爻)가 있는 괘이다.

251 功 : 『주희집(朱熹集)』(7), 4384쪽에는 '공(工)'으로 되어 있다.

252 밝도다……말한다네 : 복괘(復卦)의 괘사(卦辭)에 "돌아옴에서 그 천지의 마음을

奚獨於斯에 潛陽壯陰가?
해 독 어 사　잠 양 장 음

而曰昭哉라 此天地心이라 한다네.
이 왈 소 재　차 천 지 심

수렴함에 남음이 없게 되면, 이때가 열림의 시작이니,

생명의 싹이 돋아나니, 이 온전한 아름다움을 갖추고 있네.

蓋翕無餘면 斯闢之始니
개 흡 무 여　사 벽 지 시

生意闖然하니 具此全美니라.
생 의 틈 연　구 차 전 미

그것이 사람에게 있으면 본성의 인(仁)이라고 하는데,

마음에 거두어 간직하면 무한한 것을 포괄하네.

其在于人엔 曰性之仁이니
기 재 우 인　왈 성 지 인

斂藏方寸이면 包括無垠이라.
렴 장 방 촌　포 괄 무 은

그 싹이 자라날 때에 측은히 여기니,

이것을 잘 확충하면 온 세상이 그것을 본받게 된다네.[253]

有苗其萌에 有惻[254]其隱이니
유 줄 기 맹　유 측　기 은

본다(復, 其見天地之心乎)"라고 하였다.

253 그 싹이……된다네 :『맹자』「공손추(公孫丑) 상」. "사람에게는 모두 차마 어찌 하지 못하는 마음을 가지고 있다.…무릇 나에게 있는 사단을 모두 확충할 줄 알면 불이 처음 타오르는 것과 같고 샘물이 처음 나오는 것과 같아서, 만약 확충할 수 있으면 인류를 구제할 수도 있지만 만약 확충할 수 없다면 부모조차 섬기기 어려울 것이다.(人皆有不忍人之心.…凡有四端於我者, 知皆擴而充之矣, 若火之始然 泉之始達, 苟能充之, 足以保四海, 苟不充之, 不足以事父母.)"

于以充之면 四海其準이라네.
우 이 충 지　사 해 기 준

오직 이제 지금 이 미묘한 때에

재계하여 몸을 가리고 문을 닫아야 하네.

曰惟茲今의 眇綿之間에
왈 유 자 금　묘 면 지 간

是用齋戒하여 掩身閉關이라네.
시 용 재 계　엄 신 폐 관

주역의 그림을 우러러보고 경(經)을 헤아리고 전(傳)에 맞추어

감히 찬양하는 글을 지어 게으르지 않도록 가르치노라.

仰止羲圖하고 稽經協傳하여
앙 지 희 도　계 경 협 전

敢贊一辭하여 以詔無倦하노라.
감 찬 일 사　이 조 무 권

254 惻 : 『주희집(朱熹集)』(7)에는 '測'으로 되어 있다.

48

『역易』의 복괘의 뜻을 찬양하다 復卦義贊[255]

장식 張栻

천지의 마음은 그 본체가 은미하나,

움직임의 단서에서 그것을 볼 수 있다네.

天地之心은 其體則微나
천 지 지 심 기 체 즉 미

于動之端에 斯以見之라네.
우 동 지 단 사 이 견 지

그 단서 무엇인가? 끊임없는 생성이니,

만물이 의지하여 날로 형통하네.

255 『역(易)』에……찬양하다 : 『남헌집(南軒集)』 권36. 원 제목은 "이천선생이 지은 『역전』의 복괘의 뜻에 대한 찬을 짓다(書伊川先生易傳復卦義贊)"이다. 『주역』 「복괘」 괘사(卦辭)에 대한 정이천(程伊川)의 전(傳)에 "도(道)는 반복하고 왕래하여 번갈아 사라지고 번갈아 자라난다. 7일 만에 와서 회복한다는 것은 천지의 운행이 이와 같은 것이니, 소장(消長)이 서로 원인이 됨은 하늘의 이치라는 것이다. 양강군자(陽剛君子)의 도가 자라나기 때문에 가는 바를 둠이 이롭다. 일양(一陽)이 아래에서 회복함은 바로 천지가 만물을 낳는 마음이다. 선유(先儒)들은 모두 '정(靜)에서 천지(天地)의 마음을 볼 수 있다.'고 했는데, 이는 동(動)의 단서가 바로 천지의 마음임을 알지 못한 것이다. 도를 아는 자가 아니면 누가 이것을 알겠는가.(其道反復往來, 迭消迭息. 七日而來復者, 天地之運行如是也, 消長相因, 天之理也. 陽剛君子之道長, 故利有攸往. 一陽復於下, 乃天地生物之心也. 先儒皆以靜爲見天地之心, 蓋不知動之端, 乃天地之心也. 非知道者, 孰能識之?)"라고 했다. 장남헌은 '움직임의 단서에서 하늘의 마음을 볼 수 있다'는 이천의 뜻을 부연하기 위해 이 찬을 지었다.

其端伊何오? 維以生生이니
기 단 이 하 　 유 이 생 생

群物是資하여 而以日亨이라.
군 물 시 자 　 이 이 일 형

사람에게 있는 것 순수한 측은함이니,

이로 움직인 마음이 아니면 하늘의 명 아니라네.

其在於人은 純是惻隱이니
기 재 어 인 　 순 시 측 은

動匪以斯면 則非天命이라.
동 비 이 사 　 즉 비 천 명

의와 예와 지는 자리가 비록 다르나,[256]

그 근본을 헤아리면 맥락 모두 통한다.

曰義禮智는 位雖不同이나
왈 의 예 지 　 위 수 부 동

揆厥所基면 脉絡該通이라.
규 궐 소 기 　 영 락 해 통

어찌 그것 보존할까? 종일 힘쓰고 저녁까지 두려워함이니[257]

잠시라도 보존 않으면 생(生)의 도가 멈추리라.

曷其保之리오? 日乾夕惕이니
갈 기 보 지 　 일 건 석 척

斯須不存이면, 生道或息이라.
사 수 불 존 　 생 도 혹 식

방해 없이 길러내어 경(敬)이 서고 의(義) 쌓이면,[258]

256 의와……다르나 : 인·의·예·지는 각각 동·서·남·북의 위차에 배치된다.

257 종일……두려워해야하니 : 『주역』「건괘(乾卦)」. "구삼(九三) 효에 군자가 종일토록 힘쓰고 힘써, 저녁까지도 두려워하면 위태롭지만 허물이 없다.(九三, 君子終日乾乾, 夕惕若, 厲, 无咎.)"

이것이 곧 '복(復)이 형통하여 출입에 병통 없음'이라.[259]

養而無害하여 敬立義集이면
양 이 무 해 경 립 의 집

是爲復亨하여 出入無疾이라.
시 위 복 형 출 입 무 질

258 방해……쌓이면 : 『맹자』 「공손추(公孫丑) 상」에서 호연지기가 무엇이냐는 공손추의 질문에 맹자는 다음과 같이 대답했다. "말하기 어렵다. 그 기(氣)됨이 지극히 크고 지극히 강하니, 곧음으로 잘 기르고 해침이 없으면, 호연지기가 천지 사이에 꽉 차게 된다. 그 기(氣)됨이 의(義)와 도(道)에 짝이 되니, 이것이 없으면 굶주리게 된다. 이 호연지기는 의(義)를 축적하여 생겨나는 것이지, 의(義)가 갑자기 엄습하여 취해지는 것은 아니다. 행하고서 마음에 부족하게 여기는 바가 있으면 호연지기가 굶주리게 된다. 나는 그 때문에 고자(告子)가 아직 의(義)를 알지 못했다고 말한 것이니, 이는 의(義)를 밖이라고 여기기 때문이다.(難言也. 其爲氣也, 至大至剛, 以直養而無害, 則塞于天地之間. 其爲氣也, 配義與道; 無是, 餒也. 是集義所生者, 非義襲而取之也. 行有不慊於心, 則餒矣. 我故曰, 告子未嘗知義, 以其外之也.)"

259 복(復)……없음 : 『주역』 「복괘(復卦)」. 괘사(卦辭). "복(復)은 형통하여 나가고 들어옴에 병통이 없으니 벗이 와야 허물이 없다. 그 도(道)를 반복하여 7일 만에 와서 회복하니, 가는 바를 두는 것이 이롭다.(復, 亨, 出入无疾, 朋來, 无咎. 反復其道, 七日來復, 利有攸往.)"

49

마음이 하나되게 하라 主一箴[260]

장식 張栻

사람은 하늘의 성을 받아 그 생이 곧으니,[261]

이 떳떳한 도리 잘 삼가며 어긋남이 없으리라.

人稟天性하여 其生也直하니
인 품 천 성 기 생 야 직

克愼厥彝면 則靡有忒하리라.
극 신 궐 이 즉 미 유 특

사물의 자극은 종일토록 끝없으니,

움직임에 절제함이 없으면 생의 도(道) 멈추리라.

事物之感은 紛綸朝夕하니
사 물 지 감 분 륜 조 석

260 마음이 하나되게 하라 : 『남헌집』 권36. 『남헌집』에는 이 아래에 "이천선생은 '하나에 오롯이 하는 것을 경이라고 한다.'고 하면서 또 '딴 데로 가지 않는 것을 하나라고 한다.'라고 했다. 아! 인을 구하는 방법에 무엇이 이것보다 중요하겠는가? 이 때문에 잠명을 만들어 자리 오른 편에 적어놓고 뜻을 같이하기를 다짐한다.(伊川先生曰, 主一之謂敬, 又曰, 無適之謂一. 嗟乎求仁之方, 孰要乎此? 因爲箴書于坐右, 且以諗同志.)"라는 설명이 붙어 있다.

261 사람은……곧으니 : 『논어』 「옹야(雍也)」 17장. "사람이 살아가는 이치는 곧은 것이니, 거짓되면서도 살아있는 것은 (죽음을) 요행히 면한 것이다.(子曰, 人之生也直, 罔之生也, 幸而免.)" 『논어집주』의 이 구절의 주에 "망은 정직하지 않은 것이다.(罔, 不直也.)"라는 정자(程子)의 말이 있다.

動而無節하면 生道或息이라.
동 이 무 절 　 생 도 혹 식

배움에 요체 있으니 경을 지켜 잃지 않음이라,

마음을 잡고 놓침을 체험해야 그 드나듦을 알 것이다.[262]

惟學有要하니 持敬勿失이라,
유 학 유 요 　 지 경 물 실

驗厥操舍라야 乃知出入이니라.
험 궐 조 사 　 내 지 출 입

어떻게 하는 것이 경인가? 묘법은 마음이 하나 됨을 주로 함에 있다.

어떻게 하는 것이 하나 됨인가? 다른 데로 가지 않음이라.[263]

曷爲其敬고? 妙在主一이라.
갈 위 기 경 　 묘 재 주 일

曷爲其一고? 惟以無適이니라.
갈 위 기 일 　 유 이 무 적

기거할 땐 다른 생각 말고 일 있을 땐 다른 것 하지 않음이니 그 가운데 함영하며 잊지 말고 서두르지 말지니라.[264]

262 이 잡고……것이다 : 『맹자』 「고자(告子) 상」. "공자는 '잡으면 보존되고 놓으면 잃어버려, 나가고 들어옴에 정해진 때가 없고, 그 방향을 알 수 없는 것은 오직 사람의 마음이구나!'라고 했다.(孔子曰, 操則存, 舍則亡, 出入無時, 莫知其鄕, 惟心之謂與!)"

263 다른……않음이라 : 『이정유서(二程遺書)』 권15. "경(敬)이라고 하는 것은, 하나에 오롯이 하는 것을 경이라고 한다. 하나라는 것은 어디로 가는 것이 없음을 하나라고 한다.(所謂敬者, 主一之謂敬. 所謂一者, 無適之謂一.)"

264 그 가운데……말지니라 : 『맹자』 「공손추(公孫丑) 상」. "반드시 (호연지기를 기르는 일에) 종사하되 효과를 미리 기대하지 말고, 마음에서 잊지도 말며 조장하지도 말라.(必有事焉而勿正, 心勿忘, 勿助長也.)"

居無越思하며 事靡他及이니
거 무 월 사 사 미 타 급

涵泳于中하며 匪忘匪亟하라.
함 영 우 중 비 망 비 극

잠시 동안이나 창졸간에도 보존하고 쌓으라.

오래되고 정미해지면 태극을 만나리니

게을리 말고 권면하라. 성현을 본받을 수 있으니.[265]

斯須造次에 是保是積하라.
사 수 조 차 시 보 기 적

旣久而精이면 乃會于極하리니
기 구 이 정 내 회 우 극

勉哉勿倦하라. 聖賢可則이니라.
면 재 물 권 성 현 가 칙

265 성현을 본받을 수 있으니 : 『통서(通書)』「성학(聖學)」에서 주염계(周濂溪)는 다음과 같이 말했다. "'성인(聖人)됨을 배울 수 있습니까?' 대답했다. '그렇다.' 물었다. '요점이 있습니까?' 대답했다. '있다.' '듣기를 청합니다.' 대답했다. '하나[一]가 중요하다. 하나란 욕심이 없는 것이다. 욕심이 없으면 고요할 때 비어 있고, 움직일 때는 곧다. 고요할 때 비어 있으면 밝고, 밝으면 통한다. 움직일 때 곧으면 공변되고, 공변되면 두루 미친다. 밝아서 통하고 공변되어 두루 미치면 거의 성인에 가까울 것이다.'('聖可學乎?' 曰, '可.' 曰, '有要乎?' 曰, '有.' '請聞焉.' 曰, '一爲要. 一者, 無欲也. 無欲則靜虛動直. 靜虛則明, 明則通, 動直則公, 公則溥. 明通公溥, 庶矣乎!')"

50

『심경』을 찬양하다 心經贊[266]

진덕수 眞德秀

순임금과 우임금 주고받은 것 열여섯 글자[267]인데,
만세 심학 이것이 그 연원이라.

舜禹授受는 十有六言이니
순 우 수 수 　 십 유 육 언

萬世心學은 此其淵源이라.
만 세 심 학 　 차 기 연 원

인심, 이 무엇인가? 형기(形氣)에서 생겨나니
좋아하고 즐김이 있고 분노하고 결냄이 있네.[268]

266 『심경』을 찬양하다 : 『심경(心經)』에 나온다.

267 순임금과……글자 : 『서경』 「대우모(大禹謨)」. "인심은 위태하고, 도심은 은미하니, 정밀히 살피고 한결같이 지켜야 진실로 그 중(中)을 잡으리라.(人心惟危, 道心惟微, 惟精惟一, 允執厥中.)"

268 좋아함이 있고 분노함이 있네 : 『대학』 제7장. "몸을 수양하는 것이 그 마음을 바르게 하는 데에 있다고 하는 것은, 몸에 분노가 있으면 그 올바름을 얻지 못하고, 두려움이 있으면 그 올바름을 얻지 못하며, 좋아함이 있으면 그 올바름을 얻지 못하고, 걱정함이 있으면 올바름을 얻지 못하다는 것이다. 마음이 있지 않으면 보아도 보이지 않고 들어도 들리지 않으며 먹어도 맛을 모른다. 이것이 몸을 수양하는 것은 그 마음을 바르게 하는 데에 달려 있다는 말이다.(所謂脩身在正其心者, 身有所忿懥, 則不得其正, 有所恐懼, 則不得其正, 有所好樂, 則不得其正, 有所憂患, 則不得其正. 心不在焉, 視而不見, 聽而不聞, 食而不知其味. 此謂脩身在正其心.)"

人心伊何오? 生於形氣하니
인 심 이 하　　생 어 형 기

有好有樂하며 有忿有懥라.
유 호 유 요　　유 분 유 치

오직 욕심은 넘치기 쉬워 이것은 위태롭다 하니,

잠깐 아차 방심하면 뭇 사특함 따라오리라.

惟欲易流하니 是之謂危니
유 욕 이 류　　시 지 위 위

須臾或放이면 衆慝從之리라.
수 유 혹 방　　중 특 종 지

도심, 이 무엇인가? 성명(性命)에 근원함에

의(義)요 인(仁)이이요 중(中)이요 정(正)이라.

道心伊何오? 根於性命하니
도 심 이 하　　근 어 성 명

曰義曰仁이요 曰中曰正이라.
왈 의 왈 인　　왈 중 왈 정

오직 천리는 형체 없어 이것은 은미하다 하니,

털끝만큼이라도 잃어버리면 그 남은 것 거의 드물리라.

惟理無形하여 是之謂微니
유 리 무 형　　시 지 위 미

毫芒或失이면 其存幾希리라.
호 망 혹 실　　기 존 기 희

둘 사이는 애초에 틈이 없었으니,

살필 땐 반드시 정밀하여 흑백 가리듯 할지니라.

二者之間엔 曾弗容隙하니
이 자 지 간　　증 불 용 극

察之必精하여 如辨白黑하라.
찰 지 필 정　　여 변 백 흑

지(知)로 이르고 인(仁)으로 지킴[269]은 서로 처음과 끝이 되니
정밀히 살피기에 한결같고, 한결같기에 중(中)이 되네.

知及仁守는 相爲始終이니
지 급 인 수 상 위 시 종

惟精故一이요 惟一故中이라.
유 정 고 일 유 일 고 중

성인과 현인 번갈아 일어나, 순임금 체화하고 우임금 본받아[270]
큰 벼리 잡고 작은 벼리 끌어 후세에 밝혀주셨느니라.

聖賢迭興하사 體姚法姒하여
성 현 질 흥 체 요 법 사

持綱挈維하여 昭示來世니라.
지 강 설 유 소 시 래 세

경계하고 두려워하고 홀로 아는 마음을 삼가며[271] 사악함을 막

269 지(知)로 이르고 인(仁)으로 지킴 : 『논어』 「위령공(衛靈公)」. "지(知)가 거기에 미치더라도, 인(仁)이 그것을 지켜내지 못하면, 비록 얻더라도 반드시 잃는다. 지(知)가 거기에 미치고 인(仁)이 그것을 지키더라도, 장엄함으로써 백성들에게 임하지 않으면, 백성들이 그를 공경하지 않는다. 지(知)가 미치고 인(仁)이 지켜내며, 장엄함으로써 백성들에게 임하더라도, 백성들을 예로써 흥동시키지 않는다면 아름답지 못하다.(知及之, 仁不能守之, 雖得之, 必失之. 知及之, 仁能守之, 不莊以涖之, 則民不敬. 知及之, 仁能守之, 莊以涖之, 動之不以禮, 未善也.)"

270 순임금……본받아 : 원문은 '體姚法姒'이다. 요(姚)는 순임금의 성이고, 사(姒)는 우임금의 성이다.

271 경계하고……삼가며 : 『중용장구』 제1장 "도(道)는 잠시도 떠날 수 없는 것이니, 떠날 수 있으면 도가 아니다. 이 때문에 군자는 그 보이지 않는 것을 경계하여 삼가고 그 들리지 않는 것을 몹시 두려워한다. 숨어 있는 것보다 더 잘 드러나는 것이 없고 작은 것보다 더 잘 나타나는 것이 없으니, 군자는 홀로 아는 마음을 삼간다.(道也者, 不可須臾離也, 可離非道也. 是故君子戒愼乎其所不睹, 恐懼乎其所不聞. 莫見乎隱, 莫顯乎微, 故君子愼其獨也.)" 주자(朱子)의 주에 "독(獨)은 다른 사람들은 미처 알지 못

고 성(誠)을 보존하고[272]

분노와 욕심이란 반드시 막고 반드시 징계해야 하네.[273]

戒懼謹獨(계구근독)하며 閑邪存誠(한사존성)하고

曰忿曰慾(왈분왈질)을 必窒必懲(필질필징)이라.

하느님 여기 임하시니 감히 혹여 두 마음을 어찌 가지며

옥루(屋漏)[274] 비록 은밀하나 어찌 부끄럼 있게 하리오?

하고 자기 자신만이 홀로 아는 곳이다. 어둡고 그윽한 가운데의 일과 미세한 일은 자취가 비록 나타나지 않았으나 기미(幾微)가 이미 움직였고, 남이 비록 알지 못하나 자신은 홀로 알고 있으니, 천하의 일이 드러나고 밝게 나타남이 이보다 더함이 없는 것이다. 이러므로 군자는 이미 항상 계구(戒懼)하고, 이에 더욱 삼가는 것이니, 인욕(人慾)을 장차 싹틀 때에 막아서 은미한 가운데에 속으로 불어나고 자라서 도를 너무 멀리 떠난 지경에 이르지는 않도록 하는 것이다.(獨者人所不知而己所獨知之地也. 言幽暗之中, 細微之事, 跡雖未形, 而幾則已動, 人雖不知, 而己獨知之, 則是天下之事, 無有著見明顯而過於此者. 是以君子旣常戒懼, 而於此尤加謹焉, 所以人欲於將萌, 而不使其潛滋暗長於隱微之中, 以至離道之遠也.)"라고 했다.

272 사악함을……보존하고 : 『주역』「건괘(乾卦) 문언」. "구이(九二)에 '「나타난 용(龍)이 밭에 있으니 대인(大人)을 만나봄이 이롭다」고 한 것은 무슨 말인가?' 공자가 말했다. '대인(大人)은 용의 덕으로서 정중(正中)한 자이니, 평상시의 말을 미덥게 하고 평상시의 행동을 삼가서, 사악함[邪]을 막고 성(誠)을 보존하며, 세상을 아름답게 만들면서도 자신의 공로를 자랑하지 않으며, 덕(德)을 널리 펼쳐 교화한다.'(九二曰見龍在田利見大人, 何謂也? 子曰, 龍德而正中者也, 庸言之信, 庸行之謹, 閑邪存其誠, 善世而不伐, 德博而化.)"

273 분노와……하네 : 『주역』「손괘(損卦) 상전」. "산 아래에 연못이 있는 것이 손괘의 모습이니, 군자는 이것을 본받아 분노를 징계하고 욕심을 막는다.(象曰, 山下有澤, 君子以懲忿窒欲.)"

274 옥루(屋漏) : 집의 가장 안쪽 숨겨진 곳, 방의 서북쪽 모서리를 말한다.

上帝寔臨하니 其敢或貳하며
상 제 식 림 기 감 혹 이

屋漏雖隱이나 寧使有愧리오?
옥 루 수 은 녕 사 유 괴

네 가지 비례(非禮)[275]를 극복해야 하니 적을 공격하듯 하고,

네 단서[四端] 나오거든 모두 넓이고 채우라.

四非當克을 如敵斯攻하며
사 비 당 극 여 적 사 공

四端旣發에 皆廣而充하라.
사 단 기 발 개 광 이 충

사사로운 뜻과 기필하는 마음[276] 싹트거든 구름 걷듯 자리 치우듯 하며

자애롭고 신실한 마음 생겨나면 봄기운 감돌아 만물 싹트듯 하네.

意必之萌에 雲捲席撤하며
의 필 지 맹 운 권 석 철

子[277]諒之生에 春噓物茁하네.
자 량 지 생 춘 허 물 줄

275 네 가지 비례(非禮) : 『논어』 「안연(顔淵)」의 "예가 아니면 보지 말고, 예가 아니면 듣지 말며, 예가 아니면 말하지 말고, 예가 아니면 움직이지 말라.(非禮勿視, 非禮勿聽, 非禮勿言, 非禮勿動.)"를 가리킨다.

276 사사로운……마음 : 『논어』 「자한(子罕)」. "공자는 다음과 같은 네 가지를 끊었으니, 사사로운 뜻이 없었고, 기필하는 것이 없었으며, 고집이 없었고, 내 것이라는 생각이 없었다.(子絶四, 毋意, 毋必, 毋固, 毋我.)"

277 子 : 자(慈)와 같다.

닭과 개 도망가면 그 놈들 찾아올 줄 알려 하고,[278]

소와 양 칠 때엔 민둥산 될까 이것을 근심하네.[279]

雞犬之放에 欲其知求하고
계견지방　욕기지구

牛羊之牧에 濯濯是憂하네.
우양지목　탁탁시우

손가락 하나와 등 어깨 가운데서 무엇이 귀하고 무엇이 천한가?[280]

278 닭과 개……알려 하고 : 여기서 닭과 개는 마음을 은유적으로 가리킨 것이다. 『맹자』 「고자(告子) 상」에 "사람들은 닭과 개가 도망가면 찾을 줄 알지만, 마음을 잃고서는 찾을 줄 모르니, 학문하는 방법은 다른 것이 없다. 그 방심(放心)을 찾는 것일 뿐이다.(人有鷄犬放, 則知求之, 有放心而不知求, 學問之道無他, 求其放心而已矣.)"라고 했으니, 도망간 닭과 개를 찾아오는 것은 바로 잃어버린 마음[放心]을 거두어 오는 공부를 말한다.

279 소와……근심이네 : 여기서 '소와 양'은 인간이 영위할 수밖에 없는 물질적 삶을 은유한다. 『맹자』 「고자(告子) 상」에 "우산의 나무가 지난날 아름다웠는데 그곳이 큰 수도의 교외라서 도끼들로 베어내니 아름다울 수 있겠는가? 이들 초목이 밤사이에 자라고 이슬과 비가 촉촉하게 적셔주어 싹이 움트는 일이 없지 않았는데, 소와 양들이 또 자란대로 뜯어먹어 저와 같이 민둥산이 되었다.…사람에게 보존되어 있는 것에도 어찌 인의의 마음이 없겠는가? 그런데 그 양심을 잃게 하는 것들은 나무를 도끼로 아침마다 베는 것과 같으니 아름다울 수 있겠는가?(牛山之木嘗美矣, 以其郊於大國也, 斧斤伐之, 可以爲美乎? 是其日夜之所息, 雨露之所潤, 非無萌蘖之生焉, 牛羊又從而牧之, 是以若彼濯濯也.…雖存乎人者, 豈無仁義之心哉? 其所以放其良心者, 亦猶斧斤之於木也, 旦旦而伐之, 可以爲美乎?)"라고 했는데, 소와 양이 산에서 꼴을 먹지 않을 수 없듯, 인간은 물질적 삶을 영위하지 않을 수 없으나, 그 과정에서 욕심이 발생하여 본심을 해친다. 소와 양을 기르더라도 민둥산이 될 정도로 과하게 해서는 안 되는 것처럼, 인간의 물질추구가 본심을 해칠 정도로 과해서는 안 됨을 경계하고 있다.

280 손가락……천한가 : 『맹자』 「고자(告子) 상」. "몸에는 귀하고 천함과, 작고 큼이 있으니 작은 것으로 큰 것을 해치거나 천한 것으로 귀한 것을 해치지 않아야 한다. 적은 것을 기르는 자는 소인이고 큰 것을 기른 자는 대인이다.…손가락 하나를 기르

한 그릇 밥과 만종의 금을 사양하고 받음에 꼭 분별 있으라.[281]

一指肩背에 孰貴孰賤고?
일 지 견 배　숙 귀 숙 천

簞食萬鍾을 辭受必辨하라.
단 식 만 종　사 수 필 변

극치(克治)와 존양(存養)의 공부를 함께 지극히 하라.[282]

순은 어떤 사람인가? 그와 같기를 기약하라.[283]

克治存養을 交致其功하라.
극 치 존 양　교 치 기 공

고 어깨나 등을 잃는다면 지혜가 없는 것이니 뒤를 돌아보지 못하는 병을 앓는 사람이다.(體有貴賤有小大, 無以小害大, 無以賤害貴. 養其小者爲小人, 養其大者爲大人.… 養其一指, 而失其肩背, 而不知也, 則爲狼疾人也.)"

281 한 그릇……있으라 : 『맹자』「고자(告子) 상」. "한 그릇의 밥과 한 그릇의 국을 얻으면 살고 얻지 못하면 죽게 되더라도 혀를 차며 그것을 주면 길가는 사람도 받아먹지 않고, 발로 차서 건네주면 거지도 달가워하지 않는다. 만종이라면 예의를 변별하지 않고 받아들이니, 만종이 나에게 어떤 보탬이 되는 것인가?(一簞食一豆羹, 得之則生, 弗得則死, 嘑爾而與之, 行道之人弗受, 蹴爾而與之, 乞人不屑也. 萬鍾則不辨禮義而受之, 萬鍾於我何加焉?)"

282 극치(克治)와……하라 : 『서산문집(西山文集)』 권25, 「송주택선서(送朱擇善序)」. "학문의 길은 세 가지가 있으니, 성찰(省察)과 극치(克治)와 존양(存養)이다. 이 세 가지는 하나라도 빼놓을 수 없다. 무릇 학자가 마음을 다스리는 것은 병을 다스리는 것과 같다. 성찰한다는 것은 맥을 짚어서 병을 아는 것이고, 극치한다는 것은 약을 써서 병을 없애는 것이며, 존양은 몸을 조섭하고 아껴서 아직 드러나지 않은 병을 막는 것이다.(學問之道有三, 曰省察也, 克治也, 存養也. 是三者不容以一闕也. 夫學者之治心, 猶其治疾然. 省察焉者, 視脉而知疾也; 克治焉者, 用藥以去疾也; 而存養者, 則又調虞愛護以杜未形之疾者也.)"

283 순은……기약하라 : 『맹자』「등문공(滕文公) 상」. "안연이 말했다. '순은 어떤 사람이며 나는 어떤 사람인가? 하는 자는 또한 이 같이 될 것이다'.(顔淵曰, '舜何人也, 予何人也? 有爲者亦若是'.)"

舜何人哉오? 期與之同하라.
순하인재 기여지동

오직 이 도심이 만선(萬善)의 주인이니,

하늘이 내게 준 것 가운데 이것이 가장 크도다.

維此道心이 萬善之主니
유차도심 만선지주

天之與我에 此其大者니라.
천지여아 차기대자

마음에 거두어들이면 태극이 내 몸에 있고,

만사(萬事)에 펼치면 그 쓰임 끝이 없네.

斂之方寸이면 太極在躬이요,
염지방촌 태극재궁

散之萬事면 其用弗窮이니라.
산지만사 기용불궁

신령스런 거북 보배 삼듯 하고 큰 옥구슬 받들 듯 하며

이를 생각하고 여기에 머물기를 어찌 힘쓰지 않겠는가?

若寶靈龜하고 若奉拱璧하며
약보영귀 약봉공벽

念玆在玆를 其可弗力이리오?
염자재자 기가불력

옛 선민 살펴보니 경(敬)으로 서로 전했더라.

요점을 잡아 넓게 베풂에 무엇이 이보다 우선이랴?

相古先民하니 以敬相傳이라.
상고선민 이경상전

操約施博에 孰此爲先이리오?
조약시박 숙차위선

내가 와서 고을 맡으매 마음에 잡초 우거짐 두려워,

이에 격언 모아내어 마음 깊은 곳 씻어낸다.

我來作州에 茅塞是懼라
아 래 작 주 모 색 시 구

爰輯格言하여 以滌肺腑니라.
원 집 격 언 이 척 폐 부

밝은 창가 비자나무 책상에 맑은 날 향 피우고,

엄숙하게 심경을 펼치고 나의 천군(天君: 마음)을 섬기노라.

明窻棐几에 淸晝爐薰하고
명 창 비 궤 청 주 로 훈

開卷肅然하여 事我天君하노라.
개 권 숙 연 사 아 천 군

51

사물四勿을 경계하다 勿齋箴[284]

진덕수 眞德秀

하늘이 내린 본성을 얻은 자 사람 되니

사람에게 이 마음 있으니, 그 누가 어질지 않으랴!

天命之性을 得之者人이니
천 명 지 성 득 지 자 인

人之有心하니 其孰不仁이리오!
인 지 유 심 기 숙 불 인

사람이 어질지 않은 것은 사물의 부림을 받아서 그러하니

284 사물(四勿)을 경계하다 : 『서산문집(西山文集)』 권33. 『서산문집(西山文集)』 권33에는 다음과 같은 설명이 붙어 있다. "기자(箕子)가 홍범의 다섯 가지 항목을 펼쳤는데, 그 항목은 용모·말·시선·청취·생각이다. 안연이 인을 물었을 때 공자가 '극기복례하는 것이 인이다.'라고 했는데, 그 항목을 묻자 예가 아니면 보지 말고, 예가 아니면 듣지 말며, 예가 아니면 말하지 말고, 예가 아니면 움직이지 말라고 다시 고해주시면서 '생각'은 거기에 포함하지 않은 것은 어째서인가? 내가 일찍이 들으니 '하지 말라(勿)'는 말은 금지의 말이다. 이목구체는 외물에 의해 움직이는 것이니 마음이 주재가 되지 않는다면, 누가 그것을 막을 수 있겠는가? 그렇다면 '하지 말라'는 말은 바로 마음을 가리켜서 말한 것이다. 다만 학자들이 살피지 못했는데, 진무경이 '물(勿)'을 가지고 재(齋)의 이름을 지으니, 내가 그 뜻을 연역하여 이것을 짓기를 청했다.(箕子陳洪範五事, 曰貌言視聽思. 顔淵問仁, 夫子旣告之以克己復禮爲仁, 至問其目, 則又告之曰, 非禮勿視, 非禮勿聽, 非禮勿言, 非禮勿動, 而思不與焉, 何哉? 某嘗聞之, 勿之爲言, 禁止之謂也, 耳目口體因物而動, 非心爲之主宰, 其孰能止之? 然則勿云者, 正指心而言也. 特學者弗之察, 陳無競以勿名齋, 某請推演其義而爲之.)"

귀는 소리에 흔들리고 눈은 색에 현혹된다.

人而不仁은 曰爲物役이니
인 이 불 인 왈 위 물 역

耳蕩於聲하고 目眩於色이라.
이 탕 어 성 목 현 어 색

그대로 말을 하면 방자하고 그대로 행동하면 경박하니,

인욕이 멋대로 어지럽게 되면 천리는 어두워진다.

以言則肆하고 以動則輕하니
이 언 즉 사 이 동 즉 경

人欲放紛하면 天理晦冥이라.
인 욕 방 분 천 리 회 명

이에 도가 있으니, 예(禮)를 표준으로 삼아야 한다네.

오직 예를 따르며 예가 아니면 따르지 말라.

於焉有道하니 禮以爲準이라.
어 언 유 도 예 이 위 준

惟禮是由니 匪禮勿徇하라.
유 례 시 유 비 례 물 순

예란 무엇인가? 천리의 당연함이니,

인욕과 뒤섞지 말고 한결같이 천리(天理)를 따르라.

曰禮伊何오? 理之當然이니
왈 례 이 하 리 지 당 연

不雜以人하고 一循乎天하라.
부 잡 이 인 일 순 호 천

'물(勿)'이란 말은 물[水] 막기와 같으니,

누가 그걸 주관할까? '마음'일 뿐이다.

勿之爲言은 如防止水니
물 지 위 언 여 방 지 수

孰其尸之오? 曰心而已라.
숙 기 시 지 왈 심 이 이

성현의 말이 열여섯 자인데,[285] '일(一)'자가 그 기틀이다.

기아(機牙)[286]가 이미 돌게 되면 균석(鈞石)[287]은 반드시 따르게 된다.

聖言十六에 一字其機라.
성 언 십 육 일 자 기 기

機牙旣斡하면 鈞石必隨니라.
기 아 기 알 균 석 필 수

내가 나의 수레에 타고 사마(駟馬)와 함께 치달리면,

무엇이 그 몰이의 규범 될까? 고삐는 내 손안에 있다네.

我乘我車하여 駟馬交驟하면
아 승 아 거 사 마 교 취

孰範其驅오? 維轡在手니라.
숙 범 기 구 유 비 재 수

이에 군자는 반드시 그 마음 바르게 하니,

조심하고 조심하며 삼가고 삼가 드러나지 않은 곳에서도 상제가 임한 듯이 하네.

是以君子는 必正其心하니
시 이 군 자 필 정 기 심

285 성현의……자인데 : 『서경』 「대우모(大禹謨)」. "인심은 위태하고, 도심은 은미하니, 정미하게 하고 한결같이 해야 진실로 그 중(中)을 잡으리라.(人心惟危, 道心惟微, 惟精惟一, 允執厥中.)"

286 기아(機牙) : 쇠뇌에서 화살을 걸고 있는 시위 줄의 제동장치를 말한다.

287 균석(鈞石) : 중량의 단위로서 균(鈞)은 30근, 석(石)은 120근인데 여기서 균석은 쇠뇌 살의 무게를 가리킨다.

翼翼兢兢하여 不顯亦臨이라.
익 익 긍 긍 불 현 역 림

만군의 병사 모인 곳에 한 장수가 명령하면

우레 치고 바람에 휩쓸더라도 누가 감히 명을 어길까?

萬夫之屯에 一將之令이면
만 부 지 둔 일 장 지 령

霆鍧[288]飈[289]馳이라도 孰敢于命이리오?
정 굉 표 치 숙 감 우 명

몸이 하는 일은 마음의 통솔을 받으니

밖을 막아 넘치지 않으면 안으로 지키는 것 더욱 편안하리라.

衆形役之는 統於心官하니
중 형 역 지 통 어 심 관

外止弗流면 內守愈安이니라.
외 지 불 류 내 수 유 안

그 방법은 무엇인가? 주로 삼을 것 경이니,

안과 밖이 서로 유지하여 동정이 모두 바르게 된다.

其道伊何오? 所主者敬이니
기 도 이 하 소 주 자 경

表裏相維하여 動靜俱正이니라.
표 리 상 유 동 정 구 정

가라지 사라지면 싹이 자라고 덜 익은 술이 단술이 되듯,

마음에 덕이 가득하면 일마다 봄처럼 화락하지 않음이 없으리라.

莠盡苗長이요 醅[290]化醴醇이니
유 진 묘 장 배 화 례 순

288 鍧 : 종고(鐘鼓)의 소리를 말한다.

289 飈 : 폭풍(暴風), 회오리바람, 광풍(狂風)을 뜻한다.

方寸盎然(방촌앙연)이면 無物不春(무물불춘)이리라.

오직 '물(勿)'이란 한 글자가 모든 선의 출발처니,

이것을 생각하고 여기에 마음 두어서 오래도록 싫증내지 말라.

惟勿一言(유물일언)은 萬善自出(만선자출)이니

念兹在兹(염자재자)하여 其永無斁(기영무역)하라.

290 醅 : 거르지 않은 술을 뜻한다.

52

진실하고자 생각하다 思誠齋箴[291]

진덕수 眞德秀

진실함은 하늘의 길이니 자연[292]에 근본하며,

진실하고자 함은 사람의 길이니[293] 사람으로서 하늘과 합치하고

291 진실하고자 생각하다 :『맹자』, 「이루(離婁) 상」, 제12장. "맹자가 말하기를 '… 그러므로 진실함 그 자체는 하늘의 길이요, 진실하고자 생각함은 사람의 길이다. 지극히 진실하게 하였는데도 감동받지 않는 사람은 있지 않다. 성실하지 않으면서 남을 감동시킬 수 있는 사람은 없다.'(孟子曰…是故, 誠者, 天之道也. 思誠者, 人之道也. 至誠而不動者, 未之有也, 不誠, 未有能動者也.)" 사성재잠(思誠齋箴)은 진덕수가 진약허를 위해 지은 잠이다.(爲陳若虛作) 『서산문집(西山文集)』 권33에는 제목이 '사성잠(思誠箴)'으로 되어 있다. 『성리대전(性理大全)』 권70에는 '사성재잠(思誠齋箴)'으로 되어 있다. 『성리군서구해(性理群書句解)』(熊剛大, 熊節-南宋) 권2에도 '사성재잠'으로 되어 있다.

292 자연 : 스스로 그러함. 여기서 말하는 자연은 대상으로서의 자연이 아니다. 『중용장구』 제25장. "진실함은 저절로 이루어지는 것이다. 길은 저절로 가는 것이다.(誠者, 自成也, 而道, 自道也.)" 집주. "진실함이란 사물이 저절로 이루어지는 까닭이요, 도는 사람이 저절로 마땅히 행하여야 할 바라는 것을 말한 것이다.(言誠者, 物之所以自成, 而道者, 人之所當自行也.)"

293 진실함은 하늘의 길이니 : 『중용장구』 제20장. "진실함 그 자체는 하늘의 길이요, 진실하고자 함은 사람의 길이다. 진실함 그 자체는 힘쓰지 않아도 적중하며, (얻으려고) 생각하지 않아도 얻으며, 조용히 중도를 행하니 성인이 이렇다. 진실하고자 함은 선을 택해서 고집하는 자이다.(誠者, 天之道也. 誠之者, 人之道也. 誠者, 不勉而中, 不思而得, 從容中道 聖人也. 誠之者, 擇善而固執之者也.)"

자 하는 것이다.[294]

誠者天道니 本乎自然이요
성 자 천 도　본 호 자 연

誠之者人이니 以人合天이라.
성 지 자 인　이 인 합 천

하늘과 사람은 그 근본이 하나라고 하는데

어찌하여 차이가 나는가? 대개 사물에 얽매이기 때문이다.

曰天與人이 其本則一인데
왈 천 여 인　기 본 즉 일

云胡差殊오? 蓋累於物이라.
운 호 차 수　개 누 어 물

마음이 외부 사물에 유혹되면 본성은 정을 따라 옮겨가서,[295]

진실한 천리가 보존되는 것이 드물게 된다.[296]

心爲物誘면 性逐情移하여
심 위 물 유　성 축 정 이

天理之眞이 其存幾希로다.
천 리 지 진　기 존 기 희

어찌 하늘과 아득히 다를 뿐이겠는가?

294 사람으로서……것이다 : 『성리군서구해(性理群書句解)』(熊剛大, 熊節 — 南宋) 권2에서는 "以人合天"을 "由誠之以至乎誠, 由人之道以合乎天道"로 풀이하고 있다.

295 옮겨가서 : 원문은 '逐'이다. 『서산문집(西山文集)』 권33과 『성리대전(性理大全)』 권70에는 '逐'으로 되어 있고, 『성리군서구해(性理群書句解)』(熊剛大, 熊節 — 南宋) 권2에는 '遂'로 되어 있다. 여기서는 '此性爲私情所移'(이 본성이 사사로운 감정에 의해서 옮겨진다)로 풀이한다.

296 보존되는 것이 드물게 된다 : 『맹자』 「이루(離婁) 하」, 제19장. "사람이 금수와 다른 것은 거의 드물다. 서민은 그 다른 바를 버리고, 군자는 보존한다.(孟子曰, 人之所以異於禽獸者, 幾希. 庶民去之, 君子存之.)"

형제는 사람이지만 실제는 짐승이 되었네.[297]

豈惟與天으로 邈[298]不相似리요?
기 유 여 천 막 불 상 사

形雖人斯[299]나 實則物只로다.
형 수 인 사 실 즉 물 지

크고 위대하신 상제께서 나를 사람으로 명령하셨는데,[300]

나는 도리어 짐승이 되어 버렸으니,[301] 어찌 이리 어질지 아니한고!

皇皇上帝가 命我以人한데
황 황 상 제 명 아 이 인

我顧物之하니 抑何弗仁고!
아 고 물 지 억 하 불 인

오로지 자사께서 이 세상을 깊이 안타깝게 여겨

그 근원을 지적하여 세속의 가리움을 제거하셨네.

維子思子가 深憫斯世하여
유 자 사 자 심 민 사 세

指其本源하여 祛俗之蔽니라.
지 기 본 원 거 속 지 폐

297 실제는 짐승이 되었네 : 『성리군서구해(性理群書句解)』 권2. "실제로는 사물과 무슨 다름이 있겠는가?(實則何異於物.)"

298 邈 : 아득하다.

299 斯 : 『성리군서구해(性理群書句解)』 권2. "사(斯)와 지(只)는 모두 어조사다.(斯只, 皆助語.)"

300 나를 사람으로 명령하셨는데 : 『중용장구』 제1장. "하늘이 명한 것을 성이라 한다.(天命之謂性)"와 같은 의미이다.

301 나는 도리어 짐승이 되어 버렸으니 : 『성리군서구해(性理群書句解)』 권2. "나는 곧 스스로 사물과 같아진다.(我乃自儕于物.)"

배우고 묻고 변별하고 실천하는 것을 생각으로 통솔하여 선을 가려 굳게 잡아[302] 날마다 부지런히 힘쓰게 하시니라.

學問辨行을 統之以思하여
학문변행 통지이사

擇善固執을 惟日孜孜케하니라.
택선고집 유일자자

미치광이와 성인은 본래 같은 사람인데, 어찌 차마 자포자기 할 수 있겠는가!

다른 사람이 열 번하면 자신은 천 번을 하여[303] 중단하거나 그만두지 않아야 한다.[304]

狂聖本同하니 其忍自棄리요
광성본동 기인자기

人十己千하고 弗止弗已하라.
인십기천 불지불이

먹구름이 열리고 안개가 걷히면, 텅 빈 하늘[305]이 깊고 고요하며

302 선을 가려 굳게 잡아 : 『중용장구』 제12장. "널리 배우고, 살펴서 묻고, 신중하게 생각하고, 밝게 논변하고 독실하게 행하다(博學之, 審問之, 愼思之, 明辨之, 篤行之.)"

303 다른……하여 : 『중용장구』 제12장. "다른 사람이 한번해서 능하게 되면 나는 백번을 하고, 다른 사람이 열 번을 해서 능하게 되면, 나는 천번을 한다.(人一能之, 己百之. 人十能之, 己千之.)"

304 중단하거나 그만두지 않아야 한다 : 『중용장구』 제12장. "有弗學, 學之. 弗能, 弗措也. 有弗問, 問之. 弗知, 弗措也. 有弗思, 思之. 弗得, 弗措也. 有弗辨, 辨之. 弗明, 弗措也. 有弗行, 行之. 弗篤, 弗措也."와 대학의 "止於至善"을 합치한 표현으로서, 弗止於至善, 弗已(지선에 머무르지 않는 것을 그만두지 않는다)를 줄인 표현인 듯하다.

305 텅 빈 하늘 : 원문은 '太虛'이다. 중국 사상의 기본적 개념의 하나로 우주의 본체 또는 기(氣)의 본체. 『장자』의 「지북유편(知北遊篇)」에 있는 말로 역(易)의 '태극(太

티끌을 닦아 거울이 텅 비게 되면, 맑은 빛이 저절로 온전해지네.

雲披[306]霧卷이면 太虛湛然하며
운피 무권 태허담연

塵掃鏡空이면 淸光自全이라.
진소경공 청광자전

사람과 하늘이 이미 나누어졌다가 다시 합하게 되면

혼연히 하나의 진리라. 여러 허망된 것들이 일어나지 않는다네.

曰人與天이 旣判復合이면
왈인여천 기판부합

渾然一眞이라. 諸妄不[307]作하리라.
혼연일진 제망부 작

맹자는 자사의 가르침을 계승하여 "진실하고자 생각한다"고 말씀하셨으니,

이 두 위대한 현자들을 거치면서 그 뜻이 더욱 명백해졌네.

孟氏繼之하여 命曰思誠하니,
맹씨계지 명왈사성

更兩鉅賢하여 其指益明이라.
경양거현 기지익명

極)'과 거의 같은 말로 천지 만물의 근원으로서의 무형(無形)의 도(道)의 뜻으로 사용된다. 장자에게 있어 도는 일체의 것, 전체 공간(空間)에 확산되고 명칭도 표현도 초월한 실재(實在)이므로 이를 '태허'라 불렀다. '태허'가 기의 본체를 가리킨다고 한 사람은 송(宋)의 장횡거(張橫渠)로 그는 기일원론(氣一元論)의 입장에서 '태허즉기(太虛卽氣)'라 하고 기는 태허에서 생기고 모여서 만물을 생성하며 기가 흩어지면 함께 만물은 소멸하나 기는 다시 태허로 돌아간다. 즉, 기가 흩어진 모습이 태허라고 설명하였다.

306 披 : 풀다, 열다. 개척하다.

307 不 : 『서산문집(西山文集)』 권33, 『성리대전(性理大全)』 권70, 『성리군서구해(性理群書句解)』 권2에는 모두 '弗'로 나와 있다.

크도다. 생각함이여! 성인이 되는 근본이로구나!

돌이켜 마음에서 구하면 실로 가깝고 멀지 않도다.

大哉思乎인여! **作聖之本**이라!
대 재 사 호 작 성 지 본

歸而求之[308]하면 **實近非遠**이라.
귀 이 구 지 실 근 비 원

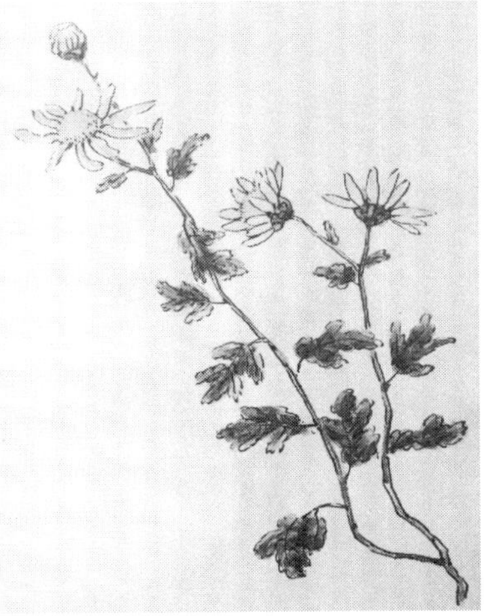

308 之 : 『서산문집(西山文集)』 권33에는 '諸'로 되어 있으나, 『성리대전(性理大全)』 권70, 『성리군서구해(性理群書句解)』 권2에는 '之'로 나와 있다.

53

밤잠으로 양심을 기르다 夜氣箴[309]

진덕수 眞德秀

그대는 겨울의 기운을 살펴보지 않는가!

나무는 그 뿌리로 돌아가고, 칩거하는 생물들은 집 속에 들어앉는다.

子盍觀夫冬之爲氣乎아!
자 합 관 부 동 지 위 기 호

木歸其根하고 蟄坏其封이로다.
목 귀 기 근 칩 배 기 봉

응축하고 고요하여 아무런 조짐이 없지만

조화와 발육의 모든 것이 실로 그 가운데 배태된다.

309 밤잠으로 양심을 기르다 : 야기(夜氣)는 밤에 잘 자서 생기는 기운이다. 맹자는 이 야기로 인간의 양심을 보존하고 기른다고 말한다. 『맹자』「고자(告子) 상」, 8장. "그 낮과 밤이 양심을 불어나게 하는 것과 새벽의 기운에 있어서도, 그 좋아하고 미워하는 것이 다른 사람과 서로 비슷한 것이 거의 드문데, 그 아침과 낮에 하는 소행이 이를 꽁꽁 묶어서 없애버리니 꽁꽁 묶어서 없애는 것을 반복하면 야기도 양심을 보존할 수 없다. 야기로 양심을 보존할 수 없으면 금수와 다른 것이 많지 않다.(其日夜之所息, 平旦之氣, 其好惡與人相近也者幾希, 則其旦晝之所爲, 有梏亡之矣, 梏之反覆則其夜氣不足以存, 夜氣不足以存則其違禽獸不遠矣.)" 이 잠은 진덕수가 맹자의 야기를 음(陰), 겨울(冬), 정(貞)으로 설명한 것이다. 『서산문집(西山文集)』 권33, 『성리대전(性理大全)』 권70, 『고문집성(古文集成)』 권54에 수록되어 있다.

凝然寂然하여 不見兆朕하나
응 연 적 연 불 견 조 짐

而造化發育之具가 實胚胎乎其中이라.
이 조 화 발 육 지 구 실 배 태 호 기 중

대저 닫힘은 열림의 기초이고, 정숙함은 으뜸의 근본이니

간(艮)괘는 모든 사물의 시작과 끝이 된다.[310]

蓋闔者闢之基요 貞者元之本이니
개 합 자 벽 지 기 정 자 원 지 본

而艮所以爲物之始終이라.
이 간 소 이 위 물 지 시 종

한 번의 낮과 한 번의 밤이 삼백 육십 번 쌓이니,

겨울이 사계절의 밤이라면 밤은 하루의 겨울이다.

夫一晝一[311]夜者는 三百六旬之積이니
부 일 주 일 야 자 삼 백 육 순 지 적

故冬爲[312]四時之夜[313]이면 而夜乃一日之冬이라.
고 동 위 사 시 지 야 이 야 내 일 일 지 동

하늘과 땅 사이에서 모든 생명들이 고요해지니,

310 간(艮)괘는……된다 : 『주역』 「설괘전(說卦傳)」 5장. "간괘는 동북의 괘요, 만물의 끝을 이루는 바요 그래서 시작을 이루는 바다.(艮, 東北之卦也, 萬物之所成終, 而所成始也.)" 간(艮)괘의 상은 산(山)이고, 방위는 동북방이고, 오행으로는 토(土)가 되며, 괘덕은 지(止)이다. 한 해의 일을 완수하고 그치어 있어 기력을 내부에 저장함으로써 다음에 또 성대한 활동을 한다. 1년의 일을 완성하면 또 새로운 1년이 시작된다.(『주역해의』, 남동원 저, Ⅲ, p.339)

311 一 : 『서산문집(西山文集)』 권33에는 '一'이 없다. 『성리대전(性理大全)』 권70에는 '一'이 있다. 『고문집성(古文集成)』 권54에는 '一'이 있다.

312 爲 : 『서산문집(西山文集)』 권33에는 '爲'가 있고, 『성리대전(性理大全)』 권70에는 '爲'가 없다. 『고문집성(古文集成)』 권54에는 '爲'가 있다.

313 夜 : 성리대전(性理大全)』 권70에는 '分'으로 되어 있다.

고요하도다. 마치 천지가 나누어지기 이전의 홍몽과 같구나!

天壤之間에 羣動俱闃하여
천양지간 군동구격

窈乎如未判之鴻濛이로다.
묘호여미판지홍몽

오로지 사람의 몸도 어두워지면 들어가 편안히 쉬어야 하니[314] 또한 마땅히 조물주를 으뜸으로 삼아야 한다.

維人之身이 嚮晦宴息하니
유인지신 향회연식

亦當以造物而爲宗이라.
역당이조물이위종

반드시 그 마음을 재계하고, 반드시 그 몸을 엄숙히 하여 침상에서도 감히 함부로 해서, 태만하고 편벽된 마음으로 자신의 본심을 해치도록 하지 말라.

必齋其心하고 必肅其躬하여
필재기심 필숙기궁

不敢弛然自放於牀第[315]之上하여 使慢易非僻得以賊吾之
불감이연자방어상책 지상 사만이비벽득이적오지

衷하라.
충

하루 종일 부지런히 힘썼더라도, 잠시라도 끊어져서 혼미함을 용납하지 말고

314 어두워지면……하니 : 『주역전의(周易傳義)』 「수괘(隨卦)」 상전(象傳). "못 가운데 우레가 있는 것이 수(隨)이니, 군자가 이 괘를 보고서 날이 어둠을 향하거든 방안에 들어가 편안히 쉰다.(象曰, 澤中有雷, 隨, 君子以, 嚮晦入宴息.)"

315 第 : 『성리대전(性理大全)』 권70에는 '簀'으로 되어 있다.

소홀하기 쉬운 때에, 더욱 경계하고 삼가는 노력을 기울여야 한다.

雖終日乾乾이라도 靡容一[316]息之間斷而昏冥하고
수 종 일 건 건 미 용 일 식 지 간 단 이 혼 명

易忽之際에 尤當致戒謹之功이라.
이 홀 지 제 우 당 치 계 근 지 공

무릇 몸을 편안히 하는 것은 아침에 조회하고 낮에 방문하는 일을 하는 터전이 되니,

밤기운이 깊고 두터우면, 인의의 마음도 넓어져 무궁할 것이다.

蓋安其身은 所以爲朝聽晝訪之地이니
개 안 기 신 소 이 위 조 청 주 방 지 지

而夜氣深厚하면 則仁義之心亦浩乎其不窮이로다.
이 야 기 심 후 즉 인 의 지 심 역 호 호 기 불 궁

마음이 이미 서게 되면

또 일을 처리하고 대인관계를 하는 데서 잘 살펴야 하니라.

本旣立矣면
본 기 립 의

而又致察於事物周旋之頃이리라.
이 우 치 찰 어 사 물 주 선 지 경

경(敬)과 의(義)를 함께 유지하고,[317] 움직이고 고요함에 서로

316 一 : 『서산문집(西山文集)』 권33에는 '不'로 되어 있다.

317 경(敬)과……유지하고 : '경의협지(敬義夾持)'라는 표현이 처음 나온 곳은 『이정유서(二程遺書)』 권5의 "경과 의를 함께 유지하면, 이로부터 곧장 천덕에 도달하게 된다.(敬義夾持, 直上達天德自此.)"이다. 그런데 정호의 이 말은 『주역』 「곤괘(坤卦)」 육이(六二) 효사(爻辭)의 "곧고 방정하고 위대하다. 익히지 않아도 이롭지 않음이 없다.(直方大. 不習, 无不利.)"에 대한 「문언전」에 "직(直)은 그 바름이요, 방(方)은 그

기르면,[318]

욕심이 들어갈 틈이 없어서 천리가 밝고 환하게 될 것이다!

敬義夾持하고 動靜交養이면
경 의 협 지 　 동 정 교 양

則人欲無隙之可入하여 天理皦乎 其昭融하리라.
즉 인 욕 무 극 지 가 입 　 천 리 교 호 　 기 소 융

앎이 미치더라도 인으로 그것을 능히 지킬 수 없다면[319]

또한 텅빈 말이 되니, 그것을 어디에다 쓰리오!

然知及之而仁不[320]能守之면
연 지 급 지 이 인 불 　 능 수 지

의로움이다. 군자는 경(敬)으로써 안을 곧게 하고 의(義)로써 밖을 방정하게 하여, 경의(敬義)가 서서 덕이 외롭지 않다. '직방대(直方大), 불습(不習) 무불리(无不利)'는 그 행하는 바를 의심하지 않음이니라.(直其正也, 方其義也. 君子, 敬以直內, 義以方外, 敬義立而德不孤. 直方大, 不習无不利, 則不疑其所行也.)"에 근원하고 있다. 주희는 '경의협지(敬義夾持)'라는 정호의 말을 『근사록』과 『주자어류』, 『주자대전』 등에 남겼다.

318 움직이고……기르면 : 주희의 「경재잠(敬齋箴)」에는 '동정불위(動靜弗違) 표리교정(表裏交正)'이라는 표현이 나온다. '동정교양(動靜交養)'이라는 표현은 서산 진덕수의 「야기잠」에서 처음 나온 표현인 듯하다.

319 앎이……없다면 : 『논어』 「위령공(衛靈公)」 32장. "앎에 이르더라도 인으로 그것을 지키지 능히 지키지 못하면, 비록 얻는다 하더라도 반드시 잃는다. 앎이 이르고 어짊이 지키더라도 장엄하게 임하지 않으면 백성들이 공경하지 않는다. 앎이 이르고 어짊이 지키고 장엄하게 임하더라도 예로써 움직이지 않으면, 아직 선한 것은 아니다.(子曰, 知及之, 仁不能守之. 雖得之, 必失之. 知及之, 仁能守之, 不莊以涖之, 則民不敬. 知及之, 仁能守之, 莊以涖之, 動之不以禮, 未善也.)"

320 不 : 『서산문집(西山文集)』 권33, 『성리대전(性理大全)』 권70, 『고문집성(古文集成)』 권54에는 모두 '弗'로 되어 있다.

亦空言이니 其奚庸이리요!
역공언 기해용

이에 잠을 지어 스스로 경계하며,

두려워하고 고민하노라.

爰作箴以自砭하며,
원작잠이자폄

常懍懍[321] 乎癏[322]恫[323] 하노라.
상름름 호환 통

321 懍 : 위태하다. 『성리대전(性理大全)』 권70에는 '懍'이다. 그러나 『서산문집(西山文集)』 권33, 『고문집성(古文集成)』 권54에는 '凜'(늠름할 름)으로 되어 있다.

322 癏 : 병들다. 『서산문집(西山文集)』 권33, 『성리대전(性理大全)』 권70, 『고문집성(古文集成)』 권54에는 모두 '瘝'(병들 관)으로 되어 있다.

323 恫 : 상심하다.

54

오징의 공경하라 敬銘[324]

오징 吳澄

사람의 마음은 방탕하여 해이해지기 쉬우니,

잡으면 보존되고 놓으면 없어져서[325] 때론 들어오고 때론 나간다.

維人之心이 易於放逸하니,
유 인 지 심 이 어 방 일

324 공경하라 : 『오문정집(吳文正集)』, 『성리대전』 권70에 나온다. 경(敬)의 의미를 새긴 명(銘)이다. 『오문정집(吳文正集)』, 부록(附錄)에 "(오징이) 15세에 과거시험 공부하는 것을 싫어하게 되어서 성현의 학문에 힘써서 근잠(勤箴)과 근잠(謹箴) 두 잠을 지었다. 그리고 경명(敬銘), 화명(和銘)을 지었다.(十五歲, 知厭科擧之業, 用力聖賢之學, 作勤謹二箴, 作敬和二銘.)" 소주(小註)에 "오징이 말하기를 '나는 경명(敬銘)을 읽으면 사람의 심신을 수렴하여 온갖 바램들이 모두 소멸되어 마치 신령스러운 사당 한가운데 있는 듯하며 마치 엄한 스승의 옆에 있는 듯하여 싸늘한 가을 날씨인 듯하여 발이 무겁고 손이 공손한 지를 깨닫지 못하며, 화명(和銘)을 읽으면 사람의 심신이 기쁘고 넓어져 온갖 경계가 모두 혼융하게 되어서 음풍농월하며 꽃밭에서 버들나무와 함께 하는 느낌이어서 마치 밝은 봄날인 듯하여 자신도 모르게 손과 발이 춤을 추었다.'"

325 잡으면……없어져서 : 『맹자』 「고자(告子) 상」 8장. "그러므로 진실로 그 기름을 얻으면 자라지 아니하는 것이 없고, 진실로 그 기름을 잃으면 소멸하지 아니하는 것이 없다. 공자께서 말씀하시기를 '잡으면 보존되고 놓으면 없어져, 나가고 들어오는 것에 일정한 때가 없으니, 그 방향을 알 수 없는 것은 오직 마음을 두고 말한 것이다.'(故苟得其養, 無物不長, 苟失其養, 無物不消. 孔子曰操則存, 舍則亡, 出入無時, 莫知其鄕, 惟心之謂與.)"

操存舍亡하여 或入或出이라.
조존사망 혹입혹출

경이란 한 글자는 그 뜻이 정밀하니

배우는 자는 마땅히 가슴 속에 품어서 잃지 말아야 한다.

敬之一字는 其義精密하니
경지일자 기의정밀

學者所當 服膺弗失이라.
학자소당 복응불실

마음을 수렴하여 하나의 외물도 용납하지 않아야 하니[326]

마치 신령스런 사당에 들어간 듯하고, 마치 엄한 군율을 받드는 듯해야 한다.

收斂方寸하여 不容一物이니
수렴방촌 불용일물

如入靈祠하여 如奉軍律이라.
여입령사 여봉군률

잘 정돈하고 엄숙하며,[327] 단정하고 장중해서 고요히 하나를 이루고,

경계하고 신중하여 두려워하며,[328] 조심하고 두려워해야 한다.

326 하나의……하니 : 『심경부주(心經附註)』 권1 5장. "화정윤씨가 말하기를 경(敬)이란 그 마음을 수렴하여 어떠한 물건도 용납하지 않음을 이른다.(和靖尹氏曰, 敬者, 其心收斂, 不容一物之謂.)"

327 잘 정돈하고 엄숙하며 : 『심경부주(心經附註)』 권1 5장. "정자가 말씀하셨다. 정제하고 엄숙하면 마음이 저절로 한결같아지니, 한결같아지면 잘못되거나 편벽한 생각이 끼어들지 못할 것이다.(程子曰, 整齊嚴肅則心自一, 一則無非僻之干矣.)"

328 경계하고 신중하여 두려워하며 : 『중용장구』 1장. "도란 잠시도 떠날 수 없는 것이니, 떠날 수 있으면 도가 아니다. 그러므로 군자는 그 보지 않는 바에도 경계하고

整齊嚴肅하며 端莊靜一하고
정 제 엄 숙 단 장 정 일

戒愼恐懼하며 兢業戰栗하라.
계 신 공 구 긍 업 전 율

마치 큰 손님을 맞이한 듯하여 감히 경솔하게 행동하지 않고, 마치 큰 제사를 받든 듯하여[329] 감히 함부로 하고 소홀히 하지 않는다.[330]

如見大賓하여 罔敢輕率하고,
여 견 대 빈 망 감 경 솔

如承大祭하여 罔敢慢忽하라.
여 승 대 제 망 감 만 홀

보고 듣고 말하고 행동하는 것을 예가 아니면 말고,[331]

그 들리지 않는 바에도 두려워하는 것이다.(道也者, 不可須臾離也, 可離, 非道也. 是故, 君子戒愼乎其所不睹, 恐懼乎其所不聞.)"

329 마치 큰 제사를 받든 듯하여 : 주희, 「경재잠(敬齋箴)」. "出門如賓, 承事如祭, 戰戰兢兢, 罔敢或易." 『논어』 「안연(顔淵)」 2장. "중궁이 인에 대하여 물었다. 공자께서 말씀하시기를 "집 밖을 나서면 큰 손님을 만난 듯 하고, 백성을 부릴 때는 마치 큰 제사를 받들 듯이 하라. 자기가 바라지 않는 바를 남에게 베풀지 마라. 그러면 나라에서 원망하는 사람들이 없을 것이고, 가정에서도 원망하는 사람들이 없을 것이다.(仲弓問仁. 子曰, 出門如見大賓, 使民如承大祭. 己所不欲, 勿施於人, 在邦無怨, 在家無怨.)"

330 감히……않는다 : 주희, 「경재잠(敬齋箴)」. "出門如賓, 承事如祭, 戰戰兢兢, 罔敢或易. 守口如甁, 防意如城, 洞洞屬屬, 罔敢或輕."

331 예가 아니면 말고 : 『논어』 「안연(顔淵)」 1장. "안연이 말하기를 '감히 그 실천 조목을 묻습니다.' 공자께서 말씀하셨다. '예에서가 아니면 보지를 말고, 예에서가 아니면 듣지를 말고, 예에서가 아니면 말하지 말며, 예에서가 아니면 행동하지 말라.' 안연이 말하기를 '제가 비록 영민하지 못하지만 이 말씀을 일생동안 섬기겠습니다.'(顔淵曰, 請問其目. 子曰, 非禮勿視, 非禮勿聽, 非禮勿言, 非禮勿動. 顔淵曰, 回雖不敏, 請事斯語矣.)"

충성스럽고 믿음직스럽고 전수된 학문을 익히면[332] 내 몸에서 반성하는 것이 다 갖추어진다.

視聽言動을 非禮則勿하고
시청언동　비례즉물

忠信傳習이면 省身者悉이라.
충신전습　성신자실

내적으로 잡아야 하는 것은 정신과 심술이며,
외적으로 검속해야 하는 것은 형해와 기골이다.

把捉於中은 精神心術이요
파착어중　정신심술

檢束於外는 形骸肌骨이라.
검속어외　형해기골

항상 깨어 있도록 하고[333] 또한 날로 새로워져야 한다.[334]
이에 감히 이러한 말들로써 마음에 새긴다.

常令惺惺하고 又新日日하라.
상령성성　우신일일

敢以此語로 鏤于虛室이라.
감이차어　루우허실

332 전수된 학문을 익히면 : 『논어』 「학이(學而)」 4장. "증자가 말하기를 "나는 하루에 세 가지를 반성한다. 사람들과 남을 위한 모의를 하면서 진실하지 않은 적이 있었는가? 학우들과 교제하면서 진실되게 믿지 않은 적이 있었는가? 스승께서 전해준 가르침을 익히지 않은 적이 있었는가?(曾子曰, 吾日三省吾身, 爲人謀而不忠乎, 與朋友交而不信乎, 傳不習乎.)"

333 항상 깨어 있도록 하고 : 『심경부주(心經附註)』 권1 5장. "상채 사씨가 말하기를 '경은 항상 깨어 있는 법이다.'(上蔡謝氏曰, 敬, 是常惺惺法.)"

334 또한 날로 새로워져야 한다 : 『대학장구』 「전2장」. "탕왕의 세숫대야에 새긴 명에 이르기를, 진실로 어느 날에 새로워졌거든 나날이 새롭게 하고 또 날로 새롭게 하라.'라고 했다.(湯之盤銘曰, 苟日新, 日日新, 又日新.)"

55

온화하라 和銘[335]

오징 吳澄

'조화로우나 휩쓸리지 않는다'[336]는 가르침이 『중용』에 있으니,
안연은 화락하였고[337] 공자는 따뜻하고 공손하셨다.

和而不流는 訓在中庸하니
화 이 불 류 훈 재 중 용

顔之愷悌요 孔之溫恭이라.
안 지 개 제 공 지 온 공

공자와 안연이 이미 가셨으니 누가 그 먼 발자취를 이을까?
저 우뚝하신 선각자 원공(주돈이)[338]과 순공(정호)[339]이네.

335 『오문정집(吳文正集)』, 『성리대전』 권70에 나온다.

336 조화로우나 휩쓸리지 않는다 : 『중용장구』 전10장. "그러므로 군자는 조화로우면서도 세속적 욕구에 휩쓸리지 않으니, 강하다. 꿋꿋함이여, 중립하여 치우치지 않으니, 강하다. 꿋꿋함이여. 나라가 도가 있을 때에는 곤궁할 때의 초심을 변지 않으니, 강하다 꿋꿋함이여. 나라에 도가 없을 때에는 죽음에 이르더라도 지조를 변치 않으니, 강하다. 꿋꿋함이여.(故君子和而不流, 强哉矯. 中立而不倚, 强哉矯. 國有道, 不變塞焉, 强哉矯. 國無道, 至死不變, 强哉矯.)"

337 화락하였고 : 원문은 '愷悌'이다 . 얼굴과 기상이 화락하고 단아함. 『성리대전(性理大全)』 권70에는 '豈弟'로 되어 있다.

338 원공 : 원공(元公)은 주돈이(周敦頤 : 1017~1073)의 시호다. 자는 무숙(茂叔)이다. 남강군 지사가 되었을 때 여산 연화봉 아래 살았다. 그곳의 시내 이름을 따서 호를 염계(濂溪)라고 하였다. 그의 초명은 돈실(惇實)이었으나 영종(英宗)의 이름을

孔顏往矣하니 孰繼遐蹤하리요?
공안왕의 숙계하종

卓彼先覺인 元公淳公 이라.
탁피선각 원공순공

원기가 모이고 순박한 덕이 모이니,

순공의 덕은 상서로운 햇빛과 구름이 빛나는 것과 같고, 원공의 덕은 비 갠 뒤의 밝은 달과 맑은 바람과 같도다.

元氣之會하고 淳德之鐘하니
원기지회 순덕지종

瑞日祥雲하고 霽月光風이라.
서일상운 제월광풍

마당의 풀도 뽑지 않을 만큼 만물을 사랑하는 의사가 가득찼으니,

천지가 만물을 낳는 혼융한 기상이 그득하구나![340]

庭草不除하여 意思冲冲하니
정초불제 의사충충

天地生物의 氣象融融이라!
천지생물 기상융융

만물을 고요히 살피면 그 경지가 하늘과 통하고,

사계절에서 아름다운 흥취가 있으니 모든 사람들과 함께 즐긴다.[341]

피하여 고쳤다. 정호·정이의 스승으로 심성 의리의 학문을 밝혀 송대 성리학의 비조로 불린다. 저서로는 「태극도」와 『태극도설』 『통서』가 있다.

339 순공 : 순공(淳公)은 정호(程顥 : 1032~1085)이다. 자는 백순(伯淳)이며 호는 명도(明道)이다. 동생 정이와 함께 낙양에 살았다. 정이에 비하여 성격이 호방하였다.

340 천지가……그득하구나 : 『근사록(近思錄)』 권1. "천지가 만물을 낳는 기상을 살펴본다.(觀天地生物氣象.)" 『정씨유서(程氏遺書)』 권6. "본주에는 '주무숙이 본다.'고 하였다.(本注云, 周茂叔看.)"

341 『맹자』 「양혜왕장구하」 1장 : "지금 왕께서 백성들과 즐거움을 함께 하신다면, 왕도정치를 행하실수 있을 것입니다.(今王 與百姓同樂 則王矣)"

萬物靜觀하면 境與天通하고
만 물 정 관　　경 여 천 통

四時佳興하니 樂與人同이라.
사 시 가 흥　　락 여 인 동

뾰족한 모서리가 없어져 마음은 봄과 같으니,

윤기나는 옥과 같고 잘 익은 술과 같다.

泯若圭角하여 春然心胸하니
민 약 규 각　　춘 연 심 흉

如玉之潤하니 如酒之醲이라.
여 옥 지 윤　　여 주 지 농

덕기가 훤하게 얼굴에 나타나며 등에 가득하고,[342] 말과 얼굴색이 온화하고 조용하며,

사람을 상대하고 일을 처리하는 데에 덕량이 깊고 넓도다.

睟面盎背하고 辭色雍容하며
수 면 앙 배　　사 색 옹 용

待人接物에 德量含洪이라.
대 인 접 물　　덕 량 함 홍

온화하고 순수한 기운은 함양하는 공부의 결과이니,

감히 이러한 말을 몸에 지니고자 한다.

和粹之氣는 涵養之功이니
화 수 지 기　　함 양 지 공

敢以此語를 佩于厥躬이라.
감 이 차 어　　패 우 궐 궁

342 덕기가……가득하고 :『맹자』「진심(盡心) 상」 21장. “군자가 본성으로 여기는 것은, 인의예지가 마음속에 뿌리를 내리고 있으면서, 그것이 밖으로 드러나면 훤하게 얼굴에 나타나고 등에 가득하며 온몸에 퍼져서 온몸이 말을 하지 않고서도 알게 하는 것이다.(君子所性, 仁義禮智根於心, 其生色也睟然見於面, 盎於背, 施於四體, 四體不言而喩)”

56

자신을 새롭게 하라 自新銘

오징 吳澄

이는 본래 희지만 하루아침이라도 닦지 아니하면 더러움이 이미 쌓이고
얼굴은 본래 희지만 하루아침이라도 세수하지 아니하면 그 때가 이미 시커멓게 되며
몸은 본래 희지만 하루라도 씻지 않으면 그 모습이 이미 검어진다.

齒本白이나 一朝不漱면 其汚已積하고
치 본 백 일 조 불 수 기 오 이 적
面本白이나 一旦不頮면 其垢已黑이며
면 본 백 일 단 불 회 기 구 이 흑
體本白이나 一日不浴이면 其形已墨이라.
체 본 백 일 일 불 욕 기 형 이 묵

이는 비록 더럽더라도 닦으면 곧 더러움이 없어지고
얼굴이 비록 더럽더라도 세수를 하면 곧 때가 없어지며
몸이 비록 검더라도 목욕을 하면 옥처럼 빛나 맑고 또 깨끗해진다.

齒雖汚라도 漱之則卽無하고
치 수 오 수 지 즉 즉 무

面雖垢라도 頮之則卽不하며
면 수 구 회 지 즉 즉 부

體雖墨이라도 其形浴之면 則瑩然如玉하야 潔且淸이라.
체 수 묵 기 형 욕 지 즉 영 연 여 옥 결 차 청

이에 알겠도다. 이는 본래 더러움이 없으나 그 더러운 것은 스스로 취한 것임을.

얼굴에 본래 때가 없으나 그 더러운 것은 실제로 스스로 취한 것임을.

몸은 본래 맑고 또 깨끗하나 그 모습이 검어진 것은 실제로 스스로 만든 것임을.

是知로다. 齒本無汚이나 其汚也實自吾를.
시 지 치 본 무 오 기 오 야 실 자 오

面本無垢이나 其垢也實自取를.
면 본 무 구 기 구 야 실 자 취

體本潔且淸이나 其形之墨也實自成을.
체 본 결 차 청 기 형 지 묵 야 실 자 성

이는 본래 희나 내가 스스로 더럽힌 것이니 누구의 탓이겠는가?
얼굴은 본래 희나 내가 스스로 더럽힌 것이니 누구의 허물인가?
몸은 본래 희나 내가 스스로 검게 했으니 누구의 잘못인가?

齒本白이나 而我自汚니 誰之辜인가?
치 본 백 이 아 자 오 수 지 고

面本白이나 而我自垢니 誰之咎인가?
면 본 백 이 아 자 구 수 지 구

體本白이나 而我自墨하니 誰之慝이리오?
체 본 백 이 아 자 묵 수 지 특

다행히 하루아침이라도 그 이를 닦으면 하얀 것이 회복되며
하루아침에 그 얼굴을 씻으면 흰 것이 다시 나타나며

하루아침에 그 몸을 깨끗이 하여 흰 것이 옥과 같이 회복된다.

幸而一朝 漱其齒면 白者復爾며
행 이 일 조 수 기 치 백 자 복 이

一朝[343]頮其面이면 白者復見하며
일 조 회 기 면 백 자 부 현

一日潔其體면 而白者復如玉하리라.
일 일 결 기 체 이 백 자 복 여 옥

어찌 옛날의 나라고 하지 않으리오? 몸의 흰 것이 이미 더러워졌지만

이제 씻어 깨끗해져서 옛날에 물들었던 것이 새롭게 되었으니[344]

지금 이후에는 거의 다시 더러워지게 해서는 안 된다.

盍曰向也吾리오? 身白者已塵타가
합 왈 향 야 오 신 백 자 이 진

今焉澡雪하여 舊染維新하니
금 언 조 설 구 염 유 신

而今而後에는 殆不可復이니라.
이 금 이 후 태 불 가 복

선비된 사람이 자기를 지킴은 마땅히 여인처럼 해야 하고,

글을 하는 사람이 몸을 다스림은 마땅히 무인같이 해야 한다.

士子守己는 當如女子하고
사 자 수 기 당 여 여 자

343 朝 : 『성리대전(性理大全)』 권70에는 '旦'으로 되어 있다.

344 옛날에……되었으니 : 『시경』 「대아(大雅) 문왕(文王)」. "문왕이 하늘에 계시어 아! (그 덕이) 하늘에 밝게 빛나시니 주나라가 비록 오래된 나라이나 그 천명이 새롭구나. 주나라가 드러나지 않았는가? 상제의 명이 때에 맞지 않았는가? 문왕의(천상과 지상을) 오르고 내리심이 상제의 곁에 계시네.(文王在上, 於昭于天, 周雖舊邦, 其命維新. 有周不顯, 帝命不時, 文王陟降, 在帝左右.)"

文人治身은 當如武人이라.
문 인 치 신　당 여 무 인

여인이 방에 거처할 때에는 반드시 털끝만한 오점도 없도록 해야 하니
깔끔하게 스스로를 지키는 것이 이와 같아야 자기를 지킴이 여인과 같다고 한다.

女子居室에는 必無一毫點汚니
여 자 거 실　필 무 일 호 점 오
介然自守如此라야 是謂守己如女니라.
개 연 자 수 여 차　시 위 수 기 여 여

무인이 적을 죽이는데 반드시 곧게 앞으로 나아가고 돌아보지 않나니
스스로 다스림에 용맹함이 이와 같아야 몸 다스림을 무인처럼 한다고 한다.

武人殺敵에는 必須直前不顧니
무 인 살 적　필 수 직 전 불 고
勇於自治如此라야 是謂治身如武니라.
용 어 자 치 여 차　시 위 치 신 여 무

여자가 여자답지 못한 것은 『주역』에서 말하는 '몸을 지키지 못하는 것'[345]이며
무인이 무인답지 못한 것을 『좌전』에서 말하는 '나는 대장부가

345 『주역』에서……못하는 것 : 『주역』 「몽괘(蒙卦)」 육삼(六三) 효사(爻辭). "이런 여자를 취하지 말라. 돈 많은 남자를 보고 몸을 지키지 못하니 이로울 바가 없다.(勿用取女. 見金夫, 不有躬, 无攸利.)"

아니다'[346]이다.

女不女는 易所謂不有躬也며
여불여 역소위불유궁야

武不武를 傳所謂我非夫者라.
무불무 전소위아비부자

자신의 결백한 것이 혼연히 온전하여 아직 무너지기 전에는 항상 여자답지 못한 여자가 되는 것을 경계함을 귀하게 여기며, 자신의 결백한 것이 이미 무너져서 온전함을 구할 때는 마치 무인답지 못한 무인과 같지 않도록 경계해야 한다.

身之白者가 渾全而未壞에는 貴常以不女之女爲戒하며
신지백자 혼전이미괴 귀상이불여지여위계

身之白者가 旣壞而求全에는 謹無若不武之武人然이라.
신지백자 기괴이구전 근무약불무지무인연

346 『좌전』에서……아니다 : 『춘추좌전』「선공(宣公) 12년」에 "적군의 강함을 듣고서 물러나는 것은 장부가 아니다.(聞敵而退非夫也)"

57

자신을 수양하라 自修銘[347]

오징 吳澄

천성을 기르고 천정(天情)[348]을 다스리며

천관(天官)[349]을 바로잡고 천륜을 다하라.

養天性하고 治天情하며
양 천 성 　　치 천 정

正天官하고 盡天倫하라.
정 천 관 　　진 천 륜

어떻게 기르고 어떻게 다스리며

어떻게 바로잡고 어떻게 다할 것인가?

奚而養하고 奚而治하며
해 이 양 　　해 이 치

奚而正하고 奚而盡인가?
해 이 정 　　해 이 진

347 『성리대전』 권70에 나온다.

348 천정(天情) : 『순자(荀子)』 「천론(天論)」. "하늘의 직무가 수행되고, 하늘의 공적이 이루어진 뒤에, 사람의 형체가 갖추어지고 정신이 생겨나서, 좋아함과 싫어함, 기쁨과 노여움, 슬픔과 즐거움의 감정이 깃들게 된다. 이것을 天情이라 한다.(天職旣立, 天功旣成, 形具而神生, 好惡喜怒哀樂臧焉. 夫是之謂天情.)" 인간의 감정을 말한다.

349 천관(天官) : 『순자(荀子)』 「천론(天論)」. "귀·눈·코·입과 형체는 각기 접촉할 수 있지만 기능을 바꿀 수는 없다. 이것을 천관(天官)이라 한다.(耳目鼻口形, 能各有接, 而不相能也. 夫是之謂天官.)"

아직 알지 못할 때는 그것을 궁구하고

이미 알게 되면 그것을 실천하라.

未知之엔 則究之하고
미 지 지 즉 구 지

旣知之엔 則踐之하라.
기 지 지 즉 천 지

궁구란 무엇인가? 그 이치를 궁구하는 것이다.

실천이란 무엇인가? 그 일을 이행하는 것이다.

究者何잇고? 窮其理라.
구 자 하 궁 기 리

踐者何잇고? 履其事라.
천 자 하 리 기 사

어떻게 하여야 인의예지의 길이며,

어떻게 하여야 희·로·애·구·애·오가 절도인가?

若何而라야 爲仁義禮智之道이며
약 하 이 위 인 의 예 지 지 도

若何而라야 爲喜怒哀懼愛惡之節인가?
약 하 이 위 희 노 애 구 애 오 지 절

어떻게 하여야 이목비구와 수족과 사지의 법칙이며,

어떻게 하여야 군신·부자·부부·장유·붕우의 상도인가?

若何而라야 爲耳目鼻口手足四支之則이며
약 하 이 위 이 목 비 구 수 족 사 지 지 칙

若何而라야 爲君臣父子夫婦長幼朋友之常인가?
약 하 이 위 군 신 부 자 부 부 장 유 붕 우 지 상

그렇게 되는 까닭을 탐구하고 그렇게 해야 하는 마땅한 것을 찾으면

이것을 일러 이치를 궁구하는 것이라 한다.

探其所以然하고 求其所當然하면
탐 기 소 이 연 구 기 소 당 연

是之謂窮其理라.
시 지 위 궁 기 리

마음에 보존할 때는 이와 같이 하고,
일에 드러낼 때는 이와 같이 하고,
몸으로 행할 때 또한 이와 같이 해야 한다.

存之於心則如此하고
존 지 어 심 즉 여 차

見之於事則如此하고
현 지 어 사 즉 여 차

行之於身則又如此니라.
행 지 어 신 칙 우 여 차

안으로 가정에서 시행할 때는 이와 같이 하고,
밖으로 남에게 미루어 나아갈 때는 이와 같이 하고
확대하여 천하에까지 베풀 때 또한 이와 같이 해야 한다.

內而施之於家則如此하고
내 이 시 지 어 가 즉 여 차

外而推之於人則如此하고
외 이 추 지 어 인 즉 여 차

大而措之於天下則又如此하니라.
대 이 조 지 어 천 하 즉 우 여 차

몸으로 그것을 행하고 힘써 그것을 실천해야 하니
이것을 일러 일을 이행하는 것이라 한다.
그렇다면 먼저 어떻게 해야 하는가?
진실함을 세워 몸가짐을 삼가고 공경해야 한다.

躬行之焉하고 力踐之焉하니
궁행지언 역천지언

是之謂履其事니라.
시지위리기사

然則其先如之何잇가?
연즉기선여지하

曰立誠而居敬이니라.
왈입성이거경

58

욕심을 줄여라 消人欲銘[350]

오징 吳澄

인욕의 극치는 오직 여색과 음식이니

음식은 몸을 훼손할 수 있고 여색은 나라를 망하게 할 수 있다.[351]

人欲之極은 惟色與食이니
인 욕 지 극　유 색 여 식

食能殞軀하고 色能傾國이라.
식 능 운 구　색 능 경 국

형의 팔을 비틀고 처자를 끌어와야[352] 음식과 여색을 얻는다 해서

350 『성리대전』 권70에 나온다.

351 여색은……있다 : 『한서(漢書)』 「이부인열전(李夫人列傳)」. 경국지색(傾國之色)으로, 나라를 기울어지게 할 만큼의 미인. 중국 한무제 때 협률도위(協律都尉 : 음악을 관장하는 벼슬)로 있던 이연년(李延年)이 지은 시에서 비롯된다. "북방에 아름다운 여인 있어 세상을 뛰어넘어 홀로 우뚝 섰네. 한 번 보면 성이 기울고 두 번 보면 나라가 기우네. 성을 기울이고 나라를 기울게 함을 어찌 모르리오 마는 아름다운 여인은 다시 얻기 어렵다네.(北方有佳人兮, 絶世而獨立兮. 一顧傾人城兮, 再顧傾人國兮. 寧不知傾城傾國, 佳人難再得.)"

352 형의 팔을……끌어와야 : 『맹자』 「고자(告子) 하」. "형의 팔뚝을 비틀어 그 밥을 빼앗으면 먹을 수 있고, 비틀지 아니하면 먹을 수 없더라도 장차 그를 비틀겠는가? 동쪽 담장을 넘어가서 그 집의 처자를 끌어 오면 아내를 얻고, 끌어 오지 아니하면 아내를 얻지 못하더라도 장차 그를 끌어 오겠는가?(紾兄之臂而奪之食則得食, 不紾則不得食, 則將紾之乎? 踰東家牆而摟其處子則得妻, 不摟則不得妻, 則將摟之乎.)"

팔을 비틀고 여자를 끌어안는다면 또한 크게 미혹되는 일이 아니겠는가?

紾兄摟子하여 食色乃得이라하여
진 형 루 자　식 색 내 득

將紾將摟면 不亦大惑인가?
장 진 장 루　불 역 대 혹

반드시 도에 마음을 쓰고 반드시 덕을 좋아하여
음식을 도모하지 말고 여색을 좋아하지 말라.

必也謀道하고 必也好德하여
필 야 모 도　필 야 호 덕

而勿謀食하고 而勿好色이라.
이 물 모 식　이 물 호 색

마시고 먹는 것과 남녀 관계는 커다란 욕망이 여기에 존재하는 것이니
욕망에 의해서 흐르지 않아야 성현이 될 수 있다.

飮食男女는 大欲存焉이니
음 식 남 녀　대 욕 존 언

不爲欲流라야 乃可聖賢이라.
불 위 욕 류　내 가 성 현

내가 옛사람들을 생각해보니 천리로써 욕망을 제어하고
항상 경계하고 두려워하며 오직 자기만 아는 마음의 기미를 삼가 하였네.

我思古人하니 以理制欲하여
아 사 고 인　이 리 제 욕

常戒以懼하며 惟愼其獨하네.
상 계 이 구　유 신 기 독

어진 이를 어질게 여기기를 색을 좋아하는 마음과 바꾸듯이 하더라도[353] 선을 좇는 것이 부족한데

어느 겨를에 여색을 탐하여 감정을 방자하게 하고 눈을 즐겁게 하겠는가?

賢賢易色(현현역색)이라도 好善不足(호선부족)한데

何暇色耽(하가색탐)하여 恣情悅目(자정열목)하리오?

먹음에 배부름을 구하지 않으며 배움에 뜻을 두고 독실하게 해야 하니[354]

어느 겨를에 먹을 것을 구하여 그 배부름을 다 하겠는가?

食無求飽(식무구포)하고 志學惟篤(지학유독)하니

353 어진 이를……하더라도 : 『논어』「학이(學而)」 7장. "자하가 말하였다. 어진이를 어질게 여기되 색을 좋아하는 마음과 바꾸듯이 하며, 부모를 섬기되 그 힘을 다할 수 있고, 인군을 섬기되 그 몸을 바칠 수 있고, 붕우와 더불어 사귀되 말에 신실함이 있으면 비록 배우지 않았다고 말하더라도 나는 반드시 그를 배웠다고 하겠다.(子夏曰, 賢賢易色, 事父母能竭其力, 事君能致其身, 與朋友交言而有信, 雖曰未學, 吾必謂之學矣.)"

354 먹음에……해야 하니 : 『논어』「학이(學而)」 14장. "공자께서 말씀하셨다. 군자는 먹음에 배부름을 구하지 않으며, 거처함에 편안함을 구하지 않으며, 일을 민첩하게 하고 말을 삼가며, 도가 있는 사람에게 찾아가서 바로잡는다면 학문을 좋아한다고 말할 만하다.(子曰, 君子食無求飽, 居無求安, 敏於事而愼於言, 就有道而正焉, 可爲好學也已.)" 주자주(朱子註). "윤씨가 말하였다. '군자의 학문이 이 네 가지에 능하다면 뜻이 독실하고 행동을 힘쓰는 자라고 말할 만하다.'(尹氏曰, 君子之學, 能是四者, 可謂篤志力行者矣.)"

何暇食求하야 以極其腹하리오?
하 가 식 구 이 극 기 복

혹 그렇게 하지 않는다면 이런 사람도 혹 하늘이 낳은 사람일까? 음식을 탐하고 여색에 넘쳐서 마음이 빼앗긴다면 격언에 부끄러움이 있게 된다.

如或不然하면 是人其天인가?
여 혹 불 연 시 인 기 천

貪淫蠱惑하면 有愧格言이라.
탐 음 고 혹 유 괴 격 언

아름다운 여색을 바란다면 아직 덕이 좋다는 것을 모르는 것이며,[355]
거친 음식을 부끄럽게 여긴다면 아직 도를 의논하기에 부족하다.

好色是欲이면 德未見好이며
호 색 시 욕 덕 미 견 호

惡食是恥면 未足議道니라.
악 식 시 치 미 족 의 도

아, 식색이여! 지금 여기에 그것을 경계하노니,
어떻게 경계할 것인가? 굳셈으로써 그것을 다스려야 할 것이다.

嗚呼라, 食色이여! 今其戒玆하노니
오 호 식 색 금 기 계 자

戒之如何잇가? 剛以治之니라.
계 지 여 하 강 이 치 지

355 아름다운……것이며 :『논어』「자한(子罕)」. "나는 덕을 좋아하기를 여색을 좋아하듯이 하는 사람을 보지 못했다.(吾未見好德如好色者也.)"

59

천리 가꾸기 長天理銘[356]

오징 吳澄

천리의 지극함은 오직 인과 의이다.

인은 다만 효도에 있고 의는 다만 공경에 있다.

天理之至는 惟仁與義라.
천 리 지 지 유 인 여 의

仁只在孝하고 義只在弟니라.
인 지 재 효 의 지 재 제

진실로 어버이께 효도하면 그러면 자식이 될 수 있고

진실로 형님께 공경하면 그러면 아우가 될 수 있다.

苟孝於親하면 是能爲子하고
구 효 어 친 시 능 위 자

苟弟於兄하면 是能爲弟라.
구 제 어 형 시 능 위 제

자식이 되고 아우가 될 수 있다면 다른 것도 여기에서 벗어나지 않는다.

이것도 할 수 없다면 더구나 다른 일을 어떻게 하겠는가?

能爲子弟하면 他不外是라.
능 위 자 제 타 불 외 시

此之不能이면 何況他事리오?
차 지 불 능 하 황 타 사

356 천리 가꾸기 :『성리대전』 권70에 나온다. 마음의 이법을 기른다는 뜻이다.

인륜을 다한 것은 요와 순이 지극하지만

그러나 그 행한 도리는 효도와 공손[357]일 뿐이다.

盡乎人倫은 堯舜爲至나
진호인륜　요순위지

然其爲道는 孝弟而已라.
연기위도　효제이이

이 두 가지를 아는 것이 바로 지혜라는 것이고[358]

이 두 가지를 절도 있게 행하는 것이 곧 예라는 것이다.[359]

知斯二者는 卽所謂智요
지사이자　즉소위지

節斯二者면 卽所謂禮라.
절사이자　즉소위예

실제로 이 두 가지를 가지면 곧 신실함이라 하고

이 두 가지를 편안히 행하면 즐거워 생기가 솟아난다.

實有二者는 卽信之謂요
실유이자　즉신지위

安行二者면 樂則生矣라.
안행이자　낙즉생의

인의예지신과 온갖 행동은 이 두 가지를 벗어나지 않으며

357 효와 공손 : 『논어』 「학이(學而)」 2장. "군자는 근본을 힘쓰니, 근본이 확립되면 도가 발생하는 것이다. 효와 공손(悌)라는 것은 그 인을 행하는 근본일 것이다.(君子務本, 本立而道生, 孝弟也者, 其爲仁之本與.)"

358 이 두……것이고 : 『중용장구』 25장. "남을 이루어 줌은 지이다.(成物智也.)" 주자주. "지(智)란 작용하여 드러나는 것이다.(知者, 用之發.)"

359 이 두……것이다 : 『대학장구』. "예는 하늘의 이치에 적절히 하여 문채남이요, 사람의 일의 근본이 되는 행동규범이다.(禮, 天理之節文, 人事之儀則.)"

정신을 궁구하고 변화를 아는 것[360] 또한 이로부터 시작된다.

五常百行은 不離斯二하며
오 상 백 행 불 리 사 이

窮神知化도 亦由此始라.
궁 신 지 화 역 유 차 시

혹 그렇게 하지 않는다면 불교에 흘러들어가서

두루 보편적이라고 일컫지만 실은 윤리에서 벗어나게 된다.

如或不然하면 流入佛氏하여
여 혹 불 연 유 입 불 씨

名爲周徧이나 實外倫理라.
명 위 주 편 실 외 윤 리

어버이를 섬기고 형을 따르는 것이 어찌 쉬운 것이 아니겠는가?

사람이 할 수 없는 것이 아니라 다만 하지 않을 뿐이다.

事親從兄이 豈不甚易한가?
사 친 종 형 기 불 심 이

人非不能이라 特不爲耳라.
인 비 불 능 특 불 위 이

오호라 인의여! 그것을 하는 것이 자기로부터 시작되는 것이니

더욱 힘써서 자포자기[361]하지 말지어다.

360 정신을……아는 것 : 『주역』 「계사(繫辭) 하」 5장. "자벌레가 굽히는 것은 펴기 위한 것이고, 용과 뱀이 동면하는 것은 자기 몸을 보존하기 위한 것이다. 뜻을 정밀히 하여 신묘한 경지에 들어가는 것은 쓰임을 다하기 위한 것이고, 쓰임을 이롭게 하여 몸을 편안히 하는 것은 덕을 높이기 위한 것이다. 이것을 지난 이후는 혹 알 수 없다. 정신을 궁구하여 변화를 아는 것이 덕의 성대함이다.(尺蠖之屈, 以求信也, 龍蛇之蟄, 以存身也. 精義入神, 以致用也, 利用安身, 以崇德也. 過此以往, 未之或知也. 窮神知化, 德之盛也.)"

361 자포자기 : 『맹자』 「이루(離婁) 상」 10장. "맹자께서 말씀하셨다. '스스로를 해

嗚呼(오호)라 仁義(인의)여 爲之由己(위지유기)니
尙勉之哉(상면지재)하여 毋自暴棄(무자포기)라.

치는 자는 함께 진리를 말하는 것이 있을 수 없고, 스스로를 버리는 자는 함께 진리를 행하는 것이 있을 수 없다. 말로써 예의를 비방하는 것을 스스로를 해치는 것이라 하고, 내 몸은 인에 거하거나 의를 말미암을 수 없다고 하는 것을 스스로를 버리는 것이라 한다. 인은 사람의 편안한 집이고 의는 사람의 바른 길이다. 편안한 집을 비워두고 거처하지 않으며, 바른 길을 버려두고 말미암지 아니하니 슬프도다.'(孟子曰, 自暴者, 不可與有言也, 自棄者, 不可與有爲也. 言非禮義, 謂之自暴也, 吾身不能居仁由義, 謂之自棄也. 仁人之安宅也, 義人之正路也, 曠安宅而弗居, 舍正路而不由, 哀哉.)"

60

자신을 극복하라 克己銘[362]

오징 吳澄

병을 제거하는 것은 어려운 것이 아니나 마땅히 그 뿌리를 뽑아야 되니,

자기의 사사로움을 이미 이기고 나면 천리는 다시 회복된다.

去病非難이나 當拔其根이니
거병비난 당발기근

己私旣克하면 天理復還이라.
기사기극 천리부환

자기사심을 이기지 못하고 통제하고 억누르기만 하면

진실로 그 세력이 거세지지는[363] 않겠지만 끝내는 여전히 숨어

362 자신을 극복하라 :『성리대전』 권70에 나온다. 『논어』「안연(顔淵)」 "안연이 인을 물으니 공자께서 말씀하셨다. '자기의 사욕을 이겨 예에 돌아감이 인을 하는 것이니, 하루 동안이라도 사욕을 이겨 예에 돌아가면 천하가 인을 하는 것이다. 인을 하는 것은 자기에게 달려 있으니, 남에게 달려 있는 것이겠는가? 안연이 그 조목을 묻겠습니다.' 고 말하자 공자께서 말씀하셨다. '예가 아니면 보지 말며, 예가 아니면 듣지 말며, 예가 아니면 말하지 말며, 예가 아니면 동하지 마는 것이다.' 안연이 말하였다. '제가 비록 불민하오나 청컨대 이 말씀을 섬기겠습니다.'(顔淵問仁. 子曰, 克己復禮爲仁, 一日克己復禮, 天下歸仁焉. 爲仁由己, 而由人乎哉. 顔淵曰, 請問其目. 子曰, 非禮勿視, 非禮勿聽, 非禮勿言, 非禮勿動. 顔淵曰, 回雖不敏, 請事斯語矣.)"

363 그 세력이 거세지지는 : 원문은 '猖獗'이다. 미쳐 날뜀, 나쁜 자의 세력이 걷잡을 수 없이 강성해진다는 뜻이다. 猖 : (창) 미쳐 날뛰다. 獗 : (궐) 날뛰다.

있게 된다.[364]

克他未得하고 但加裁抑하면
극타미득 단가재억

固不猖獗이나 終尚潛匿이라.
고불창궐 종상잠닉

극복한다는 것은 어떻게 하는 것인가? 비유하면 적을 격파하는 것과 같다.

싸워서 이기는 것, 이것을 극복이라 한다.

克者伊何오? 譬如破敵이라.
극자이하 비여파적

戰而勝之를 是之謂克이라.
전이승지 시지위극

두 가지가 실정이 다른 것을 학문하는 사람은 밝혀야 하니

욕심은 적과 같으니 들어와서 나의 마음을 점거한다.

二者異情을 學者當明이니
이자이정 학자당명

人欲如敵하니 入據吾城이라.
인욕여적 입거오성

나와 싸워 지게 되면 멀리 물러나 명령에 따르니

감히 다시 와서 마음을 공격하고 명령을 어기지 못하게 된다.[365]

364 몰래 숨어 있게 된다 : 원문은 '潛匿'이다. 몰래 숨는다는 뜻이다. 潛 : (잠) 자맥질하다, 匿 : (닉) 숨다.

365 감히……된다 : 『주역』「간괘(艮卦)」 육이(六二). "그 장딴지에 그침이니 구원하지 못하고 따르는 지라, 그 마음이 유쾌하지 못하도다. 상에 말하기를 '부증기수'는 물러나 듣지 않는다.(六二. 艮其腓, 不拯其隨, 其心不快. 象曰, '不拯其隨', 未退聽也.)"

被吾戰勝하여 遠屛退聽하면
피 오 전 승 원 병 퇴 청

不敢復來하여 攻城犯命이라.
불 감 부 래 공 성 범 명

혹 적이 내 안에 있으면 마음 밖으로 몰아내고

문을 닫고 굳게 항거하며 험준한 곳에 의지해서 지킨다.

或敵在內하여 驅之城外하고
혹 적 재 내 구 지 성 외

閉門固拒하며 控守要害라.
폐 문 고 거 공 수 요 해

비록 들어오지는 못하더라도 화근은 아직 존재하니

수비가 한 번 느슨해지면 또 다시 공격을 받아 허물어진다.

雖不得入이라도 禍胎猶在하니
수 부 득 입 화 태 유 재

守備一踈면 又被攻壞라.
수 비 일 소 우 피 공 괴

한 번 싸움에 공이 있어 적이 스스로 복종함에

구석구석 굳게 지키면 적이 감히 힘껏 싸움을 걸겠는가?

一戰有功하여 敵自服從에
일 전 유 공 적 자 복 종

區區固守하면 敵敢力鬪아?
구 구 고 수 적 감 역 투

어느날 자신을 극복하면 즉시 예를 회복하여

천하가 인으로 돌아가리니 그 공효가 이와 같으니라.

一日克己면 隨卽復禮하여
일 일 극 기 수 즉 복 례

天下歸仁하니 其效如此리라.
천 하 귀 인 기 효 여 차

이기고 자랑하고 원망하고 욕심내는 것[366]을 한갓 힘으로 억제하여

행하지 못하게 하면 아직 인은 아니다.

克伐怨欲을 苟徒力制하여
극 벌 원 욕 구 도 역 제

而使不行이면 仁則猶未라.
이 사 불 행 인 칙 유 미

악을 물리치는 방법은 마치 농부가 잡초를 제거하는 것과 같으니

이미 베었어도[367] 기운이 다시 쌓여 싹이 다시 돋아난다.

去惡之道는 如農去草하니
거 악 지 도 여 농 거 초

旣已芟夷라도 復蘊崇之라.
기 이 삼 이 부 온 숭 지

그 뿌리를 잘라 번식하지 못하게 하면

선한 것이 확실해져서 다시 병충이 생기지[368] 못한다.

366 이기고……것 : 논어』「헌문(憲問)」2장. “원헌(原憲)이 물었다. ‘이기기를 좋아하고 자기의 공로를 자랑하며, 원망하고 탐욕 함을 행해지지 않게 한다면 인(仁)이라고 말할 수 있습니까?’ 공자께서 말씀하셨다. ‘어렵다고 할 수는 있으나, 인(仁)인지는 내 알지 못하겠다.’(克伐怨欲, 不行焉, 可以爲仁矣? 子曰, 可以爲難矣, 仁則吾不知也.)”

367 베었어도 : 원문은 ‘芟夷’이다. 풀을 말끔히 베어 버린다는 뜻이다. 芟 : (삼) 풀을 베다. 夷 : (이) 풀을 베다.

368 병충이 생기지 : 원문은 ‘蟊賊’이다. 벼의 뿌리를 갉아먹는 벌레와 줄기를 갉아먹는 벌레를 가리킨다. 蝥 : (모) 해충, 賊 : (적) 도둑. 『시경』「소아(小雅) 대전(大田)」. “이미 껍질이 생기고 반쯤 여물며 이미 단단하고 아름다우며 가라지가 없고 피가 없거든 벌레를 제거하고 해충을 제거하여야 우리 밭의 어린 벼 싹을 해침이 없을 것이니 전조의 신은 이것을 잡아 불 속에 던질지어다.(旣方旣皁, 旣堅旣好, 不稂不莠, 去其螟螣. 及其蟊賊, 無害我田穉, 田祖有神, 秉畀炎火.)”

絶其本根하야 勿使能殖하면
절 기 본 근 물 사 능 식

則善者信하여 無復蟊賊이라.
즉 선 자 신 무 부 모 적

적을 이길 수 없으면서 어찌 나라를 다스리겠는가?

학문하는 것도 역시 그러하니 힘쓰지 않으리오?

不能勝敵이면 其何能國이리오?
불 능 승 적 기 하 능 국

爲學亦然하니 其可不力잇가?
위 학 역 연 기 가 불 력

선비로서 현자가 되고자 하면 안연이 참다운 표준이니 노력이 지극하고 공이 깊어지면 넉넉히 성인의 영역에 들어가게 될 것이다.

以士希賢인데 顔眞準的이니
이 사 희 현 안 진 준 적

力到功深하면 優入聖域하리라.
역 도 공 심 우 입 성 역

61

진리는 하나이다 理一箴[369]

오징 吳澄

누가 나에게 하늘에 대해 묻는다면, 나는 리(理)라고 대답하리다.
음양오행으로 변화하여 만물을 낳는다.[370]

或問予天하면 予對曰理라.
혹 문 여 천 여 대 왈 리

陰陽五行으로 化生萬類하니라.
음 양 오 행 화 생 만 류

369 진리는 하나이다 : 『성리대전』 권70에 나온다. 이 글은 오징이 18세(1266년)에 작성한 것이다. (『오문정집(吳文正集)』「연보(年譜)」. “咸淳二年, 十一月壬子作理一箴.”) ‘리일’은 ‘리일분수[理一分殊, 리는 하나이지만 그 나뉨은 다르다.]’의 리일을 가리키는 것이다. 리일분수는 정이(程頤)가 장재(張載)의 「서명(西銘)」을 설명하면서 처음 언급한 것으로 현상 속에 드러나는 리[太極]의 자기 전개 양상을 표현하는 성리학의 주요 명제이다. ‘리일잠’은 모든 존재의 본체론적 근원인 하나의 리(理) 즉 태극에 대한 주희의 여러 가지 언설로 구성되어 있다. 정이는 묵자의 겸애(兼愛)와 양주의 위아(爲我)를 종합적으로 지양하는 차원에서 리일분수를 설명하였는데, 이를 계승한 주자는 본체론적 구도로 발전시켜 인간과 자연을 포괄하는 형이상학적 구도에서 논의하였다. 주자는 ‘리일’과 ‘분수’ 사이에 ‘일(一; 전체성)’과 ‘다(多; 개체성)’ 관계가 성립하며, 일자로서의 리[理一; 統體一太極]이 다양한 개별적 리로 나뉜다고 설명했다. [分殊; 各具一太極] 이것은 만물의 근원적 동일성과 현상적 다양성의 원인이 모두 리에 있다고 보는 것이다.

370 음양오행으로……낳는다 : 『중용장구』 수장(首章) 주자주(朱子註). “하늘은 음양오행으로 온갖 존재를 낳아 기르니, 기로서 형체를 이루고 리가 역시 거기에 부여된다.(天以陰陽五行, 化生萬物, 氣以成形, 而理亦賦焉.)”

그 작용은 지극히 신묘하지만 다만 기(氣)일 뿐이니,
반드시 먼저 리가 있고난 뒤에 기가 있는 것이라.

其用至神하니 然特氣爾니
기 용 지 신 연 특 기 이

必先有理하고 而後有氣니라.
필 선 유 리 이 후 유 기

푸른 하늘은 높아서[371] 끝없는 경지를 감싸 안으니
그 형체가 지극히 크더라도 다만 그저 형체일 뿐이다.

蒼蒼蓋高하여 包含無際하니
창 창 개 고 포 함 무 제

其體至大나 然特形只라.
기 체 지 대 연 특 형 지

형과 기가 뭉쳐짐은 실제로는 리(理)가 이것을 주관하니
소리도 없고 냄새도 없으며[372], 오오! 깊어서 그침이 없구나![373]

形氣之凝은 理實主是니
형 기 지 응 리 실 주 시

無聲無臭하여 於穆不已니라!
무 성 무 취 오 목 불 이

371 높아서 : 원문은 '蓋高'이다. 『시경』 「소아(小雅) 정월(正月)」. "하늘이 높고 높다고 하니 감히 몸을 굽히지 않을 수 없네. 땅이 두텁다고 하니 감히 주춤거리지 않을 수 없다.(謂天蓋高, 不敢不局. 謂地蓋厚, 不敢不蹐.)"

372 소리도……없으며 : 『시경』 「대아(大雅) 문왕(文王)」. "상천의 일은 소리도 없고 냄새도 없다.(上天之載, 無聲無臭.)"

373 오오……없구나 : 『시경』 「주송(周頌) 유천지명(維天之命)」. "하늘의 명이여. 오오! 깊어서 그침이 없구나! 아! 드러나지 않겠는가? 문왕의 덕의 순수함이여!(維天之命, 於穆不已, 於乎不顯, 文王之德之純.)"

하늘이 하늘인 것[374]은, 이래서 지극하니.

나누어 말하면 그 이름이 다르게 된다.

天之爲天은 斯其爲至니
천 지 위 천 사 기 위 지

分而言之면 名則有異라.
분 이 언 지 명 즉 유 이

건(乾)은 그 성정(性情)이요, 천은 그 형체요,

신묘한 작용은 신이라 하고 주재는 상제라고 한다.

乾其性情이요 天其形體요
건 기 성 정 천 기 형 체

妙用曰神이요 主宰曰帝라.
묘 용 왈 신 주 재 왈 제

그 공용으로 말하면 신(神)이라 하고 귀(鬼)라 하지만,[375]

전적으로 말한다면 리(理)일 뿐이다.

以其功用으로 曰神曰鬼나
이 기 공 용 왈 신 왈 귀

專而言之면 曰理而已니라.
전 이 언 지 왈 리 이 이

374 하늘이……것 : 『중용』 26장. "『시』에 이르기를, '하늘의 명이여, 오오! 깊어서 그침이 없구나!"라고 하였으니, 이는 하늘이 하늘 되는 까닭을 말한 것이다.'라고 하였다.(詩云, 維天之命, 於穆不已, 蓋曰天之所以爲天也.)"

375 그 공용으로……하지만 : 『주역전의(周易傳疑)』 「건괘(乾卦)」. "저 천은 한 가지로 말하면 도이니, 하늘도 어기지 않는다는 것이 이것이다. 나누어 말하면, 형체를 천이라 하고 주재를 제라 하고 공용을 귀신이라 하고 묘용을 신이라 하고 성정을 건이라 한다.(夫天, 專言之則道也, 天且弗違是也. 分而言之, 則以形體謂之天, 以主宰謂之帝, 以功用謂之鬼神, 以妙用謂之神, 以性情謂之乾.)" 『이정유서(二程遺書)』 권22-상. "以形體言之謂之天, 以主宰言之謂之帝, 以功用言之謂之鬼神, 以妙用言之謂之神, 以性情言之謂之乾."

크도다! 지극하도다! 리 그 한마디 말이여!

하늘은 이 리로써 높이 자리하여 하늘이 되는구나.

大哉至哉라 **理之一言**이여!
대재지재　리지일언

天以此理로 **位上爲天**이라.
천이차리　위상위천

만물이 바탕삼아 시작되니 이것을 건원(乾元)이라 이르고,[376]

땅은 이 리로써 아래에 자리한다.

物資以始하니 **是謂乾元**이요
물자이시　시위건원

地以此理로 **而位下焉**이라.
지이차리　이위하언

만물이 바탕삼아 생성되니, 참으로 건(乾)을 받드는 것이요,[377]

사람은 그 사이에 생겨나 아주 작은 몸을 가지게 되었구나.[378]

物資以生하니 **實承乎乾**이요
물자이생　실승호건

人生其間하여 **眇然有己**라.
인생기간　묘연유기

드디어 가운데에 자리 잡고 천지에 참여하니,[379]

376 만물이……이르고 : 『주역』 「건괘(乾卦) 단전(彖傳)」. “위대하도다! 건원이여, 만물이 바탕삼아 시작되니, 이에 하늘의 일을 총괄하도다.(大哉乾元! 萬物資始, 乃統天.)”

377 만물이……것이요 : 『주역』 「곤괘(坤卦) 단전(彖傳)」. “지극하도다! 곤원이여, 만물이 바탕삼아 생성되니, 이에 하늘을 순종하여 받들도다.(至哉坤元, 萬物資生, 乃順承天)”

378 사람은……되었구나 : 범준(范浚), 「심잠(心箴)」. “아득한 천지는 굽어보고 쳐다보아도 끝이 없구나. 사람이 그 사이에 아주 작은 몸을 두었구나.(茫茫堪輿, 俯仰無垠, 人於其間, 眇然有身.)”

오직 그 리가 하나여서 이와 같은 것이로다.

乃位乎中하여 而參天地하니
내위호중　이참천지

惟其理一이라 所以如此니라.
유기리일　소이여차

하늘과 땅은 사람과 더불어 리가 본래 하나이니,

사람이 만물과 어찌 또 둘이겠는가?

天地與人이 理固一矣이니
천지여인　리고일의

人之與物이 抑又豈二리오?
인지여물　억우기이

하늘과 땅과 사람과 만물은 만 가지로 다르지만 알맹이[實]는 하나이니

그 나뉨이 다르더라도 그 리는 하나이다.

天地人物이 萬殊一實이니
천지인물　만수일실

其分雖殊나 其理則一이라.
기분수수　기리즉일

천지는 무정(無情)하니, 순수하도다. 하나의 참됨[眞]이여!

지극히 진실하고 쉬지 않아[380] 예로부터 영원토록 항상 새롭구나.

379 천지에 참여하니 : 『중용장구』 22장. "천지의 화육을 도울 수 있으면, 천지와 함께 셋이 될 수 있다.(可以贊天地之化育, 則可以與天地參矣.)" 공영달에 의하면, (성인은) 천지의 화육을 도울 수 있으니 그의 공적이 천지와 더불어 나란히 셋이 될 수 있다는 것이다. 이는 천지의 화육에 참여할 수 있음을 말한다.

380 지극히……않아 : 『중용장구』 26장. "지극한 정성은 쉼이 없으니, 쉬지 않으면 오래 간직하게 되고, 오래 간직하다 보면 징험이 드러나게 된다. 징험이 드러나면

天地無情하니 純乎一眞이라.
천 지 무 정 순 호 일 진

至誠不息하여 終古常新이로다.
지 성 불 식 종 고 상 신

하늘과 땅과 사람이라고 말하지만 리는 같으니

혹은 서로 비슷하지 않은 것은 사람의 몸이 있기 때문이다.

曰天地人이나 理則惟鈞하니
왈 천 지 인 리 즉 유 균

或不相似는 以人有身이니라.
혹 불 상 사 이 인 유 신

기질(氣質)이 가지런하지 않아 사욕(私欲)이 서로 얽히니,

오직 성인은 욕심이 없어[381] 천지와 더불어 셋이 되네.

氣質不齊하여 私欲相因하니
기 질 부 제 사 욕 상 인

惟聖無欲이라 與天地參이라.
유 성 무 욕 여 천 지 삼

리는 천지와 혼연하게 하나이고 형체가 닮아 삼재(三才)[382]가

멀리 오래가고, 멀리 오래가면 넓고 두터워지게 되고, 넓고 두터워지면 높고 밝아지게 된다.(至誠無息, 不息則久, 久則徵, 徵則悠遠, 悠遠則博厚, 博厚則高明.)"

381 오직……없어 : 주돈이(周敦頤)는 마음이 무욕에 도달해야 천리가 밝아진다는 것을 말하고 있다. 『통서(通書)』 권20 「성학편(聖學篇)」. "무욕하면 고요할 때에는 텅 비고 움직일 때에는 곧다. 고요할 때에 텅 비면 밝고 밝으면 통하며, 움직일 때에 곧으면 공정하고 공정하면 광대하다. 그리하여 밝아서 통하고 공정해서 광대하면 도에 가까울 것이다.(無欲則靜虛動直, 靜虛則明, 明則通, 動直則公, 公則溥. 明通公溥, 庶矣乎.)"

382 삼재(三才) : 천(天), 지(地), 인(人)을 말한다. 『주역』 「설괘전(說卦傳)」에서 천도(天道), 지도(地道), 인도(人道)를 다음과 같이 말하고 있다. "옛날에 성인이 역을 지은 뜻은 장차 성(性)과 명(命)의 이치를 따르려 한 것이다. 그러므로 하늘의 도를

되니,

성인보다 아래인 사람은 이것을 보존하네.[383]

理渾然一이요 形肖而三하니
리 혼 연 일 형 초 이 삼

下聖一等은 于時保之니라.
하 성 일 등 우 시 보 지

하늘을 즐기지는 못하고 하늘의 위엄을 두려워하니,

하늘의 위엄을 두려워한다는 것은 어떻게 하는 것인가? 종일토록 어김이 없는 것이다.

未能樂天하고 畏天之威니
미 능 락 천 외 천 지 위

畏天伊何오? 無終日違라.
외 천 이 하 무 종 일 위

그 지극한 경지에 이르면 성인과 더불어 같은 곳으로 돌아가리니,

하나란 성(誠)을 말함이니[384] 바로 하늘이고 성인이다.

세운 것은 음과 양이요, 땅의 도를 세운 것은 유(柔)와 강(剛)이요, 사람의 도를 세운 것은 인(仁)과 의(義)이니, 삼재를 겸하여 둘로 하였기 때문에 역은 여섯 번 그어서 괘를 이루고, 음으로 나누고 양으로 나누며, 유와 강을 번갈아 쓰기 때문에 역이 여섯 자리로 문장을 이룬 것이다.(昔者聖人之作易也, 將以順性命之理. 是以立天之道曰陰與陽, 立地之道曰柔與剛, 立人之道曰仁與義, 兼三才而兩之. 故易六畫而成卦, 分陰分陽, 迭用柔剛, 故易六位而成章.)"

383 이것을 보존하네 : 『시경』 「주송(周頌) 아장(我將)」. "하늘의 위엄을 두려워하여, 이에 보전한다.(畏天之威, 于時保之.)"

384 하나란 성(誠)을 말함이니 : 『중용장구』 20장. "천하 어디서나 항상 통하는 도가 다섯인데, 그것을 행하게 하는 것은 셋이다. 군신과 부자와 부부와 형제와 벗과의 교제, 이 다섯 가지는 천하 어디서나 항상 통할 수 있는 도리요, 지(知)와 인(仁)과 용(勇) 세 가지는 천하 어디서나 항상 통용될 수 있는 덕이니 그것들을 행할 수 있게

及其至也엔 與聖同歸하니
급 기 지 야   여 성 동 귀

一者謂誠이니 惟天惟聖이라.
일 자 위 성   유 천 유 성

성인을 바라는 현인(賢人)[385]은 하나됨을 주로하여[386] 경(敬)을 지키니,

경하여 두려워 조심해야 하니, 들리지 않고 보이지 않아도.[387]

하는 것은 하나이다.(天下之達道五, 所以行之者三, 曰君臣也; 父子也; 夫婦也; 昆弟也; 朋友之交也, 五者天下之達道也. 知仁勇三者, 天下之達德也.)" 여기에 대해서 주희는 "그것들을 행할 수 있게 하는 것은 하나이다.(所以行之者一也.)" 라고 한 것의 '하나(一)'를 '성(誠)'의 의미로 보았다. 『중용장구』 20장 주자주(朱子註). "달도는 천하 고금에 누구나 가야 할 길로써, 『서경』에서 말한 오전(五典)이고 『맹자』에 이른 바 부자유친, 군신유의, 부부유별, 장유유서, 붕우유신이다. 지(知)는 이것을 아는 것이고 인(仁)은 이것을 몸소 실천하는 것이며, 용(勇)은 이것을 힘쓰는 것이다. 지인용을 달덕이라고 말하는 것은 천하 고금에 동일하게 얻은 이치이기 때문이다. 일(一)은 성(誠)일 뿐이다.(達道者, 天下古今所共由之路, 卽書所謂五典, 孟子所謂父子有親; 君臣有義; 夫婦有別; 長幼有序; 朋友有信, 是也. 知, 所以知此也; 仁, 所以體此也; 勇, 所以强此也; 謂之達德者, 天下古今所同得之理也. 一則誠而已矣.)" 그런데 『사기』나 『한서』에서 이 단락을 인용할 때 이 '일(一)' 자가 없다. 이에 근거하여 왕인지(王引之)는 '일'이 연문(衍文)이라고 생각했다.

385 성인을 바라는 현인(賢人) : 『통서(通書)』 제10장 「지학(志學)」. "성인은 하늘을 본받기를 바라고, 현인은 성인을 본받기를 바라고, 선비는 현인을 본받기를 바란다. (聖希天, 賢希聖, 士希賢.)"

386 하나됨을 주로하여 : 원문은 '主一'이다. 하나에 집중하여 마음이 다른 곳으로 감이 없다.(主一無適)라는 뜻으로, 경(敬)에 대한 주희(朱熹)의 풀이이다. 『논어』 「학이(學而)」의 "경사이신(敬事而信)"에 대한 주희(朱熹)의 집주(集註)에 "경은 주일무적을 말한다.(敬者, 主一無適之謂)"라고 하였다.

387 경하여……않아도 : 『중용』 1장. "도(道)라는 것은 잠시도 떠날 수가 없으니, 떠

希聖之賢은 主一持敬하니
희 성 지 현 주 일 지 경

敬而戒懼를 弗聞弗見이라.
경 이 계 구 불 문 불 견

경하여 근독(謹獨)하면 이때 잘 나타나고 잘 드러나니,[388]

경하여 리를 궁구하면 선에 밝게 된다.

敬而謹獨이면 莫見莫顯이니
경 이 근 독 막 현 막 현

敬而窮理면 則明乎善이라.
경 이 궁 리 즉 명 호 선

깊은 연못 앞에 선 듯 살얼음을 밟는 듯 언제나 조심하며,[389]

한결같아 다른 곳으로 흐트러지지 않으면 놓치는 일이 거의 없으리.

날 수 있으면 도가 아니다. 그러므로 군자는 아무도 보지 않는 곳에서도 경계하고 삼가며, 아무도 듣지 않는 곳에서도 두려워한다.(道也者, 不可須臾離也, 可離非道也. 是故君子戒愼乎其所不睹, 恐懼乎其所不聞.)"

388 잘……드러나니 : 『중용』 1장. "은밀한 곳에서 가장 잘 나타나고, 세미한 곳에서 가장 잘 드러난다. 그러므로 군자는 그 홀로 아는 마음을 삼간다.(莫見乎隱, 莫顯乎微, 故君子愼其獨也.)"

389 깊은……조심하며 : 『시경』 「소아(小雅) 소민(小旻)」. "감히 맨손으로 호랑이를 잡지 않고 감히 맨발로 강을 건너지 않네. 사람들은 그 하나만을 알지 못하네. 전전긍긍하며 깊은 연못에 앞에 선 듯 살얼음을 밟는 듯하네.(不敢暴虎, 不敢馮河, 人知其一, 莫知其他. 戰戰兢兢, 如臨深淵, 如履薄氷.)" 『논어』 「태백(泰伯)」에 이 구절이 다음과 같이 인용되어 있다. "증자가 병이 깊어지자 제자들을 불러 말했다. "이불을 들추고, 나의 발을 보고 나의 손을 보아라! 『시』에 '전전긍긍하여, 깊은 연못 앞에 선 듯하고 살얼음을 밟듯이 한다' 하니, 이제서야 내가 (신체를 훼상할까 염려하는 일에서) 면하게 됨을 알겠구나. 얘들아!(曾子有疾, 召門弟子曰 : "啓予足! 啓予手! 詩云 '戰戰兢兢, 如臨深淵, 如履薄冰.' 而今而後, 吾知免夫! 小子!)"

如臨如履하여 心常戰戰하고
여임여리 심상전전

一而無適이면 有失者鮮이라.
일이무적 유실자선

만일 이와 같지 않으면 금수와 다를 것이 없으나

사람과 만물이 생겨나는 처음에는 리가 똑같이 하나의 근원이로다.

如或不爾면 禽獸不遠이나
여혹불이 금수불원

人物之初에 理同一原이라.
인물지초 리동일원

사람이 금수보다 영명(靈明)하니 어째서 그러할까?

형체와 기질을 품수 받는데 금수는 그 치우친 것을 얻었구나.

人靈於物하니 曷爲其然고?
인령어물 갈위기연

形氣之稟에 物得其偏이라.
형기지품 물득기편

이 때문에 리에 온전하게 통하지 못하니,

사람은 그 바른 것을 얻어서 본래 금수에 비할 것이 아니로다.

是以於理에 不通其全하니
시이어리 불통기전

人得其正하여 固非物比라.
인득기정 고비물비

전체를 관통하여 사람의 본성이 가장 귀하지만,

가장 귀한 것 가운데도 또 다름이 있구나.

全體通貫하여 性爲最貴나
전체통관 성위최귀

最貴之中에 又有不同이라.
최귀지중 우유부동

기에는 맑은 것과 탁한 것이 있고 질에는 좋은 것과 나쁜 것이 있으니,

성인과 현인과 어리석은 사람은 그 등급의 갈래가 다르다.

氣有淸濁하고 質有美惡하니
기유청탁 질유미악

曰聖賢愚는 其品殊途로다.
왈성현우 기품수도

탁하고 나쁜 것은 어리석은 사람과 불초한 사람이며,

맑고 좋은 것은 현인(賢人)과 지인(知人)이 된다.

濁者惡者는 愚不肖也며
탁자악자 우불초야

其淸其美는 則爲賢知로다.
기청기미 즉위현지

좋은 것 중에 좋은 것을 얻고, 맑은 것 중에 맑은 것을 얻어서 지나치고 모자람이 없이 순수하여 영명하다.

得美之美하고 得淸之淸하야
득미지미 득청지청

無過不及하여 純粹靈明이라.
무과부급 순수영명

천리가 혼연하여 훼손된 것이 전혀 없으면,

이러한 사람은 바로 성인이니 지극히 진실하여 거짓이 없도다.

天理渾然하여 無所虧喪이면
천리혼연 무소휴상

斯爲聖人이니 至誠無妄이라.
사위성인 지성무망

성인은 본성대로 편안하게 실천하고 현인은 배워서 실천하지만, 어리석은 사람도 학문을 제대로 하게 된다면 어리석어도 반드시 밝아질 것이다.[390]

聖性而安하고 賢學而行이나
성 성 이 안 현 학 이 행

愚而能學이면 雖愚必明이라.
우 이 능 학 수 우 필 명

어리석은데 학문을 하지 않는 것, 이것이 자포자기[391]이니, "아주 어리석은 사람은 바뀌지 않는다."[392]라고 하였으니 바로 이것을 말한다.

390 성인은……것이다 : 『중용장구』 20장. "어떤 사람은 태어나면서부터 그것을 알고 어떤 사람은 배워서 그것을 알게 되며 어떤 사람은 곤경에 처해야 배워서 그것을 알게 되나, 그 앎에 이르러서는 모두 똑같습니다. 어떤 사람은 편안하여 그것을 행하고 어떤 사람은 이로워서 그것을 행하며 어떤 사람은 억지로 그것을 행하나, 그 공을 이룸에 있어서는 서로 똑같습니다.(或生而知之, 或學而知之, 或困而知之, 及其知之一也; 或安而行之, 或利而行之, 或勉强而行之, 及其成功一也.)"라는 말과 취지가 같다. 여기서 태어나면서부터 알고 본성대로 편안하게 실천하는 사람이 바로 성인이다. 곤경에 처해야 배우고 억지로 실천하는 사람이라도 공부의 결과로 밝아지고 실천을 통한 공을 이루는 것은 모두 같다는 것이다.

391 자포자기 : 『맹자』 「이루(離婁) 상」. "맹자께서 말씀하셨다. '스스로 자신을 해치는 자는 더불어 말할 수 없고, 스스로 자신을 버리는 자는 더불어 일할 수 없다. 말만 하면 예의를 비방하는 것은 자포(自暴)라 하고, 자신은 인(仁)에 머물 수 없고 의(義)를 따를 수 없다고 생각하는 것을 자기(自棄)라고 한다.'(自暴者, 不可與有言也. 自棄者, 不可與有爲也. 言非禮義, 謂之自暴也 .吾身不能居仁由義 謂之自棄也.)"

392 아주……않는다 : 『논어』 「양화(陽貨)」. "선생님께서 말씀하셨다. 오직 상지(上知)와 하우(下愚)만이 바뀌지 않는다.'(子日唯上知與下愚不移.)"

愚而不學은 是自暴棄니
우 이 불 학　　시 자 포 기

下愚不移는 正此之謂로다.
하 우 불 이　　정 차 지 위

건(乾)은 아버지요 곤(坤)은 어머니이며, 사람은 내 동포요 만물은 나와 함께 사는 무리로다.[393]

건·곤·사람·만물 이 네 가지가 실은 하나이니 태초로부터 지금까지 무궁하게 이어지는구나.

乾父坤母와 民胞物與라.
건 부 곤 모　　민 포 물 여

四而實一이니 窮亘今古로다.
사 이 실 일　　궁 긍 금 고

네 가지 안에서 만물이 가장 천하니,

하늘과 땅과 사람은 조금의 틈도 없구나.

四者之內에 物爲最賤하니
사 자 지 내　　물 위 최 천

天地與人은 則無少間이라.
천 지 여 인　　즉 무 소 간

어찌하여 세상 사람들은 사사로운 마음으로 많은 틈을 만들어 위로 천지의 조화를 돕지 못하고 아래로 물(物)이 됨을 달게 여기는가?

393 건(乾)은……무리로다 : 장재(張載), 「서명(西銘)」. "하늘을 아버지라 부르고 땅을 어머니라 부른다. 나는 미미한 몸으로 그 가운데에 섞여 있다. 그러므로 하늘에 가득 찬 기운이 나의 몸이고 천지를 주재하는 이치가 나의 본성이 되며, 백성은 나의 동포이고 만물은 나와 함께 사는 무리이다.(乾稱父, 坤稱母, 予玆藐焉, 乃混然中處. 故天地之塞, 吾其體, 天地之帥, 吾其性, 民吾同胞, 物吾與也.)"

胡世之人은 多間以私하여
호 세 지 인 다 간 이 사

上不化贊하고 下甘物爲야?
상 불 화 찬 하 감 물 위

상지(上智)[394]와 하우(下愚)[395]라고 하고, 학지(學知)와 곤지(困知)[396]라고 하니,

사람에 대해서 논하면 또한 네 갈래로 나뉜다.

上智下愚하고 學知困知하니
상 지 하 우 학 지 곤 지

就人而論이면 亦分四歧라.
취 인 이 론 역 분 사 기

본성의 리는 본래 하나이나 사람이 스스로 넷으로 만들었으니

가장 어리석은 사람은 동렬에 올리기에도 부족하네.

理焉本一이나 人自爲四니
리 언 본 일 인 자 위 사

下愚之人은 蓋不足齒니라.
하 우 지 인 개 부 족 치

394 상지(上智) : 『논어집주』에는 "上知"로 되어 있다. 상지는 성인(聖人)을 의미하는데, 주자는 상지(上智)라고 쓰는 경우가 있다.(『중용장구』 서문. "上智不能無人心")

395 상지(上智)와 하우(下愚) : 『논어』 「양화(陽貨)」. "선생님께서 말씀하셨다. '오직 상지(上知)와 하우(下愚)만이 바뀌지 않는다.'(子曰, 唯上知與下愚不移.)"

396 학지(學知)와 곤지(困知) : 『논어』 「계씨(季氏)」. "공자께서 말씀하셨다. '태어나면서부터 아는 사람은 상등이다. 배워서 아는 사람은 그 다음이다. 곤란에 부딪혀서야 배우는 사람은 또 그 다음이다. 곤란에 부딪혀도 배우지 아니하면, 그러한 사람은 곧 하등이 된다.'(孔子曰, 生而知之者, 上也. 學而知之者, 次也. 困而學之, 又其次也. 困而不學, 民斯爲下矣.)"

고생해서라도 알게 되면 현인이 될 수 있고 성인도 배워서 될 수 있는데,[397]

어찌하여 사람이 되어서도 사람답게 살기[398]를 구하지 않는가?

困知可賢이요 聖可學能한대
곤 지 가 현 성 가 학 능

奈何爲人이 不求踐形가?
내 하 위 인 불 구 천 형

리는 천지 사이에서 근본은 하나이면서 나뉨은 다양하다네.

흩어져 온갖 행위가 되고 나뉘어 사단(四端)[399]이 된다네.

理在兩間하여 一本殊分이니
리 재 양 간 일 본 수 분

散爲百行이요 別爲四端이라.
산 위 백 행 별 위 사 단

397 성인도……있는데 : 주돈이(周敦頤), 『통서(通書)』 권20 「성학편(聖學篇)」. “성인은 배워서 될 수 있는 것인가? 그렇다. 요체가 있는가? 있다. 그 요체가 무엇인가? 일이 요체이니, 일이라는 것은 무욕을 말한다.(聖可學乎, 曰可. 有要乎, 曰有. 請問焉. 曰一爲要, 一者無欲也.)”

398 사람답게 살기 : 원문은 ‘踐形’이다. 부모와 하늘로부터 받은 사람다움을 남김없이 실현한다는 의미이다. 『맹자』 「진심(盡心)」 상, “사람의 형체와 기색은 타고난 것이다. 오직 성인만이 가지고 태어난 것을 온전히 실천할 수 있다.(形色, 天性也. 惟聖人然後, 可以踐形.)”

399 사단(四端) : 『맹자』 「공손추(公孫丑) 상」. “측은해하는 마음은 인의 단서이고 부끄러워하고 미워하는 마음은 의의 단서이며, 사양하는 마음은 예의 단서이고 시비를 판단하는 마음은 지의 단서이다. 사람에게 이런 네 가지 단서가 있는 것은 마치 그에게 사지가 있는 것과 같다. 이런 네 가지 단서를 가지고 있는데 스스로 할 수 없다고 말하는 사람은 자신을 해치는 자이다.(惻隱之心, 仁之端也, 羞惡之心, 義之端也, 辭讓之心, 禮之端也, 是非之心, 智之端也. 人之有是四端也, 猶其有四體也. 有是四端, 而自謂不能者, 自賊者也.)”

어떤 때는 도(道)라 하고 어떤 때는 성(誠)이라 하여

천 가지 만 가지 표현이 있지만, '하나'에 대한 다른 이름이로다.

或謂之道하고 **或謂之誠**이나
혹 위 지 도 혹 위 지 성

千言萬語가 **一之異名**이라.
천 언 만 어 일 지 이 명

만사만물이 모두 여기에서 나오니,

리일(理一)의 의미는 두루 미치고 아주 상세하도다.

萬事萬物이 **胥此焉出**하니
만 사 만 물 서 차 언 출

理一之義가 **周遍詳密**이라.
리 일 지 의 주 편 상 밀

리는 만 가지이면서 하나이니 심이 주재라.

심은 하나이면서 만 가지로 나뉘니 리의 총괄처[宗會]로다.

理萬而一이니 **心爲主宰**라.
리 만 이 일 심 위 주 재

心一而萬하니 **理之宗會**로다.
심 일 이 만 리 지 종 회

하늘에 있으면 리(理)라 하고 사람에 있으면 심(心)이라 하나니,

하나인 리를 실(實)이라 하고 하나인 심을 흠(欽[敬])이라 한다.[400]

在天曰理요 **在人曰心**이니
재 천 왈 리 재 인 왈 심

理一曰實이요 **心一曰欽**이로다.
리 일 왈 실 심 일 왈 흠

400 흠(欽)이라 한다 : 『서경』 「요전(堯典)」. "하늘의 질서를 삼가 공경하여 해와 달과 성신을 책력으로 기록하고 기구로 관찰하여 백성의 농사짓는 시기를 알려 준다. (欽若昊天, 曆象日月星辰, 敬授人時.)"

62

새벽부터 밤늦게까지 夙興夜寐箴[401]

진백 陳柏

닭 울음소리에 깨어나면 생각이 차차 일어나니,

어찌 그 사이에 고요하게 마음을 정돈하지 않을 수 있겠는가?

鷄鳴而寤하면 思慮漸馳하니
계 명 이 오 사 려 점 치

401 새벽부터 밤늦게까지 : 현재 숙흥야매잠과 관련된 기록은 원(元) 정단례(程端禮, 1271~1345)의 『정씨가숙독서분년일정(程氏家塾讀書分年日程)』 권1에 처음으로 보인다. 여기에 정자의 사물잠(四勿箴), 주자의 경재잠(敬齋箴), 진덕수의 야기잠(夜氣箴)과 함께 진백의 숙흥야매잠이 소개되어 있다. 원문은 '夙興夜寐'이다. 아침 일찍 일어나고 늦게 잠자리에 든다는 뜻으로 『시경』 「대아(大雅) 억(抑)」. "일찍 일어나고 밤늦게 자며, 뜰 안에 물 뿌리고 쓸어야 만민의 모범이 되는 법이다.(夙興夜寐, 灑掃廷內, 維民之章.)"에 나오는 말이다. '숙흥야매잠'은 저자 진백이 자신의 수양을 목적으로 지은 글로, 하루의 공부 방법을 시간의 순서에 따라 묘사한 것이다. 퇴계의 『성학십도』 마지막 제10도가 바로 「숙흥야매잠도」이다. 퇴계는 이 그림을 직접 그렸는데, 퇴계의 설명에 따르면 10도는 제9도인 「경재잠도(敬齋箴圖)」와 짝을 이루는 것이라고 하였다. 9도와 10도는 모두 경(敬)공부에 관한 내용으로, 9도는 상황에 따른 공부[地頭工夫]를 나타내고 10도는 시간에 따른 공부[時分工夫]를 나타내며, 이 두 가지는 일상생활에서 함께 이루어져야 할 공부라고 하였다. 퇴계는 이 숙흥야매잠의 해석을 두고 노수신(盧守愼, 1515~1590)과 논변한 편지가 두 통 남아있다.(『퇴계집』 권10, 「與盧伊齋寡悔 守愼」 甲寅1554, 「答盧伊齋」 庚申1560) 성호(星湖) 이익(李瀷, 1681~1763)은 숙흥야매잠을 하루 12시간(1시간은 오늘날 2시간에 해당한다) 동안 돌아가면서 하는 공부라고 하여 오늘날의 하루 일과표처럼 시간대별로 다시 나누어 설명하였다.(『성호전집』 권41, 「숙흥야매잠도설(夙興夜寐箴圖說)」 병도(幷圖))

盍於其間에 澹以整之리오?
합어기간 담이정지

지난날의 허물을 반성하기도 하고 새로 알게 된 실마리를 풀어 내어,

차근차근 조리를 잡고 분명하게 마음속으로 이해하라.

或省舊愆하고 或紬新得하여
혹성구건 혹주신득

次第條理를 瞭然黙識하라.
차제조리 료연묵식

근본[마음]이 이미 세워졌거든 동틀 무렵 바로 자리에서 일어나,

세수하고 빗질하고 의관을 차리고 단정히 앉아 몸가짐을 바로 하라.

本既立矣어든 昧爽乃興하여
본기립의 매상내흥

盥櫛衣冠하고 端坐斂形하라.
관즐의관 단좌렴형

이 마음을 거두어 다잡으면 떠오르는 해처럼 밝고,

몸을 엄숙하게 정돈하여 가지런히 하면 텅 비어 환하고 고요하여 전일할 것이다.

提掇此心하면 皦如出日하고
제철차심 교여출일

嚴肅整齊하면 虛明靜一하리라.
엄숙정제 허명정일

이에 비로소 책을 펼쳐 성현을 마주 대하면,

공자께서 앉아 계시고 안자(顔子)와 증자(曾子)는 앞뒤에 계실 것

이다.

乃啓方冊하여 對越聖賢하면
내 계 방 책 대 월 성 현

夫子在坐하고 顔曾後先이라.
부 자 재 좌 안 증 후 선

성인이신 선생님께서 말씀하신 것을 정성스레 공경하여 듣고,
제자들이 묻고 변론하는 말을 반복해서 참작하여 바로 잡으라.

聖師所言을 親切敬聽하고
성 사 소 언 친 절 경 청

弟子問辨을 反覆參訂하라.
제 자 문 변 반 복 참 정

일이 닥쳐 응하게 되면 행위에서 징험이 되니,
환하게 밝은 하늘의 명령을 항상 눈에 둘 것이다.[402]

事至斯應이면 則驗於爲니
사 지 사 응 즉 험 어 위

明命赫然을 常目在之리라.
명 명 혁 연 상 목 재 지

일에 대응하고 나면 나는 예전의 나 그대로이니,
마음을 담담하게 하여 정신을 모으고 생각을 쉬게 하라.

402 환하게……것이다 : 『서경』 「태갑(太甲)」. "선왕은 하늘의 밝은 명을 늘 마음속에 두시어 천지의 귀신을 받들고 사직과 종묘를 공경하고 엄숙하게 하지 않음이 없었다.(先王顧諟天之明命, 以承上下神祇.)"라고 한 것에 대해서, 주희가 『대학장구』의 주에서 다음과 같이 풀이한 말에 나온다. "고(顧)는 눈이 항상 거기에 있는 것을 말한다. 시(諟)는 이것과 같다. 하늘의 밝은 명은 곧 하늘이 나에게 준 것이며 내가 덕으로 삼은 것이다. 항상 눈이 거기에 있다는 것은 밝지 않은 때가 없다는 것이다.(顧, 謂常目在之也. 諟, 猶此也, 或曰審也. 天之明命, 卽天之所以與我, 而我之所以爲德者也. 常目在之, 則無時不明矣.)"

事應旣已하면 我則如故이니
사응기이 아즉여고

方寸湛然하여 凝神息慮하라.
방촌담연 응신식려

움직임과 고요함의 순환함에 오직 마음으로 이를 살펴야 되니, 고요할 때는 보존하고 움직일 때는 성찰하여 마음을 두 갈래 세 갈래로 나누어지게 하지 말라.[403]

動靜循環에 惟心是監이니
동정순환 유심시감

靜存動察하여 勿貳勿參하라.
정존동찰 물이물삼

글을 읽는 여가에 틈틈이 느긋하게 노닐며,
정신을 편안히 하고 성정(性情)을 쉬면서 기르라.

讀書之暇에[404] 間以遊泳하여
독서지가 간이유영

發舒精神하고 休養情性하라.
발서정신 휴양정성

날이 저물면 피로해져 혼탁한 기운이 쉽게 올라오니,
단정하게 가다듬고 가지런히 바로잡아 정명(精明)한 기운을 북돋으라.

日暮人倦이면 昏氣易乘이니
일모인권 혼기이승

齋莊正齊하여 振拔精明하라.
재장정제 진발정명

403 마음을……말라 : 주희의 「경재잠(敬齋箴)」에 나오는 말이다.

404 暇 : 『퇴계선생문집(退溪先生文集)』 권7 「進聖學十圖箚 幷圖」(한국고전번역원, 『한국문집총간』 29-31)에는 '餘' 자로 되어 있다.

밤이 깊어져서 잠자리에 들 때 손발을 가지런히 모으고,

생각을 일으키지 말아서 심신(心神)을 쉬게 하라.

夜久斯寢에 齊手斂足하여
야 구 사 침 제 수 렴 족

不作思惟하고 心神歸宿하라.
부 작 사 유 심 신 귀 숙

밤의 맑은 기운[405]으로 길러나가라. 정(貞)에 이르면 원(元)으로 돌아오니,[406]

생각을 여기에 두고 또 여기에 두어[407] 밤낮으로 부지런히 힘

405 밤의 맑은 기운 : 원문은 '夜氣'이다. 맹자에 나오는 말로 밤에 모든 일을 마치고 휴식하면서 회복되는 본래의 맑은 정신과 기운[夜氣]을 말한다. 『맹자』「고자(告子) 상」. "낮이나 밤이나 길러지는 것이 있어서 새벽녘에 나타나는 맑은 기운으로 인해 악인의 호오(好惡)도 다른 사람들과 조금은 같을 수 있다. 그러나 낮 동안 그가 한 행동은 또다시 그 기운을 막아서 없애버린다. 반복적으로 막아버린다면, 밤에 자라난 맑은 기운으로 보존할 수 없다. 밤에 자라난 맑은 기운으로 보존하지 못하면, 그는 금수와 별로 다르지 않을 것이다.(其日夜之所息, 平旦之氣, 其好惡與人相近也者幾希. 則其旦晝之所爲, 有梏亡之矣. 梏之反覆, 則其夜氣不足以存. 夜氣不足以存, 則其違禽獸不遠矣.")

406 정(貞)에……돌아오니 : 천도의 네 가지 덕 원형이정(元亨利貞)이 순환 반복하는 것을 말한다.

407 생각을……두어 : 순 임금이 말년에 자신을 대신하여 정사를 다스릴 사람을 고를 때, 우임금이 고요(皐陶)를 추천하며 한 말이다. 『서경』「대우모(大禹謨)」. "우임금이 말하였다. "제 덕이 능치 못하여 백성들이 귀의하지 않습니다. 고요는 힘써 덕을 심어서, 덕이 이에 내려가 백성들이 그를 생각하고 있습니다. 임금이시여! 마음에 두십시오! 고요를 생각하여도 고요에 있으며, 고요를 쫓아내도 고요에 두고, 고요를 일컬어 말할 때도 고요에 있으며, 고요를 마음속에 여기는 것도 고요에 두어서, 임금께서는 그의 공을 생각하십시오.(禹曰, 朕德罔克, 民不依, 皐陶邁種德, 德乃降, 黎民懷之. 帝念哉, 念玆在玆, 釋玆在玆, 名言玆在玆, 允出玆在玆, 惟帝念功.)"

쓸지어다.[408]

養以夜氣하라 貞則復元이니
양 이 야 기 정 즉 복 원

念茲在茲하여 日夕乾乾하라.
염 자 재 자 일 석 건 건

408 밤낮으로……힘쓸지어다 : 『주역』 「건괘(乾卦)」 구삼(九三) 효사(爻辭). "군자가 하루 종일 부지런히 노력하다가 저녁이 되어서 두려운 듯하면 위태로워도 허물이 없으리라.(君子終日乾乾, 夕愓若, 厲無咎.)"

63

은은히 드러나는 군자의 덕이여 絅齋銘[409]

진덕수 眞德秀

비단 저고리에 홑저고리 걸치고 비단 치마에 홑치마 걸쳤으니,[410]

안에 아름다움이 있어도 스스로 드러나지 않는구나.

衣錦絅衣(의금경의)하고 裳錦絅[411]裳(상금경상)하니

有美于中(유미우중)이나 而弗自章(이불자장)이라.

어찌하여 옛 사람은 이렇게 숨겼는고?

409 은은히 드러나는 군자의 덕이여 : 『서산문집(西山文集)』 권33에 나온다. "왕차점을 위해 짓다.(爲東巖王次點作.)" 차점의 이름은 여지(與之), 호는 동암(東巖), 차점은 별호인 듯하다. 이 글은 『중용장구』 33장에 "『시경』에 이르기를 '비단옷을 입고 홑옷을 덧입는다.' 하였으니, 그 문채가 드러나는 것을 싫어해서이다. 그러므로 군자의 도는 은은하여 나날이 드러나고, 소인의 도는 반짝 빛나서 나날이 없어지는 것이다.(詩曰, 衣錦尙絅, 惡其文之著也. 故君子之道, 闇然而日章, 小人之道, 的然而日亡.)" 라고 하여, 『시경』「위풍(衛風) 석인(碩人)」을 인용하여 위기지학(爲己之學)이 남에게 내세우는 공부가 아님을 경계하는 뜻을 담은 내용이다.

410 비단……걸쳤으니 : 『시경』「위풍(衛風) 석인(碩人)」. "아름다운 석인 훤칠하네, 비단 옷을 입고 홑옷을 걸쳤구나.(碩人其頎, 衣錦褧衣.)"

411 絅 : 『시경』과 『서산문집(西山文集)』에는 '경(褧)'으로 되어 있다. 『시경』「위풍(衛風) 석인(碩人)」. "碩人其頎, 衣錦褧衣." 「정풍(鄭風) 봉(丰)」. "비단옷 입고 덧옷을 걸치고, 비단치마 입고 덧치마 걸쳤네.(衣錦褧衣, 裳錦褧裳.)"

자신을 완성하는 공부[412]는 바깥과 관계없기 때문이라네.

云胡昔人은 若是其晦오?
운 호 석 인　약 시 기 회

爲己之功은 無與乎外라네.
위 기 지 공　무 여 호 외

숨겨진 곳과 은미한 곳에서 두려워하듯 경계하고 조심하여,

내가 부끄러움 없기를 바라고 남이 알아주기를 바라지 않도다.

懍焉戒惕을 于隱于微하여,
름 언 계 척　우 은 우 미

我欲亡愧하고 匪蘄人知로다.
아 욕 무 괴　비 기 인 지

가득 차서 빛나게 되면[413] 그 쌓인 것을 가리지 못하지만,

나의 마음은 한결같이 숨기고 거두어들인다네.

充實光輝에 其積莫揜이나
충 실 광 휘　기 적 막 엄

而我之心은 惟一韜斂이라.
이 아 지 심　유 일 도 렴

소인배[414]는 잘한 것이 있으면 드러내 떨치려고 서두르며,

412 자신을……공부 : 위기지학(爲己之學)을 의미하는 것으로, 위기지학은 위인지학(爲人之學)과 대칭되는 말이다. 『논어』 「헌문(憲問)」에 "옛날 학자들은 자신을 위한 학문을 하였는데, 지금의 학자들은 남에게 보이기 위한 학문을 한다.(古之學者爲己, 今之學者爲人)"라고 한 것에서 나온 말이다.

413 가득 차서 빛나게 되면 : 원문은 '充實光輝'이다. 『맹자』 「진심(盡心) 하」. "충실함을 미인(美人)이라 이르고, 충실하여 광휘함이 있음을 대인(大人)이라 이른다.(充實之謂美, 充實而有光輝之謂大.)"

414 소인배 : 여기서는 세인(細人)이라고 하였는데, 지위가 낮고 비천한 사람을 일컫는 말이다. 『예기(禮記)』 「단궁(檀弓) 상」에 "군자는 덕으로 사람을 사랑하지만 소인

해진 솜옷[415]은 안으로 감추고 무늬 있는 비단 옷을 겉으로 자랑하네.

細人有善이면 汲汲暴揚하여
세 인 유 선 　 급 급 폭 양

敝縕中閟하고 文錦外張이라.
폐 온 중 비 　 문 금 외 장

성인 문하의 안회는 어리석고[416] 증삼은 노둔함을[417] 누가 알았겠는가?

아무것도 없는 듯 질박하지만 지극한 아름다움은 빽빽이 갖추어졌네.

孰知聖門에 回愚參魯리오?
숙 지 성 문 　 회 우 삼 노

樸兮若無나 至美森具로다.
박 혜 약 무 　 지 미 삼 구

『중용』 마지막 장에 모두 여덟 번 『시경』을 인용하니,[418]

배는 고식적으로 사람을 사랑한다.(君子之愛人也以德, 細人之愛人也以姑息.)"라는 말이 있다.

415 해진 솜옷 : 『논어』 「자한(子罕)」. "해진 솜옷을 입고도 여우나 담비 털로 만든 값비싼 옷을 입은 자와 함께 서 있으면서 부끄러워하지 않을 사람은 아마도 자로일 것이다.(衣敝縕袍, 與衣狐貉者, 立而不恥者, 其由也與.)"

416 안회는 어리석고 : 『논어』 「위정(爲政)」. "내가 안회와 종일토록 말하였으나 어기지 않으니, 어리석은 사람 같아 보였다. 그가 물러간 뒤 그의 사생활을 살펴보건대, 충분히 발휘하는 바가 있으니, 안회는 어리석지 않도다.(吾與回言終日, 不違如愚, 退而省其私, 亦足以發, 回也不愚.)"

417 증삼은 노둔함을 : 『논어』 「선진(先進)」. "시[子羔]는 우직하고, 삼[曾子]은 노둔하고, 사[子張]는 치우치고, 유[子路]는 거칠다.(柴也愚, 參也魯, 師也辟, 由也喭.)"

소리도 냄새도 없는 경지가 여기서 터전이 이루어지네.[419]

中庸之末에 凡八引詩하니
중용지말 범팔인시

聲臭泯然은 繇此其基니라.
성취민연 유차기기

깊고 지극하도다. 성학(聖學)의 오묘함이여!

덕(德)에 들어가는 문이니[420] 오직 지극한 요체라고 하겠다.

淵乎至哉라 聖學之妙여!
연호지재 성학지묘

入德之門이니 曰惟至要라네.
입덕지문 왈유지요

아름답구나, 왕 선생이여! 날마다 경재(絅齋)에 머물며,

더욱 깊고 은미하게 하여 옛사람들과 함께 하게나.

猗歟王子여! 日處此齋하여
의여왕자 일처차재

益深益微하면 古人與偕니라.
익심익미 고인여해

418 『시경』을 인용하니 : 『중용』 33장에 인용한 『시경』 구절은 다음과 같다. "衣錦尙絅."(「衛風 碩人」) "潛雖伏矣, 亦孔之昭."(「小雅 正月」) "在爾室, 尙不愧于屋漏."(「大雅 抑」) "奏假無言, 時靡有爭."(「商頌 烈祖」) "不顯惟德, 百辟其刑之."(「周頌 烈文」) "予懷明德, 不大聲以色."(「大雅 皇矣」) "上天之載, 無聲無臭."(「大雅 文王」)

419 소리도……이루어지네 : 의금상경(衣錦尙絅)으로 시작해서 무성무취의 최고경지로 마무리하는 것을 말한다. 『중용』 33장. "'하늘이 하는 일은 소리도 없고 냄새도 없다'고 하니, 그것이야말로 가장 높은 경지이다.(上天之載, 無聲無臭. 至矣.)"

420 덕(德)에 들어가는 문이니 : 『중용』 33장의 "먼 것이 가까운 것에서 말미암음을 알고 바람이 시작되는 곳을 알며 은미한 것이 드러남을 안다면, 덕에 들어갈 수 있을 것이다.(知遠之近, 知風之自, 知微之顯, 可與入德矣.)"에 나오는 말로, 의금상경(衣錦尙絅)하는 마음이 그 출발점이 된다는 것을 의미한다.

64

독서루에 새기다 讀書樓銘[421]

장식 張栻

넓으신 으뜸가는 성인(공자)이시여! 기미를 연마하고 깊이를 극진히 하고,[422]

말을 해서 『경전』을 지어 (다른 사람들이) 천심에 도달할 수 있도록 하시었도다.

洪惟元聖이여 研幾極深하고
홍 유 원 성　　연 기 극 심

出言爲經하여 以達天心이로다.
출 언 위 경　　이 달 천 심

하늘의 마음은 환하게 밝고 성인의 계획은 넓고도 넓으며,

밝게 전하여지니 나에게 한없는 은혜로다.

天心煌煌하고 聖謨洋洋한데
천 심 황 황　　성 모 양 양

有赫其傳하니 惠我無疆이로다.
유 혁 기 전　　혜 아 무 강

421 『南軒集』 권36에 나온다.

422 기미를……하고 : 『주역』 「계사(繫辭)」 10장. "역(易)은 성인(聖人)이 깊음을 다하고 기미를 살피는 것이니, 깊기 때문에 천하의 뜻을 통하며, 기미이기 때문에 천하의 일을 이루며, 신묘하기 때문에 빠르지 않으면서도 속하며 행하지 않으면서도 이른다.(夫易, 聖人之所以極深而硏幾也, 唯深也故, 能通天下之志, 唯幾也故, 能成天下之務, 唯神也故, 不疾而速, 不行而至.)"

딱하다, 배우는 자들이여! 천 년 뒤에 태어나서
누가 성인이 먼 옛날 분이라고 생각하는가? 남기신 경전이 그대로 있는데.

嗟哉學子여! 生乎千載하여
차 재 학 자 생 호 천 재

孰謂聖遠고? 遺經猶在이어늘.
숙 위 성 원 유 경 유 재

누가 경서를 읽으며 그 뜻을 맛보지 아니하고,
장구에만 천착하고 문장만 일삼는가?

孰不讀書하며 而味厥旨하고
숙 불 독 서 이 미 궐 지

章句是鑿하며 文采是事인가?
장 구 시 착 문 채 시 사

하물며 그 마음에 품은 것은 오직 녹봉과 이익이라,
아득히 사방으로 치달리니 그런 짓을 어찌 내가 따라가겠는가?

矧其所懷는 惟以祿利라
신 기 소 회 유 이 녹 리

茫乎四馳하니 其曷予曁리오?
망 호 사 치 기 갈 여 기

딱하다, 배우는 자들이여! 마땅히 알지어다. 독서란
달리 목적이 있는 것이 아니라 오직 그 처음의 마음을 찾는 것이라네.

嗟哉學子여! 當知讀書는
차 재 학 자 당 지 독 서

匪有所爲요 惟求厥初니라.
비 유 소 위 유 구 궐 초

그 처음의 마음이란 무엇인가? 그대의 본래부터 그러한 것이니, 경전을 통해서 발하게 되면 그대의 앎이 온전하게 되리라.[423]

厥初維何오? 爾所固然이니
궐 초 유 하　　이 소 고 연

因書而發하면 爾知則全이라.
인 서 이 발　　이 지 즉 전

오직 외우고 노래하고 궁구하고 반복하며,
오직 유유히 헤엄을 치듯 노닐되[424] 제멋대로 하거나 얽어매지 말라.

維誦維歌하고 維究維復하며
유 송 유 가　　유 구 유 복

維以泳游요 勿肆勿梏하라.
유 이 영 유　　물 사 물 곡

오직 그대 마음을 편안하게 하여 그 이치를 이해하고,
그대 몸에 절실하게 하여 성찰하고 체득하라.

423 그대의……되리라 : 『대학장구』 「서문」. "하늘이 사람(生民)을 내림으로부터 이미 인의예지(仁義禮智)의 성(性)을 부여하지 않음이 없건마는, 그 기질을 받은 것이 혹 똑같지 못하다. 이 때문에 모두 그 본성의 소유함을 알아 온전히 함이 있지 못한 것이다. 한 사람이라도 총명(聰明)하고 예지(叡智)하여 능히 그 본성을 다한 자가 그 사이에 나옴이 있으면, 하늘이 반드시 그에게 명하시어 억조 만백성의 군주와 스승으로 삼아, 그로 하여금 백성을 다스리고 가르쳐서 그 본성을 회복하게 하시니라.(蓋自天降生民, 則旣莫不與之以仁義禮智之性矣, 然其氣質之稟, 或不能齊. 是以不能皆有以知其性之所有而全之也. 一有聰明睿智能盡其性者, 出於其間, 則天必命之, 以爲億兆之君師, 使之治而敎之, 以復其性.)" 여기서의 앎은 격물치지이고 온전함은 그 처음의 마음이 온전해진다는 말이다.

424 오직……노닐되 : 우유함영(優游涵泳)으로 서두르지 않고 조용히 학문의 깊은 뜻을 완미(玩味)함을 일컫는 말이다.

維平乃心하여 **以會其理**하고
유 평 내 심 이 회 기 리

切于乃躬하여 **以察以體**니라.
절 우 내 궁 이 찰 이 체

쌓인 공부가 이미 깊어져서 나의 밝음이 불꽃처럼 피어오르면,
예상 밖으로[425] 멀리까지도 대체가 드러날 것이다.

積功旣深하여 **有燀其明**이면
적 공 기 심 유 천 기 명

迥然意表에도 **大體斯呈**이라.
형 연 의 표 대 체 사 정

성인께서 어찌 나를 속이실까? 실로 나의 기틀을 발휘하니
내 스스로 알게 해서 길이 실천케 한다.

聖豈予欺리오? **實發予機**니
성 기 여 기 실 발 여 기

俾予自知하여 **以永于爲**니라.
비 여 자 지 이 영 우 위

불이 타오르기 시작하듯 하고 샘물이 처음 솟아오르기 시작하듯 하리니,[426]
이로부터 밀고 나가면 누가 나의 나아가는 것을 막겠는가?[427]

425 의표(意表) : 뜻의 밖이란 말로 예상 밖 혹은 생각 밖이란 말이다.

426 불이……하리니 : 『맹자』 「공손추(公孫丑) 상」. "무릇 사단(四端)이 나에게 있는 것을 다 넓혀서 채울 줄 알면, 마치 불이 처음 타오르며 샘물이 처음 나오는 것과 같을 것이니, 만일 능히 이것을 채운다면 족히 사해를 보호할 수 있고, 만일 채우지 못한다면 부모도 섬길 수 없을 것이다.(凡有四端於我者, 知皆擴而充之矣, 若火之始然, 泉之始達, 苟能充之, 足以保四海, 苟不充之, 不足以事父母.)"

427 누가……막겠는가 : 『주역』, 「몽괘(蒙卦)」. "산(山) 아래에서 샘물이 나옴이 몽이니, 군자가 보고서 행실을 과단성 있게 하며 덕을 기른다.(象曰, 山下出泉, 蒙, 君子

若火始燃하고 若泉始達하리니
약 화 시 연 약 천 시 달

推之自茲면 進孰予遏이리오?
추 지 자 자 진 숙 여 알

태산을 오르는 것처럼 덕이 높아지니,[428]

오직 이치는 형상이 없고 오로지 경전의 뜻은 무궁하다.

若登泰山하여 益高益崇이니
약 등 태 산 익 고 익 숭

維理無形이요 維經無窮이니라.
유 리 무 형 유 경 무 궁

아, 배우는 자들이여! 더욱 공경스럽게 이를 유념해서,

이렇게 독서하면 아마도 성인에 가까울 것이다.

嗟哉學子여! 益敬念茲하여
차 재 학 자 익 경 념 자

以是讀書면 則或庶幾리라.
이 시 독 서 즉 혹 서 기

以, 果行, 育德.)"

428 덕이 높아지니 : 『주역』 「계사(繫辭)」 7장. "공자께서 말씀하였다. '역(易)은 지극하다 할 것이다. 역은 성인이 덕(德)을 높이고 업(業)을 넓힌 것이다. 지(智)는 높고 예(禮)는 낮으니, 높음은 하늘을 본받고 낮음은 땅을 본받은 것이다.'(子曰, 易, 其至矣乎, 夫易, 聖人所以崇德而廣業也, 知崇, 禮卑, 崇效天, 卑法地.)"

65

규헌에 있는 돌에 새기다 葵軒石銘[429]

장식 張栻

그대의 의관을 바르게 하고 그대의 용모를 게을리 하지 말며, 그대의 보고 듣는 것을 조심하고 그대의 몸가짐을 벗어나지 않게 하라.

正爾衣冠하고 無惰爾容하며
정 이 의 관 무 타 이 용

謹爾視聽하고 無越爾躬하라.
근 이 시 청 무 월 이 궁

그대의 말은 그대의 마음을 따르게 하며,
그대의 일상생활은 그대의 상도를 실천하라.

爾之話言은 式循爾衷하며
이 지 활 언 식 순 이 충

爾之起居는 式蹈爾庸하라.
이 지 기 거 식 도 이 용

그대의 행동을 공경스럽게 하여 막하지 않고 통하게 하며,
그대가 보존한 것을 곧게 해서 그 으뜸을 잃지 않도록 하라.

敬爾所動하여 毋窒其通하며
경 이 소 동 무 질 기 통

429 규헌에……새기다 : 『南軒集』 권36에 나온다. 장남헌은 집에 있던 규헌의 돌에 새겨 출입하면서 보고 스스로 반성했다.

貞爾所存하여 無失其宗하라.
정 이 소 존 　 무 실 기 종

바깥이 엄숙한 것이 안을 보존하는 방법이 되며,

안을 튼튼하게 해야 바깥이 이에 따르게 된다.

外之云肅이 攸保于中이며
외 지 운 숙 　 유 보 우 중

中之克固라야 外斯牽從이니라.
중 지 극 고 　 외 사 견 종

천명은 두려워할만 하지만 계신공구를 끝까지 하기가 어려우니

돌에 이 명을 써서 그대의 게으름을 경계 하노라.

天命可畏나 戒懼難終하니
천 명 가 외 　 계 구 난 종

勒銘于石하야 用儆爾慵하노라.
륵 명 우 석 　 용 경 이 용

66

전심각에 새기다 傳心閣銘[430]

장식 張栻

사람이 태어남에 타고난 본성이 있으나,

감정이 동요되고 외부대상에 끌려가서 그 천명을 무너뜨린다.

惟民之生에 厥有彝性이나
유 민 지 생 궐 유 이 성

情動物遷하여 以隳厥命이니라.
정 동 물 천 이 휴 궐 명

오직 성인만이 창작하셨으니 하늘의 마음에 순수하였기 때문이다.

도를 닦고 가르침을 세워 오늘 날까지 깨우쳐주셨다.

惟聖有作하니 純乎天心이라.
유 성 유 작 순 호 천 심

430 전심각에 새기다 : 『南軒集』 권36에 나온다. 전심각은 남검주(南劍州) 우계현(尤溪縣), 현재 복건성 우계현으로서 주희(朱熹)가 태어난 곳인 우계현 향교에 세운 장서각이다. 석자중을 위하여(爲石子重) 지은 글이다. 석자중의 이름은 석돈(石墩 1128~1182)이며 송의 학자이다. 자는 자중(子重), 호는 극재(克齋)다. 절강성(浙江省) 신창(新昌)출신이다. 1145년에 과거에 합격하였다. 주자의 벗이자 문인이며, 「중용장구서문」에 나온다. 저서로는 『주역해(周易解)』·『대학해(大學解)』·『중용집록(中庸輯錄)』 등이 있다. 전심각은 석자중이 우계현의 향교에 세운 장서각이다. 거기에 주돈이와 이정의 상을 모셨다.

修道立敎하여 以覺來今이니라.
수 도 립 교 이 각 래 금

누가 도를 멀다고 하는가? 시작과 끝을 다 베풀었으니

그대가 배우면 성인이 될 수 있게 하시니라.

孰謂道遠고 始卒具陳하니
숙 위 도 원 시 졸 구 진

俾爾由學하여 而聖可成이니라.
비 이 유 학 이 성 가 성

공자·맹자 시대는 아득히 멀어서 이단(異端)이 날로 자라나는데

머리가 희도록 문장만 외워 허둥지둥 어디로 가려는가?

鄒魯云邈하여 異端日滋한대
추 로 운 막 이 단 일 자

白首章句하여 倀倀何之오?
백 수 장 구 창 창 하 지

오직 주렴계 선생[431]이 천년 뒤에 우뚝 일어나,

홀로 그 근원을 탐구하시어 그 큰 뜻을 알아내셨다.

惟子周子가 崛起千載하여
유 자 주 자 굴 기 천 재

獨探其源하여 以識其大니라.
독 탐 기 원 이 식 기 대

431 주렴계 선생 : 주돈이(周敦頤, 1017~1073). 그는 우주의 근원인 태극(太極)으로부터 만물이 생성되는 과정을 도해(圖解)하여 「태극도(太極圖)」를 그리고, 태극(太極)·음양(陰陽)의 이기(二氣)·오행(五行)(金·木·水·火·土의 五 元素)·남녀(男女)·만물(萬物)의 순서로 세계가 구성되었다고 논하였다. 그리고 인간만이 가장 우수한 존재이기 때문에 중정(中正) 인의(仁義)의 도를 지키고 마음을 성실하게 하여 성인이 되어야 한다는 도덕과 윤리를 강조하고, 우주생성의 원리와 인간의 도덕원리는 본래 하나라는 이론을 제시하였다. 저술로 『태극도설(太極圖說)』·『통서(通書)』 외에 시문이 있는데 후에 주희가 모아 『주자전서(周子全書)』로 편찬하였다.

『주역』으로 상을 세워 뜻을 다하여 그윽하고 미묘한 이치를 드러내 밝혔으니,

성인의 학문의 전해짐이 여기에 있다고 하지 않겠는가?

立象盡意하여 闡幽明微하니
입 상 진 의 천 유 명 미

聖學有傳이 不曰在茲아?
성 학 유 전 불 왈 재 자

두 정선생[432]께서 참으로 그 훌륭함을 이어서,

이미 스스로 터득하시고 또 이를 크게 빛내셨도다.

惟二[433]程子가 實嗣其徽하여
유 이 정 자 실 사 기 휘

旣自得之하고 又光大之니라.
기 자 득 지 우 광 대 지

혼연하게 온전할 때는 통섭하지 않음이 없고,

정밀하게 분석할 때는 적중하지 않는 것이 없도다.

有渾其全하면 則無不總이며
유 혼 기 전 즉 무 불 총

有析其精이면 則無不中이라.
유 석 기 정 즉 무 불 중

본체와 작용을 설명함에 있어 드러내고 살펴서 빠뜨림이 없었고,[434]

432 두 정선생 : 정호(程顥, 1032년~1085)와 정이(程頤, 1033~1107)이다.

433 二 : 원문에는 '一' 자로 되어 있다. 오타인 듯하여 '二' 자로 바꾸었다.

434 드러내고……없었고 : 『맹자』 「진심(盡心) 상」. "맹자께서 말씀하였다. '행하면서도 밝게 알지 못하며, 익히면서도 살피지 못한다. 그러므로 종신토록 행하면서도 그 도(道)를 모르는 자가 많은 것이다.'(孟子曰, 行之而不著焉, 習矣而不察焉. 終身由之而不知其道者衆也.)"

은미함과 드러남[435]을 설명함에 있어 그 기미에 틈이 없었다.

曰體曰用하여 著察不遺하며
왈 체 왈 용 저 찰 불 유

曰隱曰顯하여 莫間其幾라.
왈 은 은 현 막 간 기 기

아, 위대한 성인의 마음은 해와 같이 혼융하도다!

아, 빛나게 마음으로 전하니 후세사람들이 으뜸으로 삼도다.

於皇聖心은 如日有融이라!
오 황 성 심 여 일 유 융

於赫心傳하니 來者所宗이로다.
오 혁 심 전 래 자 소 종

우뚝한 이 누각이 우계[436]의 물가에 있으니

공경스러운 세 선생[437]을 아주 밝게 그려 놓았도다.

有屹斯閣이 尤溪之濱이니
유 흘 사 각 우 계 지 빈

翼翼三子를 繪事孔明이로다.
익 익 삼 자 회 사 공 명

가을처럼 엄숙하고 봄처럼 따뜻한 마음이니,

그 '전심'이라는 이름을 걸어서 후인인 그대들을 가르친다.

儼然其秋하고 温然其春한데
엄 연 기 추 온 연 기 춘

435 은미함과 드러남 : 정이(程頤)는 「역서(易序)」에서, "지극히 은미한 것은 리(理)이고 지극히 현저한 것은 상(象)이다. 본체와 작용은 근원이 하나이고 드러남과 은미함은 간격이 없다.(至微者, 理也, 至著者, 象也. 體用一源, 顯微无間.)"라고 하였다.

436 우계 : 주희가 태어난 곳이다.

437 세 선생 : 염계 주돈이, 명도 정호, 이천 정이 세 선생을 가리킨다.

揭名傳心하여 詔爾後人이라.
계명전심 조이후인

아, 후인들이여! 이 앞에 와서 절하며 공경하며

사모하는 마음을 일으켜서 선생이 전한 것을 길이 생각할지어다.

咨爾後人이여! 來拜于前하며
자이후인 래배우전

起敬起慕하여 永思其傳이어다.
기경기모 영사기전

아! 그들의 말을 음미하고 아! 그들의 행동을 살펴볼지니,

그대들의 몸에 체험해서 하나 됨으로 귀의할지어다.

于味其言하고 于考其爲니
우미기언 우고기위

體于爾躬하여 以會其歸어다.
체우이궁 이회기귀

그대들이 체득한다는 것은 그들이 도달한 것을 따르는 것이니,

그대들이 도달하게 된다면 도가 어찌 다르겠는가?

爾之體矣는 循其至而이니
이지체의 순기지이

爾之至矣하면 道豈異而리오?
이지지의 도기이이

'전심'이라는 이름이 천고에 변하지 않으리니,

자, 후인들이여! 그 처음 뜻을 변치 말지어다.

傳心之名이 千古不渝이니
전심지명 천고불유

咨爾後人이여! 無替厥初니라.
자이후인 무체궐초

67

자신을 잘 돌아보라 顧齋銘[438]

장식 張栻

사람이 몸을 세움에 말과 행동이 중요한데,

오직 말은 내 뱉기 쉽고 행동은 게으르기 쉽다.

人之立身에 言行爲大어늘
인 지 립 신 언 행 위 대

惟言易出하고 惟行易怠이니라.
유 언 이 출 유 행 이 태

저 옛날의 군자들은 이에 그 어려움을 생각하였으니,

그 언행을 엄하게 다스려[439] 언행에 한계를 세웠다.[440]

伊昔君子는 聿思其艱하니
이 석 군 자 율 사 기 간

438 자신을 잘 돌아보라 : 『南軒集』 권36에 나온다. 우문소절(宇文紹節)위하여 지은 글이다(爲宇文紹節). 우문소절의 우문은 성이고, 소절은 이름이다. 송(宋)나라 광도(廣都) 사람으로서 자는 정신(挺臣), 시호는 충혜(忠惠)이다.

439 그 언행을 엄하게 다스려 : 『주역』 「계사(繫辭) 상」. "말은 몸에서 나와 백성에게 가(加)해지며, 행실은 가까운 곳에서 발하여 먼 곳에 나타나니, 말과 행실은 군자(君子)의 추기(樞機)이니, 추기(樞機)의 발함이 영(榮)·욕(辱)의 주체이다. 말과 행실은 군자(君子)가 천지(天地)를 동하는 것이니, 삼가지 않을 수 있겠는가.(言出乎身, 加乎民, 行發乎邇, 見乎遠, 言行, 君子之樞機, 樞機之發, 榮辱之主也. 言行, 君子之所以動天地也, 可不愼乎.)"

440 한계를 세웠다 : 방비(防備)하고 금지(禁止)시킨다는 뜻이다. 어원상으로 방(防)은 물을 제어하는 것이며 한(閑)은 짐승을 제어하는 것이다.

嚴其樞機하여 立是防閑이라.
엄 기 추 기　　입 시 방 한

자기의 말에 대해서는 자기의 행위를 돌아보아야 하니,
조금이라도 지나침이 있으면 스스로를 속인 것이 된다.

於其有言엔 則顧厥爲니
어 기 유 언　즉 고 궐 위

豪釐之浮면 則爲自欺니라.
호 리 지 부　즉 위 자 기

말 내보내는 것을 삼가하여 마음속에 두고 함부로 내보내지 않으니,
확실한 그 말은 오직 실재와 맞게 한다.

克謹于出하야 內而不外하니
극 근 우 출　내 이 불 외

確乎其言이 惟實是對니라.
확 호 기 언　유 실 시 대

자신의 행동에 대해서는 자기의 말을 돌아보아야 하니,
잠시라도 실천하지 못하면 곧 자기의 허물이 된다.

於其操行에 則顧厥言하니
어 기 조 행　즉 고 궐 언

須臾弗踐이면 則爲己愆이니라.
수 유 불 천　즉 위 기 건

살얼음을 밟듯, 깊은 물가에 이른 듯 두려워하고 조심하며[441] 스

441 살얼음을……조심하며 : 『시경』 「소아(小雅) 소민(小旻)」. “감히 범을 맨손으로 잡지 않으며 감히 황하(黃河)를 맨몸으로 건너지 않으니, 사람들은 그 한 가지만 알고 그 다른 것은 알지 못하도다. 두려워하고 조심하여 깊은 못에 임하듯이 하며 얇은 얼음을 밟듯이 하노라.(不取爆虎, 不取憑河, 人知其一, 莫知其他. 戰戰兢兢, 如臨深淵,

스로 지키니

확실한 그 행동은 오직 실재에 의거하였다.

履薄臨深하고 戰兢自持하니
이 박 임 심　　전 긍 자 지

確乎其行은 惟實是依니라.
확 호 기 행　　유 실 시 의

겉과 속이 서로 번갈아 바르게 잡고 동정(動靜)이 서로 번갈아 의지하니,

마치 선창함에 화답하듯 하고 그림자가 따르는 듯하였다.

表裏交正하고 動靜是資하니
표 리 교 정　　동 정 시 자

若唱而和하고 若影而隨하니라.
약 창 이 화　　약 영 이 수

저 옛날 군자들이 어찌 성실하지 않았으리요?[442]

힘쓸지어다. 당신도 변하지 말고 언행을 공경하고 지켜야 한다.

伊昔君子가 胡不慥慥리오?
이 석 군 자　　호 불 조 조

勉哉勿渝하고 是敬是保하라.
면 재 물 유　　시 경 시 보

如履薄氷.)”

442 어찌 성실하지 않았으리요 : 『중용』 13장. “말은 행동을 살피고 행동은 말을 살펴서 하니, 군자들이 어찌 성실하지 않겠는가?(言顧行 行顧言 君子胡不慥慥爾.)” 조조(慥慥)는 언행이 독실한 모양이다.

68

노둔하라 魯齋箴[443]

하기 何基

사람이 태어남에 고루 태극을 품부 받으니

만 가지 이치가 빽빽하여[444] 만물의 법칙을 모두 갖추었다.

維人之生에 均稟太極하니
유 인 지 생　균 품 태 극

萬理森然하여 咸具物則이라.
만 리 삼 연　함 구 물 칙

443 魯齋箴 : 『하북산선생유집(何北山先生遺集)』에 나온다. 『논어』「선진(先進)」 18장. "시(柴)는 어리석고, 삼(參, 曾子)은 노둔하고, 사(師, 子張)는 한쪽[外貌]만 잘하고, 유(由, 子路) 는 거칠다.(柴也愚, 參也魯, 師也辟, 由也喭.)" "왕회지가 자기 서재를 '魯'라고 이름 짓고 이미 기문을 지어서 스스로를 경계하고 있었다. 후에 벗인 하기(何基) 중공(仲恭)으로 하여금 잠을 지어 걸게 했다. 기(基)는 생각한다. '왕씨가 노둔한 사람이 아닌데 스스로 노둔하다고 여기니, 어찌 옛날 曾子께서 성인 문하에 계실 때 노둔하다고 불리면서도, 하나로 관통하는 오묘한 진리는 증삼만이 그것을 얻었기 때문이 아니겠는가?' 장차 독실하고 견고한 자세로 학문에 종사하여서 증삼의 공효를 거두고자 함이니, 그 뜻이 참 원대하다고 할 만 하다. 그래서 그를 위해서 箴을 짓노라.(王子會之, 名其齋, 曰魯, 旣爲記以自警. 後俾其友人何基仲恭父, 作箴揭之. 基謂"王子非魯者而自以爲魯, 豈不以昔者曾子之在聖門, 見謂爲魯, 而一貫之妙獨參得之." 蓋將從事於篤實堅苦之學, 以收曾氏之效也與, 其志可謂遠矣. 乃爲之箴曰.)"

444 만 가지……빽빽하여 : 『근사록(近思錄)』「도체(道體)」. "이천은 말했다. '텅 비고 고요하여 아무런 조짐도 없는 가운데 온갖 모습이 빼곡이 이미 구비되어 있으니, 아직 감응하지 않았어도 먼저 있는 것이 아니고 이미 감응했다고 해서 나중에 있는 것이 아니다.'(伊川, 沖漠無朕, 萬象森然已具. 未應不是先, 已應不是後.)"

허령하면서 지각의 능력이 있는[445] 이것을 밝은 덕[明德]이라 하니,

혹은 가려져 어두운 것은 기질 때문이다.

知覺虛靈을 是謂明德이니
지 각 허 령 시 위 명 덕

或蔽而昏은 則由氣質이라.
혹 폐 이 혼 즉 유 기 질

어떻게 그 밝음을 열고 어떻게 그 막힌 것을 제거 하리오?

본래 그러한 모습을 회복하는 것은 오직 학문의 힘이다.

曷開其明하고 曷去其塞이리오?
갈 개 기 명 갈 거 기 색

復其本然은 惟學之力이라.
복 기 본 연 유 학 지 력

옛날에 증삼[446]은 만세의 표준이니

처음에는 노둔함을 걱정하였으나 끝내는 노둔함 때문에 도를 얻으셨도다.

昔者子輿는 萬世標的이니
석 자 자 여 만 세 표 적

始病於魯이나 竟以魯得하니라.
시 병 어 로 경 이 로 득

445 허령하면서……있는 : 마음이 거울처럼 맑고 영묘하여 무엇이든지 뚜렷이 비추어 일체의 대상을 밝게 본다는 뜻으로 명덕(明德)을 말한다.

446 증삼 : 506~436 B.C.E. 자는 자여(子輿)이고 공자의 제자이다. 무성(武城, 지금의 山東省 平邑縣) 출신이다. 공자의 제자였던 증점(曾點)의 아들이며 공자보다 46살 연하로 제자 가운데 나이가 어리고 노둔(魯鈍)하였으나, 뜻이 성실하였기 때문에 공자 도(道)의 진수를 얻었다고 한다.

이는 노둔함으로 얻은 것이 아니라 성실함으로 얻은 것이니, 확실하고 견고하며 깊고 전일하며, 정일하고 순수하며 엄중하고 치밀하였도다.

匪得于魯요 而得于實이니
비 득 우 노 이 득 우 실

確固深純하고 精粹嚴密하니라.
확 고 심 순 정 수 엄 밀

증삼의 공부를 헤아려 보면 시작함과 끝맺음이 있었으니, '살얼음을 밟는 듯 깊은 물가에 이른 듯하라'는 자세로 경계하고 삼갔다.[447]

稽其用功컨댄 有始有卒하니
계 기 용 공 유 시 유 졸

履薄臨深하여 是警是飭하니라.
이 박 임 심 시 경 시 칙

하루에 반성하기를 세 가지로 하면서도[448] 혹시라도 잘못될까를 오히려 두려워하며,

성인의 문하에서 강의하고 논변할 때에 그 말이 자세하면서도

447 『논어』「태백편」 3장 : 증자가 병이 들자, 제자들을 불러놓고 말했다. "이불을 걷고 나의 발과 손을 보아라. 시경에 이르기를 '두려워하고 조심하여 깊은 연못에 임한 듯이, 얇은 얼음판을 밟는 듯이 한다' 하였으니, 죽음에 임한 지금에야, 나는 이러한 근심을 면했음을 알겠노라, 제자들아!"(曾子 有疾 召門弟子 曰 啓予足 啓予手 詩云 戰戰兢兢 如臨深淵 如履薄氷 而今而後 吾知免夫 小子)

448 하루에……하면서도 : 『논어』「학이(學而)」 4장. "증자가 말씀하였다. '나는 날마다 세 가지로 내 몸을 살피나니, 남을 위하여 일을 도모해 줌에 충성스럽지 못한가? 붕우와 더불어 사귐에 성실하지 못한가? 전수 받은 것을 복습하지 않는가이다.'(曾子曰, 吾日三省吾身, 爲人謀而不忠乎. 與朋友交而不信乎. 傳不習乎.)"

남김이 없었다.

日省者三에도 猶懼或失하며
일 성 자 삼　　유 구 혹 실

講辨聖門에 是纖是悉하니라.
강 변 성 문　　시 섬 시 실

예를 배우고 효를 배우며 조금씩 쌓아 나가고

성(誠)과 명(明)[449] 두 가지를 증진하고 경(敬)과 의(義)를 함께 세우도다.

聞禮聞孝하며 寸累銖積하여
문 례 문 효　　촌 루 주 적

誠明兩進하고 敬義偕立하니라.
성 명 량 진　　경 의 해 립

'일(一)'이라고 하니까 '예' 하고 대답했으니[450] 이것은 만 가지 도리가 하나로 녹아든 경지라.

저 자공[451]처럼 통달한 사람은 오히려 거기에 미칠 수 없었다네.[452]

449 성(誠)과 명(明) : 『중용』 21장. "성(誠)으로 말미암아 밝아짐을 성(性)이라 이르고, 명(明)으로 말미암아 성실해짐을 교(教)라 이르니, 성실하면 밝아지고, 밝아지면 성실해진다.(自誠明謂之性, 自明誠謂之教. 誠則明矣, 明則誠矣.)"

450 일(一)이라고……대답했으니 : 『논어』 「이인(里仁)」 15. "공자께서 말씀하시기를 '삼아! 우리 도(道)는 한 가지 이(理)가 만 가지 일을 꿰뚫고 있다.' 하시니, 증자께서 '예' 하고 대답하였다. 공자께서 나가시자, 문인들이 '무슨 말씀입니까?' 하고 물으니, 증자께서 대답하셨다. '부자의 도는 충(忠)과 서(恕)일 뿐이다.'(子曰, 參乎, 吾道一以貫之. 曾子曰, 唯. 子出, 門人問曰, 何謂也. 曾子曰, 夫子之道, 忠恕而已矣.)"

451 자공 : 520~456 B.C.E. 성은 단목(端木)이고 이름은 사(賜)이다. 공문십철(孔門十哲)의 한 사람으로 재아(宰我)와 더불어 언어에 뛰어났다고 한다.

452 미칠 수 없었다네 : 『논어』 「위령공(衛靈公)」 2장. 공자께서 말씀하셨다. "사(賜)야! 너는 내가 많이 배우고 그것을 기억하는 사람으로 여기느냐?" 자공이 대답하였다 "그렇습

一唯領會하니 萬理融液이라.
일 유 령 회 만 리 융 액

彼達如賜는 乃弗能及이니라.
피 달 여 사 내 불 능 급

누가 '증삼이 노둔하였다'고 하겠는가? 공효를 거둠에 오히려 빨랐도다.

뛰어난 왕씨는 옛 사람의 발자취를 따랐도다.

孰謂參魯요? 收功反亟이라.
숙 위 삼 로 수 공 반 극

卓哉王子는 追蹤在昔이로다.
탁 재 왕 자 추 종 재 석

이 명칭을 편액으로 삼아서 아침에 경계하고 저녁에 두려워하니,[453]

노둔함을 병으로 여기지 말고 질박함을 어렵게 생각해라.

有扁斯名하여 朝警夕愓이니
유 편 사 명 조 경 석 척

勿病於魯하고 謂質難易하라.
물 병 어 로 위 질 난 이

노둔함에 안주하지 말라는 것은 안주하면 학문에 무익하다는 것이며,

노둔함으로 인해 도에 들어간다는 것은 본받을 만한 노둔함이다.

勿安於魯는 謂學無益이며
물 안 어 노 위 학 무 익

니다. 아닙니까?" 공자께서 말씀하셨다. "아니다. 나는 하나의 이치로써 모든 것을 꿰뚫고 있다."(子曰 賜也 以予爲多學而識之者與 對曰 然, 非與. 曰 非也, 予 一以貫之.)

453 아침에……두려워하니 : 『주역』「건괘(乾卦)」. "구삼(九三)은 군자가 종일토록 힘쓰고 힘써 저녁까지도 두려워하면 위태로우나 허물이 없으리라.(九三曰, 君子, 終日乾乾, 夕愓若, 厲, 无咎.)"

由魯入道는 有魯可式이라.
유로입도 유로가식

편벽된 기품은 징계하고 극복하며,

은미한 의리는 변별하고 분석해야 한다.

氣稟之偏은 則懲則克하고
기품지편 즉징즉극

義理之微는 則辨則析이니라.
의리지미 즉변즉석

앎과 행동을 함께 다하고 내외를 상호 이끄니,

확고한 뜻은 옛 철인을 이어 받았네.

知行兼盡하고 內外交迪이니
지행겸진 내외교적

確乎其志는 前哲是述이라.
확호기지 전철시술

남이 백 번하거든 자기는 천 번하게 되면 밝음을 기약할 수 있으며,

더 나아가 진리에 도달함[454]은 쉬지 않음에 달려 있다.

人百己千이면 明乃可必이며
인백기천 명내가필

從而上達은 則在不息이니라.
종이상달 즉재불식

어지럽고 거칠게 되면[455] 나 자신을 스스로 해친 것이니,[456]

454 진리에 도달함 : 원문은 '上達'이다. 『논어』「헌문(憲問)」 37장. "공자께서 말씀하셨다. '나는 하늘을 원망하지 않으며 사람을 탓하지 않고, 아래로 인간의 일을 배우면서 위로 천리(天理)를 통달하나니, 나를 알아주는 것은 하늘이실 것이다.'(子曰, 不怨天, 不尤人, 下學而上達, 知我者, 其天乎.)"

455 어지럽고 거칠게 되면 : 『중용』 20장. 주자집주(朱子集註). "아름답지 못한 자질로, 변화하여 아름다워지기를 구할진댄 공부를 백 배로 하지 않으면 이룰 수가 없다.

노둔함으로 허물을 돌리면 어찌 크게 미혹된 것이 아니겠는가?

滅裂鹵莽이면 乃吾自賊이니
멸렬로망 내오자적

歸咎于魯하면 豈不大惑이리오?
귀구우로 기불대혹

내가 이 잠을 지어 자리에 이것을 새겨 두었으니,

그대는 두 마음 먹지 말고 가슴에 간직하여[457] 싫증내지 말지어다.

我作斯箴하여 侑[458]坐是勒하니
아작사잠 유 좌시륵

勿貳爾心하여 服膺無斁하라.
물이이심 복응무역

그런데 이제 거칠고 소략하고 멸렬한 배움으로 혹 하기도 하도 혹 중단하기도 하면서 아름답지 못한 자질을 변화하다가 변화되지 못함에 이르면, '타고난 자질이 아름답지 못함은 배워서 변화할 수 있는 것이 아니다.'라고 말한다. 이는 스스로 포기함에 과감한 것이니, 불인(不仁)함이 심한 것이다.(夫以不美之質, 求變而美, 非百倍其功, 不足以致之, 今以鹵莽滅裂之學, 或作或輟, 以變其不美之質, 及不能變, 則曰 天質不美, 非學所能變, 是, 果於自棄, 其爲不仁, 甚矣.)"

456 나 자신을……것이니 : 『맹자』「공손추(公孫丑) 상」 6장. "사람이 이 사단(四端)을 가지고 있음은 사체(四體)를 가지고 있음과 같으니, 이 사단을 가지고 있으면서도 스스로 인의를 행할 수 없다고 말하는 자는 자신을 해치는 자요, 자기 군주가 인의를 행할 수 없다고 말하는 자는 군주를 해치는 자이다.(人之有是四端也, 猶其有四體也. 有是四端, 而自謂不能者, 自賊者也, 謂其君不能者, 賊其君者也.)"

457 가슴에 간직하여 : 『중용』 8장. "공자께서 말씀하셨다. '안회의 사람됨이 중용을 가려 한 선을 얻으면 권권(拳拳)히 가슴속에 두어 잃지 않는다.'(子曰, 回之爲人也. 擇乎中庸, 得一善, 則拳拳服膺, 而弗失之矣.)"

458 侑 : 유(姷)와 같다. 우(耦)와 통한다. 함께 나란히 한다는 뜻이다.

69

하루하루를 아껴라 愛日箴[459]

왕백 王柏

천지의 변화는 하루도 멈추지 않으니,

세월은 나를 기다리지 않고 해와 달은 말처럼 달린다.

天地之化는 一日不停이니
천 지 지 화 일 일 부 정

歲不我與하고 日月駿奔이니라.
세 불 아 여 일 월 준 분

이 때문에 군자는 쉬지 않고 힘써 노력하나니,

부지런히 스스로를 살피고 저녁에는 돌아보며 두려워한다.[460]

是以君子는 自强不息하나니
시 이 군 자 자 강 불 식

審己乾乾하고 夕焉斯惕이라.
심 기 건 건 석 언 사 척

우임금은 일분일초도 아끼셨고 주공은 밤낮으로 노력하였으니,[461]

459 하루하루를 아껴라 : 『노재집(魯齋集)』 권7에 나온다. 족손(族孫) 왕박을 위해 지은 글(爲族孫璞作.)이다.

460 부지런히……두려워한다 : 『중용』 21장. "성(誠)으로 말미암아 밝아짐을 성(性)이라 이르고, 명(明)으로 말미암아 성실해짐을 교(敎)라 이르니, 성실하면 밝아지고, 밝아지면 성실해진다.(自誠明謂之性, 自明誠謂之教. 誠則明矣, 明則誠矣.)"

461 주공은……노력하였으니 : 『맹자』 「이루(離婁) 하」. "주공(周公)은 세 왕(王)을 겸하시어 네 가지 일을 시행할 것을 생각하시되, 부합하지 않는 것이 있으면, 우러러

하물며 이분들은 성인인데도 감히 혹시라도 게으르지 않았도다.

禹惜寸陰하고 周公待旦하니
우 석 촌 음　　주 공 대 단

矧是聖人도 罔敢或倦이도다.
신 시 성 인　　망 감 혹 권

나가서는 일을 하고 들어와서는 쉬는 것이 어리석은 중인들이니

스스로 해치고 스스로 버리면[462] 늙어서는 상심하고 슬퍼한다네.

出作入息함이 衆人蚩蚩니
출 작 입 식　　중 인 치 치

自暴自棄면 老大傷悲니라.
자 포 자 기　　노 대 상 비

내가 일찍이 어릴 때에 배움에 힘쓰지 않다가,

명덕이 어둡게 되어서는 후회해도 어쩔 수 없다네.[463]

我年嘗少하야 我學不力하다가
아 년 상 소　　아 학 불 력

明德昧昧하면 噬臍無及이니라.
명 덕 매 매　　서 제 무 급

생각하여 밤으로써 날을 이어서, 다행히 터득하시면 그대로 앉아 날이 새기를 기다리셨다.(周公, 思兼三王, 以施四事, 其有不合者, 仰而思之, 夜以繼日, 幸而得之, 坐以待旦.)"

462 스스로……버리면 : 『맹자』「이루(離婁) 상」. "맹자께서 말씀하였다. '스스로 해치는 자는 더불어 말할 수 없고, 스스로 버리는 자는 더불어 일할 수 없으니, 말할 때에 예의(禮義)를 비방하는 것을 자포(自暴)라 이르고, 내 몸은 인(仁)에 거(居)하고 의(義)를 따를 수 없다 하는 것을 자기(自棄)라 이른다.'(孟子曰, 自暴者, 不可與有言也, 自棄者, 不可與有爲也. 言非禮義, 謂之自暴也, 吾身不能居仁由義, 謂之自棄也. 仁, 人之安宅也, 義, 人之正路也, 曠安宅而弗居, 舍正路而不由, 哀哉.)"

463 후회해도……없다네 : "서제막급(噬臍莫及)"은 사향노루가 사냥꾼에게 잡혀 죽게 되자, 자신의 죽음이 배꼽 근처에 있는 사향 주머니 때문인 줄 알고 배꼽을 물어뜯으려 하지만 입이 닿지 아니한다는 뜻이다. 즉 후회해도 소용이 없음을 말한다.

아, 너희 젊은이들이여! 젊었다 말게.

더벅머리에 젖니였던 게 언제인고! 금방 헌칠하게 자랐네.

嗟爾小子아! 毋曰妙齡이어다.
차 이 소 자 　 무 왈 묘 령

髫齔幾何요! 頎頎而由니라.
초 츤 기 하 　 기 기 이 유

그대가 추우면 갖옷을 껴입고 그대가 배고프면 음식을 여러 가지 먹듯이,

스승과 벗과 함께 절차탁마하고 가정에서 잘 가르쳐라.

爾寒襲裘하고 爾飢重味하듯이
이 한 습 구 　 이 기 중 미

師友琢磨하고 家庭訓誨하라.
사 우 탁 마 　 가 정 훈 회

창문은 밝고 들창문은 깨끗하며 벼루는 가지런하고 자리는 평평하니,

여기서 공부하지 않으면 짐승처럼 늙어간다.

窓牖明潔하고 硯席靖夷니
창 유 명 결 　 연 석 정 이

於焉不學이면 鳥獸須眉니라.
어 언 불 학 　 조 수 수 미

그대 학문이 깊어지기를 기약하고 그대 힘쓰고 노력할 지어다.

다른 사람을 돌아보지 말라. 나 자신의 거울이 멀리 있지 않느니라.

相期爾深하니 爾勵爾勉이어다.
상 기 이 심 　 이 려 이 면

毋視他人하라. 我監不遠이니라.
무 시 타 인 　 아 감 불 원

한 번 선하고 한 번 악한 것은 꿈과 각성의 차이이며,
한 편 기쁘고 한 편 두려운 것은 부모님의 나이라네.[464]

一善一惡은 夢覺之間이며
일 선 일 악 몽 각 지 간

一喜一懼는 父母之年이니라.
일 희 일 구 부 모 지 년

아, 이 두 가지[465]를 조심하고 삼가 받들어서,
게을리 하여 잊어버리지 말고 시작하다가 중간에 그만두지 마라.

於斯二者를 兢兢業業하여
오 사 이 자 긍 긍 업 업

毋怠而忘하고 毋作而輟이니라.
무 태 이 망 무 작 이 철

동방이 밝아 도서가 앞에 가득하거든,
이 편액을 보고 천리 길에 채찍을 삼아라.

東方明矣에 圖書滿前이어든
동 방 명 의 도 서 만 전

視此名扁하고 千程一鞭하라.
시 차 명 편 천 정 일 편

날이 저물거든 말없이 너희의 길을 헤아려 보고,
이 잠의 시를 읊으며 네 마음에 잊지 말라.[466]

464 부모님의 나이라네 : 『논어』 「이인(里仁)」. "공자께서 말씀하셨다. '부모의 나이는 알지 않으면 안 되니, 한편으로는 기쁘고 한편으로는 두렵다.'(子曰, 父母之年, 不可不知也, 一則以喜, 一則以懼.)"

465 두 가지 : 한 번 선하고 한 번 악한 것은 학문에 대한 것이고, 한 편 기쁘고 한 편 두려운 것은 효도를 가르치니 학문과 효도 두 가지이다.

466 잊지 말라 : 원문은 '氷炭'이다. '빙탄상애(氷炭相愛)'로 얼음은 숯불에 녹아 물의 본성으로 되돌아가고 숯불은 얼음 때문에 꺼져서 숯이 되므로 서로 사랑함의 비유로

日云暮矣에 默計爾程하고
일 운 모 의　　묵 계 이 정

歌此銘詩하며 氷炭爾衷하라.
가 차 명 시　　빙 탄 이 충

쓰인다.

70

빈 배처럼 虛舟銘[467]

진덕수 眞德秀

만 곡[468]을 실을 만 한 큰 배를 노도 없고 밧줄도 없이,

긴 강에 둥둥 띄워 가는 데로 놓아두자.

萬斛之舟를 不楫不維하여
만 곡 지 주 　 불 즙 불 유

滺滺長川에 縱其所之이라.
유 유 장 천 　 종 기 소 지

누군가가 배를 가지고 있다가 마침 그 배와 부딪친들

배가 본래 어떤 마음이 있었던가? 어찌 원망하고 어찌 탓하겠는가?

云誰有船하여 適與之觸이라도
운 수 유 선 　 적 여 지 촉

舟本何心가? 奚怨奚讟이리오?
주 본 하 심 　 해 원 해 독

467 빈 배처럼 : 『서산문집(西山文集)』 권33에 나온다. "나는 일찍이 『장자(莊子)』에 나오는 허주(虛舟)라는 말을 즐겨 외우곤 하였는데, 장사군의 서재에 딸린 작은 방의 이름이 방주(方舟)인지라 그 이름을 바꾸고 싶었지만 겨를이 없었다. 그런데 쌍정 황씨가 '허주(虛舟)'라는 이름을 사용하고 있기에 내가 기뻐서 그를 위해 사언(四言)의 명문을 지었다.(余嘗喜誦莊子虛舟語, 長沙郡齋有小室, 名方舟, 欲易之未暇也. 雙井黃子, 迺以爲名, 余忻然爲作四言.)" 허주(虛舟)는 『장자』 「외편」 20. 산목편에 나온다.

468 곡 : 1곡(斛)은 10말에 해당하는 양이다.

덕 있는 사람은 천심으로 자연스럽게 노닐어 그 마음이 편안하고, 나에게 사랑함도 미워함도 없으니 만물이 저절로 오간다.

德人天遊라 **其中休休**하여
덕 인 천 유 기 중 휴 휴

我無愛憎하니 **物自春秋**로다.
아 무 애 증 물 자 춘 추

비와 이슬이 내리고 내리니 누가 그것을 덕이라 생각하며, 눈과 서리가 엉기고 엉긴들 어찌 나에게 각박하다고 하겠는가?

雨露零零하니 **孰知其德**하며
우 로 령 령 숙 지 기 덕

雪霜凝凝하나 **豈曰予刻**이리오?
설 상 응 응 기 왈 여 각

맏이는 허물이 없고자 하고 동생 평은 형의 현명함을 따라 가려고자 하니,[469]

그립구나, 두 현명한 형제[470]여! 마음 씀씀이가 배울 만하구나.

伯氏無尤하고 **季平見思**하니
백 씨 무 우 계 평 견 사

懷哉兩賢이여! **心事可師**로다.
회 재 량 현 심 사 가 사

갈피를 잡지 못하는 못난 사람들은 욕심에 가려지고 사사로움에 막혀서,

469 현명함을……하니 : 『논어』 「이인(里仁)」. "공자께서 말씀하셨다. '어진이의 행동을 보고는 그와 같기를 생각하며, 어질지 못한 이의 행동을 보고는 안으로 스스로 반성해야 한다.'(子曰, 見賢思齊焉, 見不賢而內自省也.)"

470 두 현명한 형제 : 황씨의 두 형제를 가리킨다.

무수히 많은 창칼로 걸핏하면 남과 대적하려 하도다.

紛紛小夫는 欲蔽私窒하니
분 분 소 부 욕 폐 사 질

森然戈矛로 動與物敵이로다.
삼 연 과 모 동 여 물 적

황 선생[471]이 "내가 누구와 멀리하고 누구와 가까이 할 것인가?" 라고 말하였는데,
그대가 지금 '허주(虛舟)'라고 하였으니, 그대는 아마도 그의 후예답도다.

涪翁有言하대 吾誰疎親고하니
부 옹 유 언 오 수 소 친

子今自名하니 豈其後人이로다.
자 금 자 명 기 기 후 인

세상 살아가는 길이 아득히 멀고 파도가 높고 물결이 거세어도,
그대들 가고 오는 길에 평안하여 모든 변화에도 흔들리지 말지어다.

世塗漫漫하여 濤激浪洶이나
세 도 만 만 도 격 랑 흉

往安子行하여 萬變勿動이니라.
왕 안 자 행 만 변 물 동

471 황 선생 : 원문은 '涪翁'이다. 부옹은 황정견(黃庭堅, 1045~1105)의 호이다. 자는 노직(魯直), 호에 산곡(山谷)이 있다. 홍주(洪州 : 江西省) 분녕(分寧 : 修水縣) 출생이다. 1066년 진사(進士)에 급제한 후 국자감 교수(國子監敎授)를 거쳐 각지의 지방 관리를 역임하였다. 1086년에 비로소 중앙관직에 취임, 교서랑(校書郎)이 되어 국사편찬(國史編纂)에 종사하였다. 1095년 왕안석(王安石)의 신법당(新法黨)이 부활됨과 동시에, 구법당(舊法黨)인 그는 신법을 비난하였다는 죄목으로 검주(黔州 : 四川省彭水縣)에 유배되었다. 1100년에 사면 복직되었으나, 1102년에 다시 무고를 당하고 의주(宜州 : 廣西省宜山縣)에 유배되어, 그 곳에서 병사하였다.

고경중마방발 古鏡重磨方跋[1]

정구(鄭逑)

옛 거울이 오랫동안 묻혀 있었기에 / 古鏡久埋沒,
거듭 닦아도 빛이 쉽게 나지 않네 / 重磨未易光.
밝은 바탕은 그래도 어둡지 않으니 / 本明尙不昧,
옛 철인들이 남긴 방법이 있다오 / 往哲有遺方.
사람은 늙은이와 젊은이 구별 없이 / 人生無老少,
마음 밝히는 일에 스스로 힘쓰는 것을 귀하게 여긴다오
/ 此事貴自强.[2]
위나라 무공은 아흔 다섯 살에도 / 衛公九十五,
아름다운 글을 홀에 새겨 경계하였다네[3] / 懿戒存圭璋.

위의 시는 이선생(李先生 : 李滉)이 손으로 잠과 명을 쓴 뒤에 옛 사

1 《퇴계선생문집》 속집 제2권; 역주 《퇴계전서》 제12권 450쪽에 실려 있다. 1559년 7월에 지은 시로 「고경중마방에 제한다(題古鏡重磨方)」라는 제목이 붙어 있다. 퇴계가 이 무렵 『고경중마방』을 편집하였다는 것을 알 수 있다.

2 속집에는 '强' 자가 '彊'으로 되어 있다.

3 주(周)대의 위(衛) 무공(武功)은 95세에 억(抑 : 『詩經 · 大雅』와 『국어 · 초서』에 나옴)시를 지어 자신을 경계하였다.

람들이 남긴 방법으로 영원한 거울을 닦는다는 뜻을 담았으니, 뜻이 진실로 깊다. 고인 가운데 늙어서도 공부를 그만두지 않은 사람이 어찌 무공만이겠는가! 위대한 우(禹)가 "정밀하게 살펴 한결같이 지키라."[4]는 가르침을 받은 것은 73세 때이며, 무왕이 경의(敬義)에 관한 글[5]을 받은 것은 87세 때였다. 오늘날 사람 가운데 어려서부터 자포자기하는 사람은 말할 것도 못되지만 늙어서 노력하지 않는 사람도 그만일 뿐이니, 어찌 슬프지 않은가! 선생의 시는 실로 거울을 닦는 지극한 방법이로다.(右 李先生手題箴銘之後 以寓用古方磨古鏡之義 意固深矣 古人之老而不已者 豈唯武公哉 大禹受精一之訓年七十三歲矣 武王受敬義之書年八十七歲矣 今人少而自棄者固不足云 老而不力者亦已矣 夫寧不哀哉 先生之詩實亦磨鏡之至方也哉)

정구는 삼가 기록한다(逑敬識).

4 『서경·우서·대우모』의 "인심은 위태롭고 도심은 은미하니 정밀하게 살펴 한결같이 지켜야 진실되게 중을 잘을 것이다.(人心惟危, 道心惟微, 惟精惟一, 允執厥中.)"를 가리킨다.

5 『大戴禮記·제59 武王踐阼』에 나오는 "경이 게으름을 이기면 길하고, 게으름이 경을 이기면 멸망한다. 의가 욕망을 이기면 순조롭게 되고, 욕망이 의를 이기면 흉하다.(敬勝怠者吉, 怠勝敬者滅. 義勝欲者從, 欲勝義者凶.)"를 가리킨다. '吉'은 '强'으로, '滅'은 '亡'으로 기록된 본도 있다.

부록

지은이 소개(시대순)

1. **성탕(成湯)** : 탕(湯)은 성(姓)이 자(子)이고 이름이 리(履)이며, 천을(天乙) 혹은 성탕(成湯)이라고도 하는데, 하(夏)나라의 걸(桀)을 죽이고 상(商)나라를 세웠다. 당(唐)나라의 유학자인 한유(韓愈, 768~824)는 「원도(原道)」에서 유학(儒學)의 도통(道統)이 요(堯) → 순(舜) → 우(禹) → 탕(湯) → 문왕(文王) · 무왕(武王) → 주공(周公) → 공자(孔子) → 맹자(孟子)로 이어졌다고 하였으며, 『송사(宋史)』 『도학열전(道學列傳)』에서는 맹자(孟子)이후에 끊어졌던 도통(道統)이 『태극도설(太極圖說)』을 쓴 북송(北宋)의 주렴계(周濂溪, 1017~1073)에 와서 다시 이어지게 되었다고 하였다. (1) (숫자)는 작품번호이다.

2. **무왕(武王)** : 아버지 문왕(文王)을 이어 주(周)나라를 통일하였으며, 맹자(孟子)는 탕(湯)이 걸(桀)을 치고 무왕(武王)이 주(紂)를 친 것은 '시군(弑君)'이 아니라 '일부(一夫)'를 벤 것이라고 하였다. 한(漢)나라의 대덕(戴德)이 편찬한 『대대례기(大戴禮記)』 「천조(踐阼)」편에 무왕(武王)이 지은 17개의 명(銘)이 실려있다. (2, 3, 4, 5, 6, 7)

3. **최원(崔瑗, 78~143)** : 『후한서(後漢書)』 최인열전(崔駰列傳)에 자(子)인 원(瑗)과 손(孫)인 식(寔)도 함께 나온다. 이름은 원(瑗)이며 자(字)는 자옥(子玉)이다. 좌우명(座右銘)을 처음으로 만든 사람으로 알려져 있다. 이 내용은 남조(南朝) 양(梁)나라 소통(蕭統, 501~531)이 편찬한 『문선(文選)』에 들어있으며, 당(唐)나라 구양순(歐陽詢, 557~641)이 편찬한 『예문유취(藝文類聚)』(人部)에도 들어있는데, 「좌우명(座右銘)」의 뒷부분이 조금 생략되어 있다. (8)

4. 변란(卞蘭) : 변란(卞蘭)은 위(魏)나라 사람이다. 문제(文帝) 조비(曹丕, 187~226)의 어머니인 변태후(卞太后, 160~230)의 동생인 변병(卞秉)의 아들이다. 위의 내용은 『예문유취(藝文類聚)』 가운데 최자옥(崔子玉)의 「좌우명(座右銘)」 다음에 나온다. (9)

5. 한유(韓愈, 768~824) : 당나라 때의 유학자. 하남성 하양(河陽 : 현재 맹현) 사람으로서 호는 창려(昌黎). 송명이학의 선구자로서 노·불을 비판하고 유가 도통(道統)을 중시하였다. 자는 퇴지(退之)이다. 송유들의 안목으로는 공자 맹자이후에는 곧 한유이다. 그는 유학은 미미하고 불교와 도교가 흥성하던 시기에 힘써 불교와 도교를 배척하고 유학의 부흥운동을 해서 중대한 성공을 이루었다. 그것이 바로 그가 주창한 고문운동이다. 『한창려집(韓昌黎集)』이 있다. (17)

6. 백거이(白居易, 772~846) : 자(字)는 낙천(樂天)이며, 호(號)는 취음선생(醉吟先生) 혹은 향산거사(香山居士)이다. 신악부운동(新樂府運動)을 전개하였으며, 작품으로는 「장한가(長恨歌)」와 「비파행(琵琶行)」이 유명하고, 『백씨장경집(白氏長慶集)』이 있다. 「권학문(勸學文)」에 "밭이 있어도 갈지 않으면 창고가 비게 되고, 책이 있어도 가르치지 않으면 자손이 어리석게 되다.…만약 밭을 갈지도 않고 자손을 가르치지도 않는다면, 이것은 부형의 잘못이로다.(有田不耕倉廩虛, 有書不教子孫愚.…若惟不耕與不教, 是乃父兄之過歟)"라는 구절이 있다. (10)

7. 유우석(劉禹錫, 772~842) : 자(字)는 몽득(夢得)이며, 백거이(白居易)와 함께 '유백(劉白)'이라고도 불린다. 유종원(柳宗元, 773~819)의 천설(天說)을 심화시켜 '천인불상예(天人不相預)'와 '천인교상승(天人交相勝)'을 중심으로 하는 천론(天論)을 주장하였으며, 『유몽득문집(劉夢得文集)』이 있다. (12)

8. **이지(李至, 947~1001)** : 송(宋)나라 때의 사람으로, 자(字)는 언기(言幾)이다. 『송사(宋史)』 열전(列傳)에 이지(李至)에 관한 부분이 있으며, 『전송문(全宋文)』에 「좌우명(座右銘)」이 실려 있다. (11)

9. **사마광(司馬光, 1019~1086)** : 자(字)는 군실(君實)이며, 죽은 다음에는 온국공(溫國公)에 봉해져 사삼온공(司馬溫公)이라고도 한다. 급진적 개혁을 주장하는 왕안석(王安石)의 신법당(新法黨)에 반대하며 구법당(舊法黨)을 이끌었으며, 『자치통감(資治通鑑)』과 『자치통감고이(資治通鑑考異)』를 편찬하였다. 『명심보감(明心寶鑑)』 존심(存心)편에 "다른 사람을 꾸짖는 마음으로 자기를 꾸짖고, 자기를 용서하는 마음으로 다른 사람을 용서한다(以責人之心 責己, 恕己之心 恕人)"라는 문장이 있다. (13)

10. **장재(張載, 1020~1077)** : 자는 자후(子厚)이고 횡거(橫渠)는 호이다. 인종(仁宗) 가우(嘉祐) 2년(1058) 진사(進士)가 되었다. 관중(關中)에서 강학했기 때문에 그의 학문을 관학(關學)이라 부른다. 주돈이(周敦頤, 1017~1073), 소옹(邵雍, 1011~1077), 정호(程顥, 1032~1085), 정이(程頤, 1033~1107)와 함께 북송오자(北宋五子)로 불린다. 저술에는 「동명(東銘)」, 「서명(西銘)」, 『정몽(正蒙)』, 『경학리굴(經學理窟)』, 『역설(易說)』 등이 있으며 그 외의 글은 문집을 통해 전해진다. (20, 21)

11. **범순인(范純仁, 1027~1101)** : 자는 요부(堯夫)고, 북송 소주(蘇州) 오현(吳縣, 강소성 蘇州市) 사람. 범중엄(范仲淹)의 둘째 아들이다. 왕안석(王安石) 변법(變法)의 부당성에 대해 격렬하게 비판하다가 하중부지주(河中府知州)로 쫓겨났다. 가학(家學)을 이어받고 호원(胡瑗), 손복(孫復)의 학문을 계승했다. 학문은 충신(忠信)을 체(體)로 삼고 육경(六經)을 공(功)으로 삼았고, 충서(忠恕)를 중시했다. 정치적으로는 사마광을 추종하였다. 시호는 충선(忠宣)이다. 저

서에 『범충선문집(范忠宣文集)』이 있다. (14)

12. **정이(程頤, 1033~1107)** : 자는 정숙(正叔)이고 호는 이천(伊川)이다. 형 정호(程顥 : 호는 명도(明道), 1032~1085)와 함께 주돈이(周敦頤 : 호는 염계(濂溪), 1017~1073)에게 배웠다. 형과 아울러 '이정자(二程子)'라 불리며 정주학(程朱學)의 창시자로 알려진다. 저서 『역전(易傳)』과 문집 『하남정씨문집(河南程氏文集)』·『유서(遺書)』·『외서(外書)』 등이 전한다. (19)

13. **여대림(呂大臨, 1040~1092)** : 자는 여숙(與叔)이고, 당시 운각선생(芸閣先生)으로 불리었다. 송대 남전(藍田: 현 섬서성 소속)사람으로 『여씨향약(呂氏鄕約)』을 쓴 여대균(呂大鈞)의 동생이다. 처음에는 장재(張載)를 스승으로 모셨으나, 장재가 죽은 뒤 이정(二程)에게 배워 사량좌(謝良佐)·유초(游酢)·양시(楊時)와 함께 '정문4선생(程門四先生)'이라 일컬어진다. 태학박사(太學博士)·비서성정자(秘書省正字)를 역임했고, 저서에는 『예기전(禮記傳)』·『고고도(考古圖)』 등이 있다. (22)

14. **범충(范沖, 1067~1142)** : 자는 익겸(益謙)으로, 남송(南宋) 화양(華陽)(今 成都)사람이다. 『전답시』에 여본중(呂本中, 1084~1145)이 그에게 보낸 고체시와 증기(曾幾, 1085~1166)가 그의 시에 차운한 시가 실려 있다. (16)

15. **장역(張繹, 1071~1108)** : 자(字)는 사숙(思叔). 수안(寿安, 지금의 의양성[宜阳城])사람이다. 정이천 만년의 고제자(高弟子)로, 한림학사(翰林学士)가 증직되었다. 『제정이천문(祭程伊川文)』과 『명덕록(明德錄)』이 전한다. (23)

16. **범준(范浚, 1102~1151)** : 남송(南宋) 무주(婺州) 난계(蘭溪) 사람으로 자는 무명(茂明), 호는 향계(香溪)이다. 고종(高宗) 소흥(紹興) 원년(1131) 현량방정

(賢良方正)으로 천거되었으나, 진회(秦檜)가 정권을 쥐고 있어 나아가지 않았다. 문을 닫아걸고 강학했는데, 제자가 수백 명에 이르렀다. 학문적 성향은 심학(心學)이 중심이었다. 저서에 『향계집(香溪集)』이 있다. (24)

17. 주희(朱熹, 1130~1200) : 주희는 남송(南宋)의 대유학자(大儒學者)로 송대(宋代) 성리학을 완성한 인물이다. 강서성(江西省) 무원(婺源) 사람으로 이름은 희(熹)이고 자는 원회(元晦)이며, 호는 회암(晦庵)·자양(紫陽)·둔옹(遯翁)·회옹(晦翁)·운곡노인(雲谷老人) 등 여러 가지가 있다. 희(熹)는 밝음이고 회(晦)는 어둠이다. 옛날에는 지(智)·우(愚)와 명(明)·회(晦)를 이름과 자(字)에 나누어 쓴 경우가 자주 보인다. 주자(朱子)는 고종(高宗) 건염(建炎) 4년(1130) 9월 15일에 태어나서 5살 때 공부를 시작하여 여덟 살에 『효경(孝經)』을 배웠고, 열 살 때 『맹자(孟子)』를 배웠다고 한다. 열네 살 때 부친이 별세하자 부친의 유언에 따라서 호적계(胡籍溪, 胡憲)·유병산(劉屏山, 劉子翬)·유백수(劉白水, 劉勉之) 세 사람을 스승으로 모셨다. 19세 때 진사시(進仕試)에 급제하여 천주(泉州) 동안현(同安縣)의 주부(主簿)가 되었으며 그 후 복건(福建)·광서(廣西)·절강(浙江)·호남(湖南) 등에서 관리를 지낸 다음 47세 때 내직인 비서성(秘書省) 비서랑(秘書郎)이 되었다. 그러나 얼마 안 되어 그만두고 오로지 후학 양성에 전력하였다. (25, 26, 27, 28, 29, 30, 31, 32, 33, 34, 35, 40, 41, 42, 43, 44, 45, 46, 47)

18. 장식(張栻 1133~1180) : 자 경부(敬夫). 호 남헌(南軒). 이름 식(栻)이다. 중국 사천성(四川省) 광한(廣漢) 출신이다. 형양(衡陽: 湖南省)에 살았으며 송나라 도학의 대가로 손꼽히는 철학자였다. 스승인 호굉(胡宏, 五峯)으로부터 학문을 익혔으며 호굉의 학문을 이어받아 송나라 호상학파(湖湘學派)를 이끄는 영수가 되었다. 성리학에 관한 지식이 깊고 경(敬) 문제에 관해서는 주자와 자주 논쟁을 벌였고 그 결과 주자는 중화설을 확립한다. 저서에는 『희안록(希顏綠)』, 『남

헌역설(南軒易說)』, 『수사언인(洙泗言仁)』, 『논어설(論語說)』, 『맹자설(孟子說)』 등이 있으며 1184년 주희가 장식의 유고집인 『남헌집(南軒集)』을 편찬하였다. (38, 39, 48, 49, 64, 65, 66, 67)

19. **진덕수(眞德秀, 1178~1235)** : 송(宋) 나라의 학자. 호는 서산(西山), 시호는 문충(文忠), 포성(浦城) 사람으로 경원(慶元) 때에 진사(進士)로서 벼슬이 참지정사(參知政事)에 이르렀는데 강직하기로 유명하였음. 그가 조정에 있을 때 올린 주소(奏疏)의 수십만 언(數十萬言)은 모두 절실한 것이었음. 주자학(朱子學)의 학자로서 저서로는 『대학연의(大學衍義)』·『당서고의(唐書考疑)』·『독서기(讀書記)』·『문장정종(文章正宗)』·『서산갑을고(西山甲乙稿』·『서산문집(西山文集)』 등이 있고 우리나라에서는 『심경』으로 유명하다. 출처 : 『한국고전용어사전』, 세종대왕기념사업회, 2001. (18, 36, 37, 50, 51, 52, 53, 63, 70)

20. **위료옹(魏了翁)** : 1178~1237. 남송시대 사천성 포강(蒲江) 사람으로서 호는 학산(鶴山). 장식을 사숙하였지만, 육구연를 추중(推重)하였다. 남송의 저명한 리학자(理學者)이다. 위료옹(魏了翁)은 불교 도교의 무욕(無欲)설을 반대하였다. 성현들은 단지 과욕(寡欲)만을 말했지 무욕(無欲)을 말하지 않았다고 생각했다. 그래서 불, 도의 허무(虛無)는 도를 해친다고 생각했다. 주희의 리학을 추중하였다. 다만 그는 각 경에 서 주희의 주를 완전히 믿을 만하다고 생각하지 않았다. 그리고 마음은 사람의 태극이고 사람의 마음은 천지의 태극이라고 주장하였다. 심의 작용을 강조하여서 육구연과 접근하였다. 『학산집(鶴山集)』, 『고금고(古今考)』, 『정삭고(正朔考)』 등이 있다. (15)

21. **진백(陳柏)** : 진백에 대해서는 태주(台州) 천태(天台, 지금의 浙江省天台縣) 사람으로, 자가 무경(茂卿)이고 호가 남당(南塘)이라는 것 이외에는 그 생애 사실에 대해서 알려진 것이 거의 없다. 다만 명의 송렴(宋濂 : 1310~1381)이 「천

태고씨선덕비(天台顧氏先德碑)」라는 글에서 "천태는 본래 문헌의 땅으로, 남당 진무경, 겸재(謙齋) 오청지(吳淸之), 직헌(直軒) 오직옹(吳直翁), 조당(慥堂) 정경온(鄭景溫) 같은 이들은 네 사람의 군자로서, 모두 염락관민(濂洛關閩)의 학문에 참여하여 들은 자들이다.(宋濂, 『文憲集』권16, 「天台顧氏先德碑」, 惟天台素爲文獻之邦, 如南塘陳茂卿, 謙齋吳淸之, 直軒吳直翁, 慥堂鄭景溫, 是四君子者, 皆與聞濂洛關閩之學.)"라고 한 것에 근거하여 절강(浙江)지역의 주자학 계통의 학자로 추정하며, 퇴계도 그를 주자 후학으로 여겼다.(『退溪集』권10, 「答盧伊齋」, "南塘陳公, 不知何許人. 觀其論學, 似非先於考亭之世者. 若後於考亭, 而又在魯齋之前, 則殆若及登考亭之門者, 而考亭門人之列, 未見有此人, 何耶?") (62)

22. **하기(何基 1188~1269)** : 남송시대 무주(현재 절강성) 금화(金華) 사람으로서 이름은 기(基), 자는 자공(子恭), 호는 북산(北山), 시호는 문정(文定). 주희의 제자 황간(黃榦)에게서 배웠으며 왕백(王柏)의 스승이다. 『대학발휘(大學發揮)』, 『중용발휘(中庸發揮)』, 『역계몽발휘(易啓蒙發揮)』, 『근사록발휘(近思錄發揮)』 등을 썼으며 『하북산문집(何北山文集)』이 있다. (68)

23. **왕백(王柏, 1197~1274)** : 남송 무주 금화 사람으로 자는 회지(会之), 호는 노재(魯齋), 시호는 문헌(文憲)이다. 주희–황간–하기–왕백으로 이어지는 전형적인 성리학자이며 저술이 풍부하다. 『왕문헌공문집(王文憲公文集)』 20권이 명대에 간행되었다. 〈사고전서〉에는 『노재집(魯齋集)』이 있다. (69)

24. **오징(吳澄, 1249~1333)** : 원대(元代)의 사상가이자 문학가로, 남송 말에 태어나 대부분 시간을 원나라에서 보냈다. 자는 유청(幼淸)、백청(伯淸), 호는 초려(草廬), 무주(撫州) 숭인(崇仁) 사람이다. 송나라 함홍(咸淳) 연간에 진사가 되었으나 벼슬하지 않고 은거하였다. 그가 처음 초가집에서 살 때 시어사(侍御史)

정거부(程鉅夫)가 '초려(草廬)'라고 쓴 데서 초려선생이라고 불리게 되었다. 15세 무렵부터 성현의 학문에 뜻을 두었으며, 19세에 자신이 주자 이후 도통을 계승한 사람이라는 뜻을 담은 「도통도(道統圖)」를 짓기도 하였다. 원나라 유학의 전파와 발전에 중요한 공헌을 했다. 송나라 때에 생원이 되었으나 나라가 망하자 한동안 고향에서 은거하여 저술활동에 전념했다. 1308년에 국자감승(國子監丞)으로 임명되었고, 그 후에 한림학사(翰林學士), 경연진강(經筵講官)을 지냈으며, 『영종실록(英宗實錄)』의 편수를 총괄하기도 하였다. 벼슬을 그만두고 낙향하자 항상 수많은 학자들이 그에게 배우려고 몰려들었다고 한다. 사후에 임천군공(臨川郡公)으로 추증되었고, 시호는 문정(文正)이다. 경전에 통달하여 당시 경학의 대가였던 허형(許衡, 1209~1281)과 '북허남오(北許南吳)'로 병칭되었다. 『역경』, 『서경』, 『춘추』, 『예기』 등에 찬(纂)을 하였으며, 『학기(學基)』, 『학통(學統)』 등을 저술하였으며, 문집으로 『오문정집(吳文正集)』이 있다. 『원사(元史)』 권171 「오징열전(吳澄列傳)」에 의하면 오징은 "주자가 도문학에 공을 많이 쏟은 반면에, 상산은 존덕성을 위주로 하였다. 그런데 도문학을 한다 해도 존덕성에 기초하지 않으면, 언어와 훈석의 말단에 치우치는 폐단을 빚어내기 마련이다. 따라서 학문은 반드시 존덕성을 근본으로 삼아야 제대로 될 수가 있다.(朱子於道問學之功居多, 而陸子靜以尊德性爲主. 問學不本於德性, 則其弊必偏於言語訓釋之末, 故學必以德性爲本, 庶幾德之.)"라는 말을 남겨서 육상산(陸象山)의 학문에 빠졌다는 평판을 받았다. (54, 55, 56, 57, 58, 59, 60, 61)

찾아보기

번역자 소개

이광호-강독책임자

서울대학교 철학과에서 서양과 동양의 철학을 배웠다. 『李退溪 學問論의 體用的構造에 관한 硏究』로 박사학위를 받았다. 한림대학교 부설 태동고전연구소 교수, 한림대학교 철학과 교수, 연세대학교 철학과 교수를 역임하고 퇴직했다. 현재는 국제퇴계학회 명예회장을 맡고 있다. 저서로는 『聖學十圖』, 『근사록 집해』, 『李子粹語』, 『퇴계와 율곡, 생각을 다투다』, 『퇴계집』, 『퇴계의 사람공부』, 『국역심경주해총람』, 『대학공의 · 대학강의 · 소학지언 · 심경밀험』. 『역주 대학 · 중용』(예기정의) 등의 역서와 다수의 논문이 있다.

강경현

연세대학교 철학과에서 「退溪의 李滉의 理철학에 대한 연구: 至善 실현을 통한 자기완성의 학문」으로 박사학위를 받고 현재 고려대학교 민족문화연구원 연구교수로 있다. 연구논문으로 「天命에 대한 조선유학의 주목과 退溪 해석의 철학사적 의의」, 「조선시대 『명유학안』 독해 양상과 그 성격」, 「『논어』 "吾與回言" 章에 대한 조선의 주자학적 접근」 등이 있다.

강희복

연세대학교 철학과에서 「退溪의 '心與理一'에 관한 硏究」로 박사학위를 받고 철학과에서 강의하였다. 현재 경인교대에서 강의하고 있고, 문화재단 · 박물관 · 도서관에서 일반인들을 대상으로 인문학을 강의하고 있으며 연세대 인문학연구원(철학연구소) 전문연구원 및 國際退溪學硏究會 총무이다. 연구 논문으로 「退溪學의 구조와 그 의미」, 동양철학 제33집(2010) 「敬天愛人' 그리고 시인적 철학자, 생태

적 영성가 退溪 李滉」(제17차 退溪學國際學術會議 발표논문, 베트남 하노이대학교, 2018)이 있다. 저서로는 『退溪의 마음(心)과 이치(理)에 관한 이해』(경인문화사 2014)가 있다.

나대용

성균관대학교에서 퇴계의 "이기호발설의 이기융합구조에 관한 연구"로 박사학위를 받고 성균관대학교, 인하대학교에서 강의하였으며, 현재 (사)동인문화원에서 고전을 강의하고 있다. 공저로는 『한국철학사전』(동방의 빛 2011)이 있다. 연구논문으로는 「근기 퇴계학파의 율곡철학비판」(퇴계학보 2011.12), 「갈암 이현일의 이기이원설」(퇴계학보 133집 2013.6), 「우담 정시한의 이주기보설(理主氣輔說)」(퇴계학보 134집 2013.12), 「대산 이상정의 理主氣資와 渾淪而分開」(동양철학연구 2013), 「우담 정시한의 人物性異論: 사단칠정론과의 연관성」(유학연구 35집 2016.5) 등이 있다.

박지현

서울대학교에서 동양철학을 공부하여 「퇴계와 성호의 사단칠정론」으로 박사학위를 받고 현재 삼육대학교에서 강사로 일하고 있다.

이영자

성균관대학교에서 「退溪 李滉의 敬思想 研究」로 박사학위를 받고, 성균관대학교, 안동대학교에서 강의하였으며 현재 소소재 학당을 운영하고 있다. 백산 이은옥 선생께 주역을 사사하였고, 연구논문으로는 「周易의 觀點으로 본 退溪 理氣論과 性情論」『유교문화연구소』, 「心性論으로 본 退溪의 平和精神」(제25차 退溪學國際學術會議 발표논문, 중국, 2014)이 있다.

이치억

일본 Mejiro University 에서 학부를 마치고 성균대학교에서 「퇴계철학의 주리적 특성에 관한 연구」로 박사학위를 받았다. 현재 한국국학진흥원 책임연구원으로 일하고 있다. 저서로는 『퇴계에게 묻는 삶의 철학』, 『퇴계: 사람 된 도리를 밝히는 삶을 살라』, 『선비, 인을 품고 의를 걷다』와 공저 『生と死』와 공역 『성리대전』 등이 있다. 연구논문으로 「공자사상에서 好學의 의미와 중요성」 『유학연구』(2019), 「李退渓'天命図'の人間観」, 『倫理研究所紀要』(2019), 「四端之纯善与七情之无有不善」, 『集美大学学报』(2018), 「기질의 문제로 본 퇴계와 율곡의 수양론」, 『퇴계학논집』(2017), 「現代社会における為己之学」, 『倫理研究所紀要』(2017), 「대동사회의 철학적 기초로서 퇴계 주리철학」, 『유학연구』(2017), 「퇴계 사칠론에서 칠정본선의 의미」, 『유학연구』(2016) 등 다수가 있다.

황상희

성균관대학교에서 「퇴계의 천관을 중심으로 한 성리설」로 박사학위를 받고 성균관대학교에서 강의했으며 현재 한국효문화진흥원에서 연구원으로 일하고 있다. 공저로는 『21세기 보편영성으로서의 성과 효』(동연 2016)과 『효경과 인성』(삼현문화장학재단, 2018), 『3.1운동 백주년과 한국 종교개혁』(모시는 사람들, 2019)이 있다. 연구 논문으로는 「퇴계의 천관」, 『동양고전연구』 제56집(2014), 「퇴계의 태극관」, 『퇴계학논집』 제16호(2015), 「퇴계의 종교성」, 『퇴계학보』 제141호(2017), 「퇴계의 상제관과 리도설」, 『퇴계학논집』(2017), 「퇴계의 하나님」, 『The First Christian-Confucian Dialogue』(2017), 「통일방안을 위한 퇴계의 리도설과 북한의 주체사상 비교연구」, 『동양사회사상학회』(2019) 등이 있다.

강독회에 참여하신 분들

곽순자, 권영용, 김강옥, 김덕현, 김호기, 박문희, 박소영, 박순주, 서근식, 엄성진, 윤재철, 이관호, 이우영, 이인기, 이장우, 이중환, 홍현옥, 황연섭

역주 고경중마방 譯註 古鏡重磨方

2021년 2월 25일 초판 1쇄 발행
2023년 6월 30일 초판 2쇄 발행
2024년 11월 30일 초판 3쇄 발행

엮은이 : 퇴계 이황
옮긴이 : 이광호 강경현 강희복 나대용
박지현 이영자 이치억 황상회
삽　화 : 최동춘
펴낸이 : 김병환
펴낸곳 : 학자원
주　소 : 서울시 강동구 천호대로 1121
전　화 : 02) 6403-1000
팩　스 : 02) 6338-1001
E-mail : hakjaone@daum.net
등　록 : 2011년 3월 24일 제2011-14호

ISBN 979-11-6247-209-5 93810
값 25,000원